Du bist ok,
so wie du bist

Katharina
Saalfrank

Du bist ok,
so wie du bist

Das Ende der
Erziehung

Kiepenheuer
& Witsch

MIX
Papier aus verantwor-
tungsvollen Quellen
FSC® C014496

Verlag Kiepenheuer & Witsch, FSC-N001512

1. Auflage 2013

© 2013, Verlag Kiepenheuer & Witsch, Köln

Umschlaggestaltung: Rudolf Linn, Köln
Umschlagmotiv: © Urban Zintel
Gesetzt aus der Whitman und der Myriad Pro
Satz: Buch-Werkstatt GmbH, Bad Aibling
Druck und Bindung: GGP Media GmbH, Pößneck
ISBN 978-3-462-04502-4

Für meine Familie

Inhalt

Einleitung

Erziehung! Ein Thema, das jeden betrifft. Und ein Wort, das stets ein Adjektiv mit sich führt: gute Erziehung, schlechte Erziehung, autoritäre, moderne, demokratische Erziehung. Die Debatte ist von großer Leidenschaft und Schärfe geprägt. Hier prallen Menschen- und Gesellschaftsbilder in oft unversöhnlicher Härte aufeinander.

Und nun komme ich, aufgrund meiner öffentlichen Rolle von vielen immer wieder gern in erprobte Erziehungsschubladen gesteckt, und sage: Vergesst Erziehung! Denn jede Art von Erziehung dient nur als Schutzschild der Erwachsenen, um sich vor der Beziehung zu Kindern zu schützen. Kinder hingegen brauchen keine Erziehung, Kinder brauchen vor allem Beziehung!

Sich öffentlich über Erziehung zu äußern, noch dazu mit unkonventionellen Positionen, ist heikel. Das habe ich immer wieder erlebt. Denn es bringt fest gefügte Vorstellungen durcheinander und stellt das eigene Weltbild infrage. Erziehung ist ein hochemotionales Thema, das zeigen die oft hitzigen Diskussionen über das »Richtig« oder »Falsch« im Umgang mit Kindern. Schnell wird gewertet. Schnell fühlt man sich bewertet. Das mag damit zusammenhängen, dass wir uns alle betroffen (und deshalb mitunter auch angegriffen) fühlen. Denn:

1. Wir alle waren mal Kind,
2. jeder hat Eltern und eine Geschichte mit ihnen, und
3. wir alle sind einmal erzogen worden.

Das immerhin verbindet uns.

Wir alle haben eine Meinung zu diesem Thema, weil wir alle unsere eigenen Erfahrungen in diesem sehr persönlichen Kontext gemacht haben. Und in diesem ordnen wir nun Aspekte ein, die uns zum Thema Erziehung begegnen. Erziehung betrifft nicht nur uns persönlich und unsere Familie, sondern steht auch im Zusammenhang mit unserem grundsätzlichen Verständnis davon, was Kinder sind und wie wir Kinder sehen, und unserer Vorstellung davon, wie wir mit ihnen umzugehen haben. Das sind Fragen, die unmittelbare Auswirkungen auf gesellschafts- und familienpolitische Konzepte und Maßnahmen haben.

Erziehung! Erwachsene haben von jeher gedacht, ein Kind sei noch kein »richtiger« Mensch. Die Überzeugung ist, ein Kind komme defizitär und halbfertig auf die Welt und müsse erst durch »Behandlung«, den Einfluss und die Einwirkung von Erwachsenen, zum Menschen gemacht werden. Die Menschwerdung geschieht nach dieser überkommenen Vorstellung zum einen, indem das Kind ein bestimmtes Alter erreicht, zum anderen, indem der Erwachsene rigoros auf das Kind einwirkt, es beeinflusst und durch Manipulation dazu bringt, sich auf eine bestimmte Weise zu verhalten.

So haben Erwachsene durch alle Zeiten hindurch versucht, Methoden zu finden, um Kindern beizubringen, wie man sich »richtig« benimmt und wie man ein »ordentliches« Gesellschaftsmitglied wird. In diesem Sinne ist Erziehung also die – durch bestimmte Normen geleitete – Einübung von Verhaltensweisen und die Vermittlung diverser Kompetenzen.

Die Entwicklungspsychologie hat jedoch längst widerlegt, dass Kinder als unfertige Wesen auf die Welt kommen, die erst nach und nach zu »richtigen« Menschen werden. Es liegen genügend wissenschaftliche Erkenntnisse über die Entwicklung von Kindern vor und darüber, was sie brauchen, um gut aufwachsen zu können. Aber warum haben diese Erkenntnisse einen so eklatant geringen Einfluss auf die pädagogische Praxis? Die Forschung betont einhellig, wie wichtig die Qualität der *Bindung* und *Beziehung* zu unseren Kindern ist und dass sie als wesentliches Merkmal einer guten Entwicklung angesehen werden muss. Zwischen der »Geisteswissenschaft« Pädagogik und den naturwissenschaftlich geprägten Forschungsrichtungen scheint jedoch eine unüberwindbare Mauer zu stehen, die uns in der erzieherischen Praxis daran hindert, die Bedeutung der Forschungsergebnisse zu erkennen, sie einzuordnen, zu verknüpfen und Konsequenzen aus dem Erforschten im Sinne der Kinder abzuleiten. Wir sind deshalb in vielen Bereichen, in der Familie wie auch in der Schule, noch weit von einer Umsetzung und Integration des neuen Wissens in den Umgang und Alltag mit Kindern entfernt.

Kinder sind zum Spielball geworden in einer Debatte, die häufig von Schuldzuweisungen geprägt ist. Von Eltern wird gefordert, mehr und besser zu »erziehen«, während gleichzeitig anderswo die Forderung laut wird, die Institutionen, zum Beispiel die Schule, sollten mehr Erziehungsaufgaben übernehmen. Dadurch ist der Druck auf allen Seiten enorm gestiegen, die Verunsicherung groß.

Als Mutter habe ich mir – wie viele andere Eltern auch – vorgenommen, es ganz anders zu machen, als ich es selbst erlebt habe. Also habe ich eigene Erfahrungen gesammelt, Fachbücher gelesen, studiert, im Alltag Neues ausprobiert und immer wieder mit anderen diskutiert.

Was ist im Umgang mit Kindern richtig, was falsch? Wie verhält man sich in der Rolle als Mutter oder Vater richtig?

Als Pädagogin und Therapeutin habe ich eine Zeit lang gedacht, Erziehung solle vor allem von demokratischen Regeln, Verständnis und Wertschätzung den Kindern gegenüber geprägt sein. Ich verstand das als Weiterentwicklung moderner Erziehungskonzepte, als eine Abkehr von der autoritären Erziehung, die moralisiert und straft. Ich dachte lange, wir seien im modernen Zeitalter der Erziehung angekommen.

Heute denke ich anders. Heute halte ich Erziehung im herkömmlichen Sinne generell für unnötig und überflüssig! Die vielen Menschen, die mir bei meiner Arbeit begegnen, haben zu dieser Überzeugung beigetragen, und nicht zuletzt auch meine Erfahrung als Mutter lehrt mich dies jeden Tag.

Wir können uns von der Vorstellung lösen, dass Kinder aktiv erzogen werden müssen. Erziehung bringt dem Kind nichts, es ist nicht im Sinne des Kindes, es hilft nur dem Erwachsenen. Erziehend schneiden wir Kinder passfähig für die Welt der Erwachsenen, wir berauben sie vieler ihrer Potenziale und Möglichkeiten – bestenfalls, um ihnen die vermeintlich besten Chancen in der Erwachsenenwelt zu eröffnen, schlimmstenfalls, um unserer Überforderung angesichts von Schwierigkeiten im Erziehungsalltag Herr zu werden.

Ich sehe deshalb die Notwendigkeit einer generellen Wende im Umgang mit unseren Kindern. Hin zu etwas ganz Neuem, jenseits von Erziehung. Ich bin der Überzeugung, dass nach der emanzipatorischen Gleichberechtigung der Frau auch Kinder aus erstarrten gesellschaftlichen Herrschaftskonventionen »befreit« werden können. Das Kind kann dies jedoch, anders als die Frau im Kampf um Veränderung, nicht aus sich selbst bewirken. Wir brauchen deshalb ein gesellschaftliches Umdenken.

Wenn ich das Traditionelle infrage stelle und mit neuen Gedanken vergleiche, dann nicht, um herkömmliche Konzepte abzuwerten, sondern um die Unterschiede zu dieser veränderten Haltung deutlich zu machen. Ich denke, dass sich unsere heutigen Erziehungsansätze von früheren im Kern kaum unterscheiden und dass wir nach wie vor – vor allem, wenn ein Konflikt besteht – unsere eigenen Interessen vorwiegend machtvoll gegenüber denen des Kindes durchsetzen und uns damit letztendlich hinter Erziehung verstecken, anstatt als Mensch in einer authentischen Beziehung den Kindern gegenüber sichtbar zu werden. Wir meinen, uns von der autoritären Erziehung abgewandt und zu einem neuen, modernen Erziehungsstil gefunden zu haben. Die Praxis – ob in der Schule, der Kita oder auch in der eigenen Familie – sieht oft noch anders aus. Nach wie vor wollen wir Kinder zu einem bestimmten Verhalten bringen, nicht selten, indem wir ein anderes Verhalten mit Macht (manchmal auch gewaltvoll) unterbinden.

Ich erlebe in der Elternberatung und im Kontakt mit LehrerInnen und ErzieherInnen immer wieder, dass neben Unsicherheit auch eine große Offenheit für Neues vorhanden ist. Mit diesem Buch möchte ich nicht nur einladen, sich auf etwas ganz Neues einzulassen, und ermutigen, einen ganz anderen Blickwinkel einzunehmen. Ich möchte auch begründen, warum ich das gesamte Modell der Erziehung für hinfällig halte. Dass es gute Gründe gibt, nicht etwa ein Erziehungsmodell gegen ein anderes auszutauschen, sondern die Idee des Erziehens insgesamt hinter sich zu lassen und sich etwas Neuartigem zuzuwenden: der Beziehung zu Kindern!

Von der ERziehung zur BEziehung scheint es nur ein kleiner Schritt zu sein, nur zwei Buchstaben gilt es auszutauschen. Zu verstehen jedoch, was Beziehung heißt, sich darauf einzulassen und sie in der Praxis, im Umgang mit Kindern, zu leben, ist weitaus schwieriger, zumal es wenig Erprobtes gibt, auf das wir zurückgreifen können.

Es fällt uns schwer, uns aus alten Mustern zu befreien, denn Beziehungsprozesse laufen häufig unbewusst ab. So ist zuallererst und immer wieder ein Blick auf uns selbst ganz wesentlich. Es geht eben nicht (mehr) darum, den Fokus ausschließlich auf das Kind zu richten, es zu manipulieren und auf es einzuwirken, um ein bestimmtes Ziel im Sinne eines erwünschten Verhaltens zu erreichen. Während Erziehung klar definierbare, zielgerichtete, lösungsorientierte Handlungen der Erwachsenen beinhaltet, setzt Beziehung eine offene Haltung dem Kind und seinem Wesen gegenüber voraus, die von Vertrauen und gegenseitiger Wertschätzung geprägt ist. Beziehung stellt den gleichwertigen und persönlichen Dialog in den Mittelpunkt und lebt davon, dass beide Partner vom jeweils anderen profitieren wollen.

Es geht also nicht darum, Kindern lediglich ein demokratisches »Mitspracherecht« einzuräumen, sondern vielmehr darum, dass wir Erwachsenen verstehen, dass wir von dem profitieren, was Kinder in eine Beziehung zu uns miteinbringen, was sie denken, fühlen und sagen. Es ist für uns Erwachsene ein Gewinn, wenn wir Kinder ernst nehmen und ihnen in einem persönlichen Dialog begegnen können! Wenn wir Erwachsenen uns trauen, uns auf Beziehung einzulassen, dann wird es uns möglich, von Kindern zu lernen und bestimmte Kompetenzen, wie zum Beispiel Offenheit, Unvoreingenommenheit, Sensibilität, die uns aberzogen, mit Erziehung abtrainiert wurden, wiederzuerlangen.

Dies bedeutet aber gleichzeitig, dass sich gelebte Familienstrukturen hinterfragen lassen müssen: Warum folgen wir noch oft einer alten Machtstruktur und behandeln Kinder wie »Untertanen«, die uns ausgeliefert sind? Welche Rolle wollen wir als Eltern unseren Kindern gegenüber einnehmen? Sollten wir überhaupt eine Rolle einnehmen, oder können wir uns als Mensch authentisch zeigen? Authentisch in dem Sinne, dass wir uns den Kindern mit unseren Gefühlen – und nicht nur mit unseren vermeintlichen Stärken, sondern auch mit unseren Schwächen – offen zeigen. Nach meiner Erfahrung ist es gut, sich solche Fragen zu stellen, und dazu sind heute auch immer mehr Eltern bereit.

Eine gute Beziehung ist geprägt von Dialog, Offenheit und Toleranz: Der andere wird mit seinen Bedürfnissen respektiert und auch in seiner Andersartigkeit und Vielfalt akzeptiert. Heute sind wir – wie zu keiner anderen Zeit zuvor – in der Lage, gleichwertige Beziehungen einzugehen, auch wenn es uns schwerfällt und dem eingeübten Hierarchiedenken widerspricht. An fest gefügten Machtstrukturen festzuhalten hilft natürlich, den Alltag zu meistern. Reich über arm, Bildungsbürger besser als »Ungebildete«, Erwachsene den Kindern überlegen – sichtbare oder nur gefühlte Machtstrukturen stehen einer immer neuen Offenheit in einer Beziehung auf Augenhöhe im Weg. Wir stehen uns selbst im Weg.

Die Gründe dafür sind auch nachvollziehbar, denn es birgt ein gewisses Risiko, sich auf eine echte Beziehung einzulassen und sich als Menschen zu zeigen. Wir müssen dann auch zu unseren

Schwächen stehen und uns in unserer Rolle als Eltern hinterfragen lassen. Wir müssen Verantwortung übernehmen für das Gelingen eines Dialogs – und der Beziehung zu den Kindern überhaupt. Das haben wir nicht gelernt. Sobald wir dann unsicher werden, greifen wir reflexartig auf etwas Gelerntes, Bekanntes zurück. Diese Prozesse gilt es sichtbar und transparent und sich so bewusst zu machen.

Es geht mir nicht darum, neue Erziehungsstile oder -modelle zu finden und so die Erziehung zu verändern – da hat sich in den letzten Jahrzehnten immer wieder etwas getan. Es geht mir vielmehr darum, Erziehung und ihre Folgen bzw. ihre Wirkung auf uns alle zu entlarven und letztlich zu zeigen, dass wir sie im Umgang mit unseren Kindern nicht brauchen. Ich gehe noch weiter. Erziehung ist nicht nur überflüssig, sie richtet häufig auch Schaden an.

Die Veränderung im Verhältnis zwischen Männern und Frauen hat gezeigt, dass es möglich ist, Grundsätzliches zu überdenken und einen Großteil unserer bisherigen Auffassungen und Vorstellungen zu hinterfragen. Folglich sollten wir auch keine Scheu haben, das Verhältnis zu unseren Kindern zu hinterfragen.

Eventuell wird mancher Leser an der einen oder anderen Stelle den Eindruck haben, dass einseitig Partei für das Kind genommen wird. Die Haltung zum Kind gesellschaftlich aufzubrechen stellt jedoch keine Parteinahme für das Kind dar und soll auch nicht als Akt der Gerechtigkeit verstanden werden – wenn sich im Wandel der Zeit die Erkenntnisse über gesundes Aufwachsen verändern, ist es notwendig, diese Veränderung nach unserem kulturellen Selbstverständnis als gesellschaftliche Aufgabe zu begreifen.

Verschiedene gesellschaftliche Faktoren wie hohe Scheidungsraten, Rückgang der Kinderzahl, nicht eheliche Lebens- und Wohngemeinschaften mit und ohne Kinder und die häufigere Berufstätigkeit der Frau haben zu einer größeren Vielfalt und so gleichzeitig auch zu einem radikalen Wandel der Familienformen geführt. Werte, Normen und Vorstellungen wandeln sich dadurch ebenfalls. Das verunsichert, bietet aber auch Chancen und macht Vielfältigkeit und individuelle Lebenskonzepte möglich. So können Eltern heute für ihre Familie nach eigenen individuellen Werten suchen und diese für sich ausprobieren. Auch hierzu soll das vorliegende Buch anregen.

Darüber hinaus habe ich Informationen über die Entwicklungsstufen von Kindern zusammengetragen und bindungstheoretische und entwicklungspsychologische Erkenntnisse in alltagspraktische Beispiele einfließen lassen. Kinder verbringen immer mehr Zeit in Bildungseinrichtungen. Hat sich hier ein Wandel vollzogen? Haben die entwicklungspsychologischen Erkenntnisse Einfluss auf unser Bildungssystem? Auch solche Fragen werden im Folgenden diskutiert.

Die Gedanken und Handlungsalternativen in diesem Buch sollen zum Experimentieren anregen. Sie sind nicht einfach nur zu befolgen und auch nicht als Erziehungshilfen oder im Sinne eines Ratgebers gedacht. Vielmehr sollen sie neue Grundsätze anbieten, die sich aus meiner Erfahrung bewährt haben und als Navigationshilfe im Alltag mit Kindern dienen können, um neue Betrachtungsweisen zu finden und individuelle Wege für sich und die eigene Familie zu gehen.

Wo wir heute stehen

Zu einem Ende kommen
heißt einen Anfang machen.

T. S. Eliot

Die Ausgaben von Bund, Ländern und Gemeinden für die Bildung sind in den vergangenen Jahren überdurchschnittlich gestiegen. 106,2 Milliarden Euro waren es 2011 laut Bildungsfinanzbericht. Im Jahr 1995 lagen die Ausgaben nicht einmal bei 80 Milliarden. Auch Familien werden hoch subventioniert. Neben dem Kindergeld können junge Familien seit 2007 auch das Elterngeld in Anspruch nehmen. Weitere staatliche Leistungen wie das Betreuungsgeld sollen dazukommen. Die Förderung der Familie vermittels vielfältiger Transferleistungen ist politischer Konsens in Deutschland. Und nicht nur die Familie, auch das Kind selbst soll gefördert werden. Zum Betreuungsauftrag ist der Bildungsauftrag hinzugekommen. Infolgedessen sind zahlreiche Bildungsinstitutionen mit ebenso zahlreichen pädagogischen Konzepten wie Pilze aus dem Boden geschossen.

Kinder werden immer früher mit staatlich organisierter Bildung, mit immer noch mehr Wissen und dessen gezielter Vermittlung konfrontiert. Besonders die frühkindliche Förderung wurde in den letzten Jahren optimiert. Gute Bildung soll schon in frühen Jahren möglich sein. Unsere Kinder sollen alle Chancen haben, sich gut, nein: optimal zu entwickeln. Kinderkrippen, Kindertagesstätten und Ganztagsbetreuung für Kinder werden ausgebaut, gefördert – ein attraktives Angebot, das Familien kaum ausschlagen können. Oder nur auf eigene Verantwortung. Die Kinder als Ressource des Wohlstands von morgen sind fest im Blick, ihr Wert allerdings wird ausschließlich in ihrer Fähigkeit beurteilt, Deutschland im internationalen Wettbewerb zu stärken.

Was auf den ersten Blick nach einer begrüßenswerten Entwicklung aussehen mag, hat auch Schattenseiten. Die Ansprüche, die durch die umfassenden Förder- und Betreuungsangebote an die Familien herangetragen werden oder die sie an sich selbst stellen, sind enorm gestiegen. Wie kann ich meinem Erziehungsauftrag gerecht werden? Wie finde ich die richtige Betreuung? Welche Bildung soll mein Kind wann und in welcher »Dosierung« erhalten? Sind wir gute Eltern? Was wird aus meinem Kind, wenn es versagt, wenn ich versage als Mutter oder Vater?

Kurz gesagt: Wie erziehe ich mein Kind richtig?

Verunsicherung durch Angst

Eltern wollen alles gut, alles richtig machen. Die Anforderungen, allem gerecht zu werden, steigen, und durch äußere oder auch eigene Ansprüche geraten Eltern schnell unter Druck, was zu Verunsicherung führt. Und Eltern sind leicht zu verunsichern. Das wird immer wieder in Familienberatungen deutlich. Eltern sind angreifbar und verletzlich in ihrer emotionalen Rolle als Mutter oder Vater, und sie fühlen sich sofort schuldig, wenn etwas (vermeintlich) nicht gelingt. Eltern erleben den Widerspruch zwischen dem Wunsch, das Beste für ihre Kinder zu ermöglichen und so deren gesellschaftliche Chancen zu steigern, und dem Bedürfnis nach familiärer Geborgenheit. Deshalb stellt sich ihnen die Frage, wie sie ihr Kind besser verstehen und gut mit ihm umgehen können, heute dringlicher denn je.

Wir sind auf der Suche nach neuen Möglichkeiten, miteinander zu leben. Wir sind in einer Phase der Ungewissheit und des Umbruchs. Dieser Zustand erklärt, warum so viele Debatten geführt werden über die angebliche »Disziplinlosigkeit« der Kinder und Jugendlichen von heute. Auch ist es in solch einer gesellschaftlichen Stimmung nur nachvollziehbar, dass Bücher, die aus medizinisch-psychiatrischer Sicht einen angeblichen »Erziehungsnotstand« ausrufen und Kindern neben der inflationären Diagnose ADHS zugleich noch eine psychische Reifeverzögerung attestieren, auf breites Interesse stoßen. Und nachvollziehbar ist ebenfalls, dass die autoritären Traktate, in denen von »kleinen Monstern« die Rede ist, die uns den »letzten Nerv rauben«, die uns »auf der Nase herumtanzen«, die »irrsinnig anstrengend« sind, offene Ohren finden.

Diese Diskussionen über Kinder, die nicht »erzogen« sind, und über Eltern, deren Erziehung »aus dem Ruder gelaufen« ist und die sich »kleine Tyrannen herangezüchtet« haben, tragen ihren Teil dazu bei, dass bei vielen Eltern die Unsicherheit verstärkt wird. Zusätzlich angeheizt wird die Stimmung durch Schriften, die ein Loblied auf die »Disziplin« singen und in denen gefordert wird, dass Eltern mehr »durchgreifen« sollten. Wie viel zusätzliche Verantwortung lastet da auf den Schultern der Eltern!

Auffällig – und alarmierend – ist, dass gerade in derartigen Büchern kindliches Verhalten als »normal« oder »anormal« eingeordnet und gewertet wird, ohne dass die Verfasser sich mit der jeweiligen Situation, in der ein Kind agiert, oder mit den Gründen für ein bestimmtes Verhalten auseinandersetzen. Dabei ist »normales«, also typisches Verhalten von Kindern erst mal ein rein statistischer Wert, und es bedarf einer differenzierten, umfassenden Beobachtung des Kindes unter Einbeziehung seiner Lebensumwelt, um fachlich einordnen zu können, ob es sich im konkreten Fall um ein Normverhalten handelt oder ob eine Abweichung vorliegt. So ist die Vielfalt dessen, was innerhalb einer gesunden kindgerechten Entwicklung geschehen kann, ungemein groß und lässt viel Platz für Interpretation. Heute scheinen Kinder sofort mit Diagnosen belegt und bei jeder kleinsten Abweichung als »verhaltensauffällig« eingestuft zu werden. Ganz so, als ob keine Zweifel bestünden, was als »normal«, »nicht normal«, als abweichendes Verhalten oder gar als krankhaft zu gelten habe! Pauschalierungen und Vereinfachungen von komplexen Fragen sind weder für Kinder noch für Eltern hilfreich und werden der diffizilen Materie nicht gerecht. Sie tragen vielmehr zur Unsicherheit von Eltern bei und lösen Angst und Sorge aus.

.

Eltern werden heute beständig mit Untergangsszenarien konfrontiert, die durch vermeintlich logische, tatsächlich aber haarsträubende Kausalketten hergeleitet werden. Von einem Kind, das sich protestierend auf den Boden wirft, weil es nicht einsehen will, dass seine Mutter ihm den Mund abwischt, ist es – glaubt man diesen Experten – nicht weit bis zu einem jugendlichen Arbeitslosen, der nicht fähig ist, eine Ausbildung einzugehen und zu beenden. Nicht selten landen dann verunsicherte Eltern bei Kinderärzten, Psychiatern und Psychologen; die Kinder müssen sich Tests unterziehen, man stellt ihnen Diagnosen, sie werden therapiert und häufig medikamentiert. Ihre *Symptome* werden behandelt. Sie werden als auffällige, schwierige Kinder eingeordnet, ausschließlich mit ihren Defiziten gesehen, aber nicht mit ihren Nöten verstanden.

So werden sie von einer Institution zur anderen herumgeschoben, ihr Gefühl, dass sie »anders« und »nicht richtig« sind, verstärkt sich, während ihre Eltern neue, klinische Vokabeln lernen wie »Aufmerksamkeitsdefizit-/Hyperaktivitätssyndrom«, kurz ADHS. Besorgte, entmutigte oder panische Eltern hocken zuhauf mit ihrem Nachwuchs, der von der Umwelt als »Problemkinder« eingestuft und damit stigmatisiert wird, in den Wartezimmern, lösen Rezepte für Ritalin ein und fühlen sich belastet und schuldig.

Glaubt man diesen Experten, so scheint eine ganze Generation unaufhaltsam auf die große Katastrophe zuzusteuern und eine gute Entwicklung von Kindern kaum noch möglich zu sein. Eltern erzählen Freunden, Verwandten und Kollegen unsicher von ihrem »schwierigen« Kind. Auch in den Schulen sind »diese Kinder« ein Thema. Sie stören den Ablauf, oh je! Dieses »schwierige« Kind ist ein »Riesenproblem«. Hört man Lehrer oder auch die Eltern der Kinder – durch die Diagnosen der Ärzte verunsichert – reden, könnte man meinen, ein Walfisch habe sich in den Goldfischteich verirrt. Es klingt, als wäre etwas überaus Unnatürliches und Schlimmes passiert, das Kind steht mit seinen vermeintlichen Defiziten plötzlich im Mittelpunkt der Aufmerksamkeit. Es passt nicht in unser Bild, es ist im Weg, es »funktioniert« nicht in unserem System.

Sieht man die steigenden Zahlen von verhaltensauffälligen Kindern, könnte man den Experten fast selbst Glauben schenken. So ist doch die Botschaft zwischen den Zeilen: Die Kinder wachsen uns über den Kopf, sie werden immer schwieriger, wir stehen machtlos daneben. Das Kind wird zunehmend eher als Bedrohung und Belastung denn als Bereicherung und Glück empfunden. Bei solchen Aussichten ist es kaum verwunderlich, dass Eltern massiv verunsichert sind, eine grundsätzliche Entscheidung, Kinder zu bekommen, noch schwieriger wird, als sie ohnehin schon ist, und dass Kinder zunehmend argwöhnisch beobachtet werden: Wie eine Heuschreckenplage, die wir zwar selbst in die Welt gesetzt, über die wir aber längst die Kontrolle verloren haben.

Wenn ständig behauptet wird, dass Kinder, die sich nicht so verhalten, wie ihre Eltern oder die Umwelt es erwarten, schnell zu einer Bedrohung der gesamten Gesellschaft werden, dass Unsicherheiten von Eltern und kleine »Fehler« in der Erziehung unserer Kinder folgenschwere Konsequenzen haben können – dann ist es kein Wunder, dass sich Eltern bei der ersten Abweichung von dem von ihren Kindern erwarteten Verhalten irritiert an den nächsten Arzt wenden oder sich mit einer Wand aus Ratgebern umstellen und die darin vorgeschlagenen Maßnahmen und Regeln Schritt für Schritt wie bei einem Backrezept befolgen. Wenn man sich nur an alle Zutaten und Arbeitsschritte hält, dann

kommt doch am Ende hoffentlich ein »anständiges« und »normales« – ein für unsere Welt kompatibles – Kind dabei heraus. Was
auch immer das ist.

Durch zunehmende Normierungstendenzen in allen Bereichen
wird unser Blickfeld auf Kinder immer enger. Dass Entwicklung
vielfältig und individuell und trotzdem noch natürlich sein kann,
findet in den Tabellen kaum Platz. Und so werden Eltern verunsichert und fragen sich: Ist mein Kind in Ordnung? Zeigt es »normales« Verhalten? Ein wenig so, als sei eine Krankheit im Umlauf,
die unsere Kinder mehr oder weniger zufällig befallen könnte. Als
habe niemand und nichts Einfluss auf diese Entwicklung unserer
Kinder und als stünde das Verhalten von Kindern in keinem familiären oder gesellschaftlichen Zusammenhang.

Natürlich ist es einfacher und mit weniger Aufwand verbunden,
mit dem Finger auf den anderen zu zeigen und zu sagen: Du, Kind,
bist nicht in Ordnung, mit dir stimmt etwas nicht! Es ist auch deshalb bequem, weil die Erwachsenen dann Verantwortung abgeben
können und nicht auf sich selbst schauen müssen: Welchen Anteil tragen wir selbst vielleicht daran, dass ein Kind sich so oder
so verhält? Stattdessen wird das Verhalten der Kinder problematisiert und pathologisiert. Es ist bequem und entlastend für uns,
zu sagen: Das ist nicht normal! Was wir damit eigentlich meinen:
Das Kind ist nicht normal – es verhält sich nicht normgerecht! Es
fällt auf und raus aus unserem Raster für das, was wir als »normal«
empfinden.

Aber: Es geht hier nicht darum, Eltern und Erziehenden
»Schuld« zuzuschieben. Es geht um Verantwortung! Und darum,
zunächst unsere eigenen Denk- und Verhaltensmuster aufzude-
cken und zu verstehen, welche Wirkung sie auf uns und unsere
Kinder haben.

Es entsteht ein Zerrbild, und es ist ein Missverständnis, wenn
wir denken, dass wir keine Verantwortung tragen! Denn unser
Umgang mit einem Kind und auch die von uns bereitgestellte Um-

welt haben immer Einfluss auf das Kind und seine Entwicklung. Es verhält sich immer der Umwelt entsprechend, deshalb können wir Kinder und ihr Verhalten nicht ohne den Gesamtzusammenhang betrachten.

Ich beobachte aber noch etwas anderes: Wesentliche Erkenntnisse der Entwicklungspsychologie – zu den Ursachen bestimmter Verhaltensweisen, die zu einer notwendigen und gesunden Gesamtentwicklung von Kindern gehören – sind nicht in unserer Gesellschaft angekommen. Ein tiefes Tal der Zusammenhangslosigkeit liegt zwischen den Erkenntnissen von Erziehungswissenschaft, empirischer Säuglingsforschung, Entwicklungspsychologie und aktueller Hirnforschung einerseits und angewandter praktischer Pädagogik in Familien und staatlichen Institutionen andererseits. Diese Tatsache hat zu einem gewaltigen gesellschaftlichen Innovationsstau geführt. Die Wissenschaften, die sich letztendlich alle mit der Entwicklung und dem Wachstum von Menschen beschäftigen, scheinen jeweils ein Eigenleben zu führen, anstatt gemeinsam in eine Richtung zu wirken. Daher finden die Erkenntnisse der einzelnen Disziplinen kaum Wege in die praktische Anwendung.

Kein Wunder also, dass entwicklungsgerechtes Verhalten von Kindern immer wieder falsch bewertet wird. Ein Beispiel aus meiner Beratungspraxis:

>> *Wir haben ein Problem mit unserem vierjährigen Sohn Linus. Er besucht seit zwei Jahren die Kita in unserem Ort. Gestern hat mich die Erzieherin angesprochen und mir mitgeteilt, dass unser Sohn aus der Gruppe ausgeschlossen werden müsse. Das Problem: Er sei aggressiv und habe sich nicht unter Kontrolle. Er gehe auf andere Kinder los und störe so die Gruppe und den Ablauf bei gemeinsamen Aktivitäten. Wir wissen, dass Linus sich manchmal ärgert.*

Vor ein paar Monaten kam es zum Streit mit seinem besten Freund. Dabei ist er gestürzt und hat sich selbst in der folgenden Rangelei die Nase aufgeschlagen, was ihn wohl sehr wütend gemacht hat. Denn dann gab es mit einem anderen Jungen Ärger, sie haben sich gestritten und am Boden gebalgt. Die Mütter dieser beiden Jungen finden das nicht toll, das ist klar. Würde ich auch nicht. Allerdings sind es andere Mütter aus der Gruppe, die jetzt für Aufruhr sorgen. Ich will unseren Sohn nicht in den Himmel loben, aber er ist ein herzensguter, lustiger kleiner Mensch. Das sagt selbst die Erzieherin. Es ist alles so widersprüchlich. Aber wie bekommt man das aus ihm raus? Die Erzieherin meinte, wir müssen die Aggression aus ihm rausbekommen, sonst habe er in der Schule später nur Probleme. Und die geht ja auch schon bald los. Haben Sie einen Tipp, was wir machen können? Ich bin so ratlos und mache mir große Sorgen. Das macht mich alles so fertig. «

Linus' Geschichte ist ein typisches Beispiel dafür, dass entwicklungsgerechtes Verhalten von Kindern etwa von Erziehern nicht erkannt wird und deshalb nicht konstruktiv darauf reagiert werden kann. Deutlich wird hier die Haltung der Erwachsenen: Diese Gefühle darf ein Kind nicht haben; und wenn doch, dann nicht hier! Sein Verhalten ist nicht erwünscht, und das Kind wird ausgegrenzt.

In der Erziehung spielten noch vor gut sechzig Jahren Gefühle kaum eine Rolle. Sie wurden in der Regel unterdrückt. Heute wissen wir, dass Menschen hierdurch in ihrer emotionalen Entwicklung gehemmt werden und in der Folge Störungen entwickeln können. Vielfältige wissenschaftliche Studien belegen, dass das Verleugnen und Wegdrücken von Gefühlen den Menschen krank machen.

Kindern ihre Gefühle lassen

Durch sein Verhalten fällt Linus zwar in dieser Gruppe auf, es ist aber keineswegs unnormal! Im Gegenteil. Linus macht hier wichtige Erfahrungen mit starken Emotionen. Er streitet sich, wird wütend und zeigt seine Aggression. Langjährige Entwicklungsforschung hat gezeigt und auch Praxiserfahrungen aus der Therapie haben ergeben, wie wesentlich es für uns Menschen ist, dass wir unsere Gefühle wahrnehmen und einen Zugang zu ihnen entwickeln können. Dabei geht es nicht nur um die positiven Gefühle wie Freude, Begeisterung und die Fähigkeit, Glück zu empfinden. Es geht darum, die gesamte Bandbreite und eine vielfältige Palette von Gefühlen kennenzulernen. Wir brauchen also auch Erfahrungen mit den sogenannten negativen Gefühlen: Trauer, Enttäuschung, Schmerz, Wut, Aggression. Es ist wichtig, dass wir sie erfahren, dass wir sie verbalisieren und sie ausdrücken können.

Aber Menschen können Aggressionen doch nicht einfach ungefiltert ausagieren, wird der eine oder andere einwenden. Der Begriff »Aggression« ist von dem lateinischen Wort für »herangehen, angreifen« abgeleitet. Aggressionen an sich sind wichtig, sie bringen uns zu Hochleistungen, etwa im Sport. Wer beispielsweise bei der Olympiade die Sportler im Fernsehen bei der Zeitlupenwiedergabe genau beobachtet, kann erkennen, wie sich Aggressivität in den Gesichtern spiegelt und in Energie verwandelt, die den Athleten nach vorn bringt.

Es ist ein weitverbreiteter Irrtum, Aggressivität führe unweigerlich zu Gewalt. Deshalb meint man, Kinder sollten schon frühzeitig lernen, Konflikte ausschließlich verbal zu klären. Dies bedeutet für sie jedoch häufig eine absolute Überforderung. Für eine solche Konfliktlösung müssten sie sehr früh schon eine intellektuelle Leistung erbringen, die oft auch uns Erwachsenen schwerfällt.

Wir denken und handeln so jedoch nur aus der absurden Befürchtung, dass aus einem aggressiven vierjährigen Jungen zwangsläufig ein gewalttätiger Jugendlicher wird. Die Kausalkette so zu knüpfen beruht auf einem Fehlschluss. Denn nicht das aggressive Verhalten in der Kindheit ist ursächlich für die spätere Gewalttätigkeit von Jugendlichen. Vielmehr, das zeigen zahlreiche Untersuchungen, haben gewalttätige Jugendliche fast ausnahmslos in ihren Familien psychische oder physische Gewalterfahrungen gemacht und waren häufig selbst Opfer.

Es gibt nicht nur *eine* Angst oder *die* Aggression. Gefühle treten in vielen Abstufungen und Färbungen auf. Unsere Gefühlswelt ist komplex, und jedes Gefühl hat verschiedene Facetten; es gilt, alle Emotionen im Laufe der Zeit kennenzulernen, Erfahrungen im Umgang mit ihnen zu sammeln und sie letztendlich sämtlich in uns zu integrieren. Dieser Prozess beansprucht rund sechzehn bis siebzehn Jahre – dauert also bis zur Pubertät – und gehört zur normalen seelisch-emotionalen Entwicklung von Kindern.

Linus macht also wesentliche Erfahrungen in seiner emotionalen Entwicklung. Doch anstatt sich die Kinder auch körperlich auseinandersetzen zu lassen, sie kindgerecht beim Umgang mit Konflikten zu unterstützen, sie in ihrer Entwicklung zu begleiten, wird das unerwünschte Verhalten weggedrückt, und das störende Kind soll die Gruppe verlassen.

Normalität kann ganz schön anstrengend sein

Linus ist kein Einzelfall. Immer wieder wird ein völlig entwicklungsgerechtes Verhalten nicht richtig eingeordnet, sodass Eltern in eine ähnliche Verunsicherungsspirale geraten wie die Mutter von Linus: Eltern wird suggeriert, ihr Kind verhalte sich auffällig, also nicht normal. Die Eltern erschrecken, vor allem, wenn sie unerfahren sind. Sie überlegen, wie sie das Verhalten ihres Kindes so beeinflussen können, dass es wieder als »normal« wahrgenommen wird.

Verunsicherung ist aber nichts Schlechtes, sie gehört sogar unbedingt zum Elternsein. Solche Empfindungen machen es überhaupt erst möglich, dass wir uns auf unsere Kinder einstellen, dass wir dynamisch und beweglich bleiben. Wenn jedoch nichts als Hilflosigkeit und das Gefühl, man habe versagt, beim Erwachsenen zurückbleibt, dann ist es nur zu verständlich, dass man vermeintlich hilfreichen Ratschlägen folgt: Wir Erwachsenen dürfen uns das Ruder nicht aus der Hand nehmen lassen! Wir müssen doch immer wissen, wo es langgeht! Schnell geht es dann zurück ins alte Muster: Strafe wird wieder ein probates Mittel im Umgang mit Kindern. Kindliche Handlungen und Verhaltensweisen, die nicht erwünscht sind, werden sanktioniert.

Und wenn sich Eltern nicht mehr selbst zu helfen wissen, nehmen sie heute ganz selbstverständlich psychiatrisch-ambulante Hilfe in Anspruch und überlassen den vermeintlichen Experten das Feld. Diese Kinder- und Jugendpsychiater, -psychologen und -ärzte hatten in den vergangenen Jahren viel zu tun.

Ist es nicht seltsam, dass laut einer Studie des Robert-Koch-Instituts mittlerweile jedes fünfte Kind in Deutschland als verhaltensauffällig gilt? Wieso stutzen wir nicht, wenn wir hören, dass die Zahl der ADHS-Diagnosen zwischen 1989 und 2001 um 400 Prozent gestiegen ist? Selbst dass immer wieder von Ärzten diskutiert wird, ob es sich hier nicht um eine »konstruierte Krankheit« handele, lässt kaum aufhorchen. Genauso wenig wie die immer wieder aufgeworfene Frage, ob von all den Diagnosen dieser »Krankheit« – die fast ausschließlich medikamentös, kaum therapeutisch behandelt wird – nicht vor allem die Pharmaindustrie profitiert.

Man könnte die Aufzählung solcher blinden Flecken lange fortführen: Macht es uns nicht skeptisch, dass Diagnosen häufig beliebig, nach Gutdünken des jeweiligen Arztes und aufgrund einer Handvoll oft recht unklarer Symptome, die Eltern aus ihrer Sicht von zu Hause und aus der Schule berichten, gefällt werden?

Warum lässt es uns nicht aufmerken, dass ADHS besonders häufig bei extrem früh eingeschulten Kindern auftritt? »Aufmerksamkeitsdefizite« muss man hier wohl eher uns Erwachsenen attestieren. Schauten wir genauer hin, ergäben sich interessante Fragen. Zum Beispiel, ob die frühe Einschulung entwicklungspsychologisch überhaupt sinnvoll ist und ob wir hiermit nicht selbst unsere Kinder überfordern? Doch offenbar sind wir noch nicht bereit, unseren Umgang mit den Schwächsten in der Gesellschaft grundsätzlich zu hinterfragen.

So kritisieren, maßregeln und therapieren wir unsere Kinder, um sie für unser (Erwachsenen-)Leben und unsere Gesellschaft passend zu machen. Dass die Gründe für ihr Verhalten, wenn es unseren Vorstellungen nicht entspricht, in der von uns selbst geschaffenen Umgebung oder auch in unserem eigenen Verhalten den Kindern gegenüber liegen könnten, ziehen wir nicht in Betracht. Es ist deshalb nur scheinbar ein Fortschritt, wenn wir Verhaltensauffälligkeiten und Konzentrationsstörungen von Kindern therapieren lassen – denn wir sind es, die diese Leiden zuallererst erzeugen.

Dass das Verhalten von Kindern pathologisiert wird, ist die extremste Ausprägung von Erziehung. Doch was ist Erziehung überhaupt, und wem dient sie wirklich?

Familie und Erziehung

Die Familienformen und damit auch das Familienleben haben sich in den letzten Jahrzehnten enorm verändert. Dafür gibt es verschiedene Gründe. Partnerschaften werden heute um ihrer selbst willen und auf einer emotionalen Basis gegründet. Die Qualität der Beziehung steht im Vordergrund. Wenn diese für die Partner nicht mehr zufriedenstellend ist, gehen Beziehungen (und damit auch Familien) auseinander. Das war noch vor sechzig Jahren anders – ob auch besser, sei dahingestellt. Heutzutage finden sich zudem neue Partnerschaftsformen, Patchworkfamilien und damit ein vielfältiges Geflecht an Beziehungen und familiären Verknüpfungen. Auch haben sich die Rollen innerhalb der Partnerschaft gewandelt. Die Berufstätigkeit der Frau ist heute Normalität und oft zur Sicherung der Existenz notwendig geworden. Der Mann ist nicht mehr der Alleinverdiener. Auch die Bedeutung von Kindern für eine Partnerschaft und der Grad der Aufmerksamkeit, die man ihnen zukommen lässt, haben sich verändert.

Von eigener Erziehungserfahrung geprägt – oft keiner guten –, sind sich Eltern heute zumeist darüber einig, dass sie es anders machen wollen, als sie es selbst erlebt haben. Die am eigenen Leib erfahrenen Kränkungen und Verletzungen wollen junge Eltern ihren Kindern unbedingt ersparen. Kinder brauchen Liebe, Verständnis und Wärme. Sie brauchen aber doch auch – so heißt es überall – klare Regeln und Grenzen. Zwischen diesen Polen schwanken die Eltern. Und je herausfordernder sich der Familienalltag gestaltet, desto verführerischer ist es, sich in kurzfristig wirksame autoritäre Methoden zu flüchten. Kinder sollen und müssen funktionieren, auch Eltern haben nur begrenzte Kräfte – und so werden im Tagesgeschäft der Erziehung gute Vorsätze schnell durch alte Gewohnheiten verdrängt.

Dabei können wir uns heute aber nicht mehr auf Nichtwissen berufen! Denn wir wissen heute viel mehr über die kindliche Entwicklung als in früheren Zeiten. In den letzten Jahrzehnten haben Pädagogik und Psychologie zwar vermehrt mit entscheidenden Erkenntnissen aufgewartet, doch die wurden immer wieder leichtfertig vom Tisch gewischt. Nun jedoch gibt es auch objektive naturwissenschaftliche Befunde. Die Biologie und die Neurologie haben langjährige Forschungen betrieben, und die Hirnforschung kann viele bereits gewonnene Erkenntnisse aus ihrer Sicht bestätigen. So wissen wir sicher, dass vieles, was früher an Erziehung stattgefunden hat, Kindern nicht nur nicht gutgetan hat, sondern häufig sogar schädlich war.

Wenn ich nun von einem neuen Umgang und einer veränderten Haltung Kindern gegenüber spreche, dann geht es nicht darum, festzustellen, dass die Generationen vorher alles »falsch« gemacht haben, sondern darum, mit den heutigen wissenschaftlichen Erkenntnissen, wie sich Kinder gut entwickeln, ein ganz neues Verhältnis zu ihnen herzustellen.

Denker wie Jean-Jacques Rousseau, der sich bereits Mitte des 18. Jahrhunderts des Themas Erziehung angenommen hat, haben unser Wissen über »Kindheit« entscheidend erweitert. Johann Heinrich Pestalozzi an der Schwelle zum 19. Jahrhundert oder Maria Montessori in den ersten Jahrzehnten des 20. Jahrhunderts haben wesentliche Beiträge zu einer den Kindern zugewandten Pädagogik geleistet. Inspiriert unter anderem von Sigmund Freud haben Pädagogen, Psychologen und Psychoanalytiker die Fragen nach frühkindlichen Erfahrungen, Traumata und Prägungen zu ihrem Anliegen gemacht. Alice Miller, eine Gewährsfrau auch meiner Arbeit, beschrieb eindrucksvoll die vielen Hemmnisse und Hindernisse der Erwachsenen beim Verstehen von Kindern. Entwicklungspsychologen begreifen und beschreiben heute gut, was Kinder in welchen Stadien ihrer Entwicklung brauchen, wie ihre Bedürfnisse erkannt und beantwortet werden können. Viel angekommen in den Familien und in der allgemeinen gesellschaftlichen Diskussion darüber ist davon jedoch nicht.

Dabei braucht es bestimmt kein Studium oder einen »Elternführerschein«, um auf die Bedürfnisse von Kindern eingehen zu können. Erforderlich wäre zunächst ein breiter gesellschaftlicher Konsens, dass Kinder nicht im herkömmlichen Sinne erzogen werden müssen. Dass Respekt und Gehorsam keine kindgerechten Kategorien sind. Dass Kinder stören *dürfen*. Genauso wie es einer gesellschaftlichen Akzeptanz bedurfte, dass Mann und Frau gleichberechtigt sind oder dass die sexuelle Orientierung kein Werturteil über Menschen bedingen darf.

Zwar haben sich gerade in den vergangenen Jahren neue Tendenzen herausgebildet, haben sich die Formen und Modelle der

Erziehung immer wieder gewandelt. Letztendlich jedoch ist es immer das eine geblieben: Erziehung. Die Modelle haben sich verändert, die grundsätzliche Haltung zu Kindern nur wenig.

Wenn wir uns auf ein neues Ziel verständigen und Kindern ein gesundes Aufwachsen ermöglichen und eine kindgerechte Entwicklung zugestehen wollen, dann, so bin ich überzeugt, müssen wir ganz neue Wege finden, um das zu gewährleisten. Ich weiß, dass eine solche Situation, ein scheinbares Vakuum, vorübergehend unsicher macht. Noch unsicherer, als wir ohnehin schon sind. Diese Situation bietet andererseits auch Chancen. Sie gibt Raum zum Nachdenken. In einer so beschleunigten Welt, in der jedermann jederzeit auf neueste Informationen zurückgreifen kann, in der jedermann jederzeit möglichst schnelle, richtige und effiziente Entscheidungen treffen soll, können und dürfen wir uns an dieser Stelle Entschleunigung erlauben.

Ich erlebe Eltern immer wieder als sehr offen für Neues und glaube mit ihnen an die Möglichkeit einer grundlegenden Veränderung. Allerdings gibt es wenig, an dem wir uns orientieren können. Nur in einem scheinen wir uns sicher: Das Autoritäre, das uns geprägt hat, haben wir überwunden. Ob das tatsächlich so ist? Ich bin mir da nicht so sicher.

In meiner Arbeit mit Familien begegnen mir viele verschiedene Einstellungen und Erziehungsansätze – zwei unterschiedliche möchte ich näher beschreiben. So gibt es die Eltern, die ihren Kindern (scheinbar) negative Erfahrungen ersparen wollen.

>> *Auf dem Spielplatz ruft die Mutter sorgenvoll der zweijährigen Charlotte nach, sie solle langsam laufen, sonst falle sie noch hin. Sie folgt ihr aus Angst, sie könne abrutschen, hinunterfallen und sich wehtun, schnell zum Klettergerüst, um zu verhindern, dass sie selbstständig hinaufklettert. Charlotte macht den ersten Schritt auf die Stufe. Die eine*

Hand der Mutter am Bein, die andere am Rücken. Die Mut-
ter lässt Charlotte nicht aus den Augen und aus den Hän-
den, begleitet sie auf Schritt und Tritt.

《

Eltern wie die Mutter von Charlotte haben die Vorstellung, dass Kinder keine »Fehltritte« machen, dass sie immer »glücklich« sein sollen. Sie sollen keinen Schmerz empfinden, keine Tränen weinen, sie sollen nicht unglücklich sein. So verhindern sie (in gutem Glauben) jedoch wichtige Entwicklungen bei ihren Kindern. Eltern, die sich so verhalten, nehmen den Kindern die Möglichkeit, eigene Erfahrungen mit sich selbst und der Umwelt zu machen: zu erfahren, wie man Gleichgewicht hält, wie viel Kraft es kostet, sich hochzuziehen, und auch zu erfahren, wie sich eine Beule oder ein blauer Fleck anfühlt.

Dies alles sind grundlegende Erfahrungen im Leben. Kinder *be-greifen* ihre Umwelt, und es ist wichtig, dass sie forschen, ausprobieren, autonom werden und ihre eigenen Erfahrungen machen dürfen. Dabei geht es nicht darum, Kinder ernsthaften Gefahren auszusetzen oder sie sich selbst zu überlassen. Eine »Überbehütung« – ihnen gar keinen Raum zu geben, sie aus Furcht vor Schmerz oder Verletzung vor allem »Unglück« bewahren und ihnen jede Hürde aus dem Weg räumen zu wollen – ist aber genauso problematisch und hemmt die Entwicklung von Kindern.

Schmerz, Verletzung, Ärger und Krisen, das alles ist negativ belegt – es gehört jedoch genauso zum Leben wie Glück und Freude. Das eine kann man nur wahrnehmen, wenn das andere auch vorhanden ist. Kinder kommen mit vielen Potenzialen und Kompetenzen, talentiert, offen und klug auf die Welt – ihnen fehlt es lediglich an Erfahrungen. Diese Erfahrungen müssen sie selbst machen dürfen. Eltern, die ihren Kindern jeden Wunsch von den Augen ablesen, die ihnen alles kaufen, alle Wünsche erfüllen, rauben ihnen wesentliche emotionale Erfahrungen, nämlich die, sich nach etwas zu sehnen oder sich auf etwas zu freuen.

Natürlich gibt es auch Erfahrungen, die wir selbst gemacht haben und die wir unseren Kindern ersparen wollen. Das geschieht in der vermeintlich guten elterlichen Absicht, die eigenen Kinder vor scheinbar »schlechten Erfahrungen« beschützen zu wollen, und ich kann den Wunsch auch verstehen. Trotz allem ist ein solcher Umgang nicht hilfreich und entwicklungsfördernd. Die Mär vom »immerzu glücklichen Kind« ist ein Auswuchs einer als modern empfundenen Erziehung. Dem Kind wird so suggeriert: Du bist nicht o.k., so wie du bist – mit deinem Entdeckertrieb! Ich muss auf dich aufpassen, meine elterliche Fürsorgepflicht ist es, dir alle Wege zu ebnen. Nach meiner Erfahrung beschneidet eine solche Haltung das Kind in seiner Entwicklung und beraubt es grundsätzlich der Möglichkeit, die Welt selbstständig zu erkunden.

Kinder brauchen eigene gelebte Erfahrungen und keine von uns gewonnenen und weitergegebenen Weisheiten. Strategien im Umgang mit körperlichem Schmerz – etwa das Hinfallen auf dem Spielplatz – und seelischem Schmerz – zum Beispiel auch der Tod einer nahen Person oder die Erfahrung, dass sich ein dringender Wunsch nicht erfüllen wird – lassen sich nur durch eigenes Erleben erfahren, nicht vermitteln. Aus Sicht der Hirnforschung: Nur das selbst Erfahrene führt zu einer entsprechenden Vernetzung im Gehirn und lässt physiologische Bedingungen als Antwort auf unsere Erfahrungen entstehen.

Was wir allerdings tun können, ist, von unseren eigenen Erfahrungen zu berichten, in einen ernsthaften und konstruktiven Dialog mit Kindern zu gehen und ihnen zu erzählen, wie es bei uns war. Auch können wir Stellung beziehen: »Ich finde das gut« oder »Das habe ich anders gemacht«. Wir sollten jedoch nicht die Erwartung haben, dass das Kind dann den Drang, die Erfahrung selbst machen zu wollen, nicht mehr verspürt. Wichtig ist, dass Kinder (auch mit schwierigen Erfahrungen) nicht allein sind, dass sie Eltern haben, die sie in allen diesen Situationen begleiten und die als authentische Ansprechpartner zur Verfügung stehen.

Ein anderer Erziehungsansatz beruht darauf, dass Eltern gleichbleibend »nett« agieren, um Konflikten aus dem Weg zu gehen. Dabei erleben Kinder ihre Eltern in ihrem Verhalten jedoch als unklar; sie können sie außerdem mit ihren Gedanken und Gefühlen und somit als echte Persönlichkeit mit eigenen Bedürfnissen nicht richtig wahrnehmen.

Der fünfjährige Max ist mit seinen Eltern in einem Café. Max springt auf, nachdem er gut eine halbe Stunde ruhig am Tisch gesessen hat. Er rennt durch das Café und spielt Flugzeug, die Arme weit zur Seite ausgebreitet. Seine Eltern beobachten ihn. Sein Vater runzelt leicht die Stirn und überlegt, ob er etwas sagen soll. Im Vorbeirasen stößt Max nun an einen Stuhl. Es poltert, der Stuhl fällt um. Leise seufzend stellt der Vater den Stuhl wieder hin. Er sieht sich zu anderen Gästen um, die unruhig werden. »Max, hör bitte auf«, sagt er sanft lächelnd, seine Stimme ist jedoch gepresst und verrät seine Ungeduld. Max spielt weiter und scheint seinen Vater gar nicht gehört zu haben. Seine Mutter reagiert nun auch, sie wirkt angespannt, bittet Max jedoch ebenfalls lächelnd: »Max, spiel doch nicht so laut. Schau doch mal, ob du vielleicht draußen spielen kannst.«

Zunächst: Max verhält sich völlig altersgerecht. Nach einer gewissen Zeit im Café mit seinen Eltern muss er sich bewegen und hat das Bedürfnis zu spielen. Max' Eltern spüren, dass ihr Sohn die anderen Gäste stört, sie haben aber die Vorstellung, dass Eltern in ihrer Rolle vor allem »freundlich« sein sollen, und reagieren deshalb in der beschriebenen Form. Hierdurch allerdings entziehen sie sich gleichzeitig einem eventuell drohenden Konflikt mit ihrem Sohn, und Max verliert durch die »aufgesetzte Nettigkeit«

authentische Ansprechpartner. Er wird so einer grundlegenden Beziehungserfahrung beraubt.

Eltern wollen heute oft harmonische Übereinstimmung, erwarten Verständnis und meiden (vielleicht nur scheinbare) Konflikte mit ihren Kindern. Was würde passieren, wenn die Eltern Max das Spielen im Café untersagen und ihn bitten würden, nach draußen zu gehen? Entweder geht Max nach draußen und spielt dort weiter. Oder er wird ärgerlich und kommt der Aufforderung der Eltern nicht nach. Dann wäre ein Konflikt zu lösen. Eines wird jedenfalls nicht passieren, nämlich dass Max sich an seine Eltern wendet und sagt: »Ja, liebe Eltern. Ihr habt ja völlig recht, ich bin viel zu laut hier und sollte lieber draußen weiterspielen. Wie gut, dass ihr da seid und mich darauf hingewiesen habt. Und außerdem: Hier im Café ist es auch viel zu langweilig.«

Diese Vorstellung mag zum Schmunzeln anregen. Meine Erfahrung ist, dass Eltern nicht selten (unbewusst) jedoch genau diese Erwartung haben. Letztendlich soll das Kind Verständnis für die Position der Erwachsenen haben. Das ist zu viel verlangt. Selbst wenn Max wütend werden und es zum Konflikt kommen würde, wäre das keine Katastrophe. So etwas gehört auch mit dazu, und es gilt, das auszuhalten.

Ich erlebe häufig Eltern, die nicht wollen, dass ihr Kind weint und negative Gefühle hat. Sie fühlen sich dann schuldig und erleben sich als »schlechte« Eltern. Warum eigentlich? Weil sie ihre eigenen Bedürfnisse über die des Kindes stellen und sich klar positionieren? Hier macht der Ton die Musik, und die Frage ist nicht nur, was Eltern sagen, sondern vor allem, wie sie Stellung beziehen. Eine Möglichkeit wäre es, in dieser Situation zu sagen: »Max, du hast lange bei uns gesessen. Hier stört es nun, wenn du spielst. Mach das bitte vor der Tür.« Nicht böse, nicht ärgerlich, sondern ruhig, freundlich und klar. Das entspräche dem eigentlichen Gefühl der Eltern und wäre authentisch. Ein Kind kann damit gut umgehen.

In beiden Situationen – in der Spielplatzszene mit Charlotte und in der Szene im Café mit Max – wird die Unsicherheit von Eltern offenkundig und ihr Bemühen, sich autoritärer Erziehungskonzepte zu enthalten. Die Eltern versuchen es in beiden Fällen anders. Dennoch: Zunächst einmal gibt es ja gar keinen Konflikt zwischen Erwachsenen und Kindern. Was aber, wenn Charlotte irgendwann allein das Klettergerüst erkunden will, die Hilfe der Mutter ablehnt und sich so ihre Autonomie erkämpft? Und was, wenn Max auf die immer gleichbleibend freundliche Ansprache seiner Eltern hin einmal nicht »funktioniert«?

Sobald Kinder sich in diesen und ähnlichen Situationen nicht der meist unausgesprochenen Erwartungshaltung der Eltern unterordnen und mehr Autonomie fordern, kommt es zu Konflikten. Die Eltern müssen sich positionieren, kommen jedoch mit ihren (neuen) erzieherischen Ansätzen nicht weiter. Automatisch fallen sie dann häufig in etwas lange Gelerntes zurück: in (selbst erlebte) autoritäre Erziehungsmuster. Wir greifen dann zum Beispiel auf Strafen, und seien es auch nur kleine, auf Druck oder auch gewaltsame Durchsetzungsmittel zurück. Ausgerechnet diese rücksichtslosen und oft selbst als machtvoll und gewaltsam erlebten Erziehungsmethoden sind es, die wir dann anwenden, obwohl wir geglaubt hatten, diese längst überwunden zu haben.

Lernen mit Gefühl

All unser Handeln ist an Gefühle gekoppelt. Jede Erfahrung ist im Gehirn mit einer bestimmten Emotion verbunden. Diese Emotion wird gespeichert und mit entsprechenden Handlungsmustern verknüpft. Sobald Menschen in eine Situation geraten, die dieser Erfahrung entspricht oder nahekommt, wird auch die mit ihr verbundene Emotion wieder abgerufen, und die mit ihr verknüpften Reaktions- und Handlungsmuster können wieder in Kraft treten. Man kann oft beobachten, dass gerade Menschen, die im öffentlichen Leben souverän und bedacht auftreten, in Situationen, die besonders emotional sind und »unter die Haut« gehen – also gerade im familiären Bereich, wo eine intensive Beziehungsarbeit notwendig ist –, durch diese emotionalen Kopplungen unbewusst in alte Muster zurückfallen.

Ohne einen entsprechenden eigenen Erkenntnisprozess ist die Wahrscheinlichkeit hoch, dass zum Beispiel eine Mutter, die selbst noch streng und autoritär erzogen wurde, in einer emotionalen Konfliktsituation ihrem Kind gegenüber unbewusst auch erst mal in ein autoritäres Handlungsmuster verfällt. Nicht etwa, weil sie sich bewusst dafür entscheidet, sondern weil durch die starke Emotion, die mit der aktuellen Konfliktsituation verbunden ist, eine Brücke zu einer entsprechenden, früher selbst erfahrenen Reaktion geschlagen wird. Und so geschieht es, dass eine Mutter oder ein Vater dann sagen: »Ich wollte gar nicht schlagen – es ist einfach passiert!« In der Regel sind Eltern darüber nicht glücklich, und es tut ihnen leid. Manchmal drückt sich ihr schlechtes Gewissen dadurch aus, dass sie ihr Handeln zu rechtfertigen suchen (»Du hast es aber auch übertrieben!«).

Manche Eltern wollen jedoch ganz bewusst aus diesem Muster »aussteigen«. Dies kann nur durch einen inneren Prozess gelingen. Wenn Eltern es schaffen, Verantwortung für ihr Handeln zu übernehmen und nicht dem Kind die Schuld geben (»Du hast dich nicht gut verhalten, ich konnte deshalb nicht anders«), kann ein solcher Prozess in Gang kommen, und über Selbstreflexion können neue Handlungsmuster und Haltungen entstehen, die an ein anderes Gefühl gekoppelt werden.

Gerade weil die Unsicherheit darüber groß ist, wie wir »richtig« reagieren, machen wir reflexartig einen Schritt zurück auf emotional (vermeintlich) sicheres, weil vertrautes Terrain, nämlich in das autoritär geprägte Erziehungsmuster. Für Kinder hat das unmittelbare Auswirkungen auf der Beziehungsebene: Sie erleben, wie ihre Eltern ständig ihre Stimmungen und Haltungen wechseln. Von freundlich und scheinbar gut gelaunt kippt die Situation für Kinder nicht nachvollziehbar ins Gegenteil, in autoritäre, strenge Reaktionen. Die Kinder sind verwirrt. Sie erhalten keine klare, authentische Antwort auf der Beziehungsebene und erleben permanent unklare und unsichere Erwachsene, die anscheinend selbst nicht wissen, was sie wollen. Und so bleibt den Kindern nur das Entwickeln ihrer eigenen Strategie, mit der Unklarheit ihres erwachsenen Gegenübers umzugehen.

Gewalt in Familien: Ein Klaps hat noch keinem geschadet?

Gewalt ist Gewalt. Und so möchte ich an dieser Stelle auf alle ihre Formen schauen, auch auf extreme, über die wir alle erschrocken sind. Ich möchte ein Bewusstsein dafür schaffen, dass Kinder auch heute noch in ihren Familien körperlicher Gewalt ausgesetzt sind. Auch wenn es hinter geschlossenen Türen geschieht, passiert es doch inmitten unserer Gesellschaft, oft auch vor unseren Augen – wir müssen nur hinsehen. Die Fakten und Zahlen sprechen für sich.

Fortschritte bei der Bekämpfung von Gewalt an Kindern sind kaum zu erkennen. Die Auswertung der Kriminalstatistik für das Jahr 2010 durch die Deutsche Kinderhilfe ergab, dass 183 Kinder unter vierzehn Jahren in ihren Familien einem Mord oder Totschlag zum Opfer fielen. 2009 waren es 152 Todesfälle nach häuslicher Gewalt. Ein erschreckender Anstieg um 20 Prozent! Die Rede ist hier nicht von Kindern, die Fremden zum Opfer gefallen sind, die Rede ist ausdrücklich von häuslicher Gewalt, von Gewalt in den Familien.

Die Deutsche Kinderhilfe fordert angesichts dieser Zahlen strukturelle Reformen des Kinder- und Jugendschutzes in Deutschland. Im Schnitt kommen nach Angaben des Vorsitzenden der Deutschen Kinderhilfe, Georg Ehrmann, »nach wie vor mehr als drei Kinder pro Woche zu Tode«.

Nicht jedes Kind, das Gewalt erfährt, wird sichtbar verletzt oder kommt gleich ums Leben. Das ist jedoch kein Grund, andere Formen der Gewalt zu verharmlosen. Nicht nur Kinder aus sogenannten bildungsfernen Schichten sind gefährdet. Auslöser für Gewalt gegen Kinder sind Stress und Überforderung, und so existiert Gewalt in allen Formen als ein gesamtgesellschaftliches Phänomen. Eine im Jahr 2012 vom Forsa-Institut im Auftrag der Zeitschrift *Eltern* erstellte Studie offenbart dramatische Zahlen. 40 Prozent der Eltern gaben an, ihre Kinder zu verprügeln (»Hintern versohlen«), weitere 10 Prozent schlagen ihre Kinder auch ins Gesicht (»Ohrfeige«). Fast die Hälfte aller Eltern greift also bei Strafen zu körperlicher Gewalt.

Zu berücksichtigen ist bei diesen Angaben im Übrigen, dass Gewalt ein schambesetztes Tabuthema ist. So wurden bei der Datenerhebung nur Eltern berücksichtigt, die auch bereit waren, über ihr Gewaltverhalten Auskunft zu erteilen. Es ist deshalb von einer hohen Dunkelziffer auszugehen.

Alarmierend ist vor allem, dass sich die Zahlen im Vergleich zu einer ähnlichen Studie von vor fünf Jahren nicht verändert haben. Dies erschreckt mich in verschiedener Hinsicht. Mein Eindruck ist, dass wir offenbar zwar wissen, dass es »nicht gut« ist, Kinder zu schlagen, dass aber grundsätzlich in den Köpfen der Menschen faktisch der Wandel hin zu einer gewaltfreien Erziehung augenscheinlich noch nicht vollzogen wurde. Besonders erschütternd ist es aus meiner Sicht, dass wir uns offensichtlich eingestehen müssen, dass wir in einer Gesellschaft leben, in der wir für Kinder zwar ein gesetzliches Recht auf eine gewaltfreie Erziehung verabschiedet haben, nach wie vor jedoch die Anwendung von körperlicher Gewalt als Maßnahme zu einem allgemein akzeptierten Erziehungsmittel gehört.

Das hat auch damit zu tun, dass hier zwei Rechtsprinzipien kollidieren. Zwar verbietet das Bürgerliche Gesetzbuch körperliche Gewalt gegen Kinder. Zugleich jedoch erklärt das Grundgesetz (GG) die Erziehung zur obersten Obliegenheit der Familie, die Kinder also gleichsam zur »Privatsache« der Familie.

 Artikel 6 GG

> (1) Ehe und Familie stehen unter dem besonderen Schutze der staatlichen Ordnung.
>
> (2) Pflege und Erziehung der Kinder sind das natürliche Recht der Eltern und die zuvörderst ihnen obliegende Pflicht. Über ihre Betätigung wacht die staatliche Gemeinschaft.
>
> (3) Gegen den Willen der Erziehungsberechtigten dürfen Kinder nur aufgrund eines Gesetzes von der Familie getrennt werden, wenn die Erziehungsberechtigten versagen oder wenn die Kinder aus anderen Gründen zu verwahrlosen drohen.

Dieser Artikel garantiert das unantastbare Grundrecht der Familie, die Erziehungsverantwortung für Kinder zu übernehmen. Hintergrund ist der Schutz vor der staatlichen Allzuständigkeit, wie sie in Deutschland in totalitären Systemen praktiziert wurde, um der Familie einen privaten Schutzraum zuzuerkennen, in dem sich Kinder in einer staatsfernen und von persönlicher Zuwendung durch die Eltern geprägten Kindheit entwickeln können. Und wenn es richtig ist, dass die Familie ein Schutzraum des Privaten ist, so kann die Auslieferung von Kindern an dort praktizierte Gewalt nur durch einen gesamtgesellschaftlichen Paradigmenwechsel unterbunden werden. Das heißt: keinerlei Gewalt gegen Kinder zuzulassen und ihr nicht tatenlos gegenüberzustehen, weder auf der Straße noch, wenn dies hinter verschlossenen Türen zu hören ist. Der Staat kann nicht in die Familien hineinregieren; jeder Einzelne von uns ist gefragt, jederzeit und überall einzuschreiten, wenn Kinder misshandelt werden. Familie ist ein Schutzraum des Privaten, aber physische oder psychische Gewalt gegen Kinder ist keine Privatsache.

Mir begegnen Eltern, in deren Wertvorstellungen Gewalt fest verankert ist. Ich treffe auch auf Eltern, die ihre Kinder ab und zu schlagen, denen »die Hand ausrutscht«, denen »der Kragen platzt«. Und auch wenn manche hinterher von einem schlechten Gewissen geplagt werden, scheint das Bewusstsein für die Folgen von derartigen erzieherischen Maßnahmen wenig entwickelt. Zwischen »Nein, das sollte man nicht machen« und »Wieso nicht? Ein Klaps hat noch keinem geschadet« gibt es viele verschiedene persönliche Ansichten. Ganz so, als ob es Privatsache von Eltern sei, ihr Kind zu schlagen. Dabei ist die juristische Sachlage klar. Kinder haben längst ein gesetzlich verbrieftes Recht auf gewaltfreie Erziehung.

 § 1631 Abs. 2 BGB

»Kinder haben ein Recht auf gewaltfreie Erziehung. Körperliche Bestrafungen, seelische Verletzungen und andere entwürdigende Maßnahmen sind unzulässig.«

Dieser Paragraf wurde im Jahr 2000 novelliert; vorher hatte es im Gesetzestext weit weniger eindeutig und entschieden geheißen: »Entwürdigende Erziehungsmaßnahmen, insbesondere körperliche und seelische Misshandlungen, sind unzulässig.« Die Stärkung der Kinderrechte durch diese – wenn auch recht späte – Novellierung ist begrüßenswert. Doch die eigentlich notwendige staatliche und gesellschaftliche Kampagne, die hätte folgen müssen, blieb bis heute aus. Es scheint keine wirkliche Einigung auf einen neuen gesellschaftlichen Konsens zu geben – einer Verhaltensänderung muss immer eine Haltungsänderung vorausgehen. Diese Haltungsänderung hat gesamtgesellschaftlich (noch) nicht stattgefunden.

Schaut man hingegen nach Schweden, findet man ein wunderbares Beispiel dafür, wie die Haltung einer ganzen Generation und aller Generationen, die auf sie folgen werden, verändert werden kann.

In Schweden wurde das Gesetz gegen die Züchtigung von Kindern im Jahr 1979 verabschiedet. Natürlich führte diese Tatsache allein nicht dazu, dass Eltern ihre Haltung und ihr Verhalten änderten. Die schwedische Regierung begleitete – auf ausdrücklichen Wunsch der Eltern nach Alternativen zu den herkömmlichen Erziehungsmethoden – das neue Gesetz mit einem ausführlichen »Kinder- und Eltern-Kodex« und startete eine breit angelegte Aufklärungskampagne. Slogans gegen die Züchtigung von Kindern wurden auf Milchpackungen gedruckt. Zudem fand jeder Haushalt in seinem Briefkasten eine Broschüre mit dem Titel »Wie erziehe ich mein Kind ohne körperliche Züchtigung?«. Diese Broschüre, in der praktische Fragen der Erziehung und des Alltags diskutiert und Tipps gegeben wurden, wurde zu einer Art Leitfaden einer neuen, »positiven« Elternschaft. Zudem wurde eine Meldepflicht eingeführt: Wer bemerkt, dass Eltern ihr Kind schlagen oder in anderer Weise züchtigen, muss dies anzeigen. Gewalt gegen Kinder, so war die eindeutige Botschaft, die heute für jeden Schweden eine Selbstverständlichkeit ist, ist keine Privatsache.

Was dieser Haltungswandel bewirkt – und wie sich die Schweden darin von anderen Nationen unterscheiden –, zeigt ein Fall, der im Jahr 2011 durch die Presse ging. Ein italienischer Lokalpolitiker hatte seinen zwölfjährigen Sohn im Urlaub in Stockholm bei einem Streit über die Wahl eines Restaurants geohrfeigt – in Italien ein durchaus alltägliches Erziehungsmittel. Der Vater wurde festgenommen und verbrachte drei Tage in Haft.

Zurück nach Deutschland: Die Deutsche Kinderhilfe setzt sich seit Jahren für Kinderrechte ein und fordert einen Nationalen Aktionsplan Kinderschutz, der auf Kampagnen und eine gezielte Beratung und Unterstützung der Eltern setzt. Sie plädiert für einen gesamtgesellschaftlichen Mentalitätswandel und mahnt, bei Gewalt müsse der Null-Toleranz-Grundsatz gelten. Was kann diesen Mentalitätswandel herbeiführen? Ohne bürgerschaftliches Engagement und eine Kultur des Hinsehens wird dies nicht gelingen. Dazu bedarf es aber auch des politischen Willens.

»Gäbe es vergleichbare verheerende Zahlen über rassistische, homophobe oder antifeministische Gesinnungen in der Gesellschaft, würde es zu Recht einen Aufschrei aller Interessengruppen, Gewerkschaften, Parteien, Verbände bis zu den Kirchen geben. Die tägliche Gewalt gegen Kinder in Deutschland sollte Gleiches hervorrufen«, so Georg Ehrmann, Vorstandsvorsitzender der Deutschen Kinderhilfe.

Keine Frage: Spätestens seit den siebziger Jahren hat sich in Deutschland einiges geändert in der Art und Weise, wie wir Kinder in unserer Gesellschaft wahrnehmen und mit ihnen umgehen. Wenn wir jedoch die Augen vor den Folgen von Gewalt an Kindern verschließen, haben wir nicht wirklich etwas erreicht.

2005 – fünf Jahre nach der Novellierung des § 1631 Abs. 2 BGB – sorgte ein Berliner Generalstaatsanwalt für Aufruhr, als er öffentlich bekannte: »Einen Klaps lasse ich mir nicht verbieten.« Mit diesem Statement wurde eine neue Diskussion über den Sinn und Unsinn von körperlicher Gewalt, Ohrfeigen und Klapsen angestoßen.

Jeder Klaps schadet! Die Haltung, dass die Erwachsenen ihre Macht über Kinder gewaltvoll ausüben dürfen, zeugt von einer geradezu archaischen, tief verwurzelten, oft selbst erfahrenen und nicht verarbeiteten Verletzung. Gewalt ist Gewalt. Genauso wenig, wie Frauen »ein bisschen schwanger sein« können, gibt es »ein bisschen Gewalt«.

Auf der Straße

Eine Mutter ist an einem sonnigen Frühlingstag mit ihrer einjährigen Tochter auf dem Weg zum Spielplatz. Das Mädchen sitzt im Kinderwagen und schaut interessiert in die Welt. Die Mütze rutscht ihr über die Augen, und sie zieht die störende Kopfbedeckung vom Kopf. Die Mutter wird nicht müde, ihm aus Sorge die Mütze immer wieder schützend über die Ohren zu ziehen. So entwickelt sich ein Hin und Her, und die Unzufriedenheit von Mutter und Kind steigert sich sekündlich. »Wenn du jetzt nicht aufhörst, dann muss ich dir wehtun! Wer nicht hören will, muss fühlen«, sagt die Mutter schließlich, nimmt die Hand des kleinen Mädchens, schlägt einmal fest zu und setzt ihm dann mit Nachdruck die Mütze wieder auf den Kopf.

In der Küche

Freunde haben zum gemeinsamen Essen eingeladen. So sitzt ein junges Elternpaar mit seinem anderthalbjährigen Sohn am Tisch des befreundeten Pärchens. Der volle Teller steht vor dem Jungen, und er greift zu. Der Vater steht daraufhin auf, nimmt den Jungen vom Stuhl und stellt ihn vor sich hin. Mit der flachen Hand schlägt er ihm dann an den Kopf, nimmt ihn grob am Arm und setzt ihn unsanft wieder auf den Stuhl. Die Freunde der Eltern sind schockiert und fragen verwundert nach, woraufhin der Vater mit Überzeugung in der Stimme begründet: »Wir beginnen immer gemeinsam mit dem Essen. Das weiß er ganz genau. Er muss lernen, dass er nicht alles mit uns machen kann und uns respektvoll begegnen soll.« Die Freunde der Eltern werfen ein, dass der Kleine doch erst anderthalb Jahre alt sei, der Vater jedoch beharrt auf seiner Meinung.

In beiden Situationen übernehmen die Erwachsenen keine Verantwortung für ihr Handeln, im Gegenteil: Sie suggerieren noch, dass das Kind selbst daran schuld sei, dass es geschlagen wird. Für den Vater des kleinen Jungen gehört Gewalt als allgemein akzeptiertes Erziehungsmittel zum Umgang mit Kindern selbstverständlich dazu; die Mutter des kleinen Mädchens setzt ebenfalls Gewalt ein, wird jedoch von schlechtem Gewissen geplagt und rechtfertigt ihr Tun mit dem Satz: »Wer nicht hören will, muss fühlen!« Dabei erfahren die Kinder mit jedem Schlag eine ganz bestimmte Botschaft von ihren Eltern, nämlich die, dass sie »unpassend« sind, dass sie, so wie sie sind, »nicht richtig«, nicht gewollt und wertlos sind. Du bist nicht o.k., so wie du bist – es ist eine persönliche Demütigung, die zu einer Beschädigung des Selbst dieser Kinder führt und sie in ihrer seelischen Entwicklung stark beeinträchtigt. Dadurch kann es langfristig zu schweren Entwicklungsstörungen kommen. Aggression, Wut und weitere Gewalt werden später dauerhaft Bestandteil in eigenen Beziehungen sein.

Beide Kinder drücken ihren Schmerz mit lautem Weinen aus. Dies hat zwei Gründe. Zunächst sind sie erschrocken über den unerwarteten Schmerz, den ihnen eine nahe, sonst so liebevolle Bezugsperson zugefügt hat. Dieser Person vertrauen sie ansonsten bedingungslos. Umso größer ist der jetzt empfundene Schmerz. Die Tränen drücken jedoch auch Schuldgefühle und die Empfindung von Scham angesichts der erfahrenen Entwürdigung aus. Dies spüren Kinder in jedem Alter. Später kann dieses Gefühl umschlagen in Verachtung der einst vertrauten und geliebten Bezugsperson. Schwierig wird es auch, wenn Kinder aufgrund der erlebten Reaktion der Umwelt ihre Gefühle irgendwann für sich behalten und sie nicht mehr zum Ausdruck bringen, denn dann ist das Vertrauen nachhaltig gestört.

Oft reagieren Eltern nicht nur auf das »Fehlverhalten« der Kinder mit Vorwürfen und Drohungen, sondern schimpfen und kritisieren sie auch noch wegen der folgenden Tränen. Dies stellt dann eine weitere Kränkung des Kindes dar. Es empfängt folgende Botschaft: Nicht nur mein Verhalten war verkehrt und hat die Mutter/ den Vater gekränkt, auch mein Gefühl, die aufkommende Trauer, ist falsch und wird negativ bewertet. Diese stark emotionalen Erfahrungen werden gespeichert, miteinander gekoppelt und führen so im Gehirn zu bestimmten Vernetzungen, die die Betroffenen im Erwachsenenalter dann die erlebte Gewalt weitergeben lassen werden. Diese Mechanismen sind oft subtil und müssen sich nicht immer im sichtbaren Ausagieren von Gewalt manifestieren.

Manchmal verdrängen Betroffene die erlittenen Demütigungen und Kränkungen sogar und glauben sich an eine gute Kindheit zu erinnern. Dennoch bringen genau diese verdrängten Erfahrungen die Menschen dann später dazu, ebenjene Gewalt, die sie selbst erfahren haben, als Erziehungsmittel einzusetzen. Es handelt sich hierbei jedoch nicht um einen starren Automatismus, sondern um ein erkennbares Muster. Wir sind unseren Erfahrungen nicht hilflos ausgeliefert. Kommt ein innerer Prozess der Selbsterkenntnis in Gang, haben wir die Chance, diese erlebten Muster zu unterbrechen.

Aber warum schädigen die gern als harmlos klassifizierten »Klapse« Kinder nachhaltig und sind eben nicht so harmlos, wie oft behauptet wird? Alice Miller hat schon vor Jahrzehnten aus psychoanalytischer Sicht eindrucksvoll nachgewiesen, dass diese »Klapse« die kindliche Entwicklung aus verschiedenen Gründen und auf verschiedenen Ebenen verletzen und beschädigen:

1. *Sie bringen dem Kind Gewalt bei.*
   Die Eltern fungieren als Vorbild!

2. *Sie zerstören beim Säugling und Kleinkind die unersetzliche Sicherheit, geliebt zu werden.*
   Das Urvertrauen ist gestört – wie man auch beim Erwachsenen später erleben kann.

3. *Sie erzeugen Ängste beim Kind: Die Erwartung der nächsten Strafe ist immerzu präsent.*
Die Beziehung ist also nicht von Liebe und Vertrauen, sondern von Angst geprägt.

4. *Sie zerstören das Mitgefühl und die Sensibilität für andere und für sich selbst.*
Desensibilisierung ist die Folge. Die Fähigkeit, Empathie zu entwickeln, das heißt, sich einzufühlen, ist nicht gegeben oder wird zerstört. Ein inneres Wachstum ist nicht möglich, und die Entwicklung des Kindes wird beeinträchtigt.

5. *Sie produzieren Ärger und Wut beim Kind und den Wunsch nach »Rache«.*
Der Wunsch, der oft zunächst noch unterdrückt wird, richtet sich dann aber entweder gegen Geschwister oder auch gegen andere Personen. Oft können auch diese unterdrückten Wutgefühle erst im Erwachsenenalter ihren destruktiven Ausdruck finden, dann aber oft heftig.

6. *Sie erhalten eine Lüge aufrecht, indem vorgegeben wird, erzieherisch zu wirken.*
Im Grunde aber strafen die Eltern zumeist, weil sie als Kinder selbst geschlagen wurden und unbewusst etwas selbst Erlebtes wiederholen.

7. *Sie »programmieren« das Kind, unlogische Argumente zu akzeptieren: »Wenn ich dir wehtue, geschieht es zu deinem Besten!«*
So wird das Kind »programmiert«, den Schmerz der Demütigung als nicht schmerzhaft zu registrieren (Desensibilisierung!).

Die Botschaften an das Kind, die selbst durch vermeintlich »leichte« Schläge gesendet werden, sind also vielschichtig und fatal. Das Kind erfährt keinen Respekt, keine Wertschätzung und wird in seinem Urvertrauen tief erschüttert. Es wird fortan, wenn es auf die Eltern reagiert, häufig nur aus Angst handeln. Das Kind lernt, dass es den eigenen Schmerz nicht fühlen darf, dass dieser vielmehr ignoriert werden muss. Seine Psyche und sein Immunsystem werden auf diese Weise nachhaltig geschädigt. Denn wenn Kinder in solch einer lieblosen Atmosphäre aufwachsen, muss der Organismus permanent mit Stress umgehen. Hierfür produziert unser Körper ein lebenswichtiges Hormon: das Cortisol. Es wird in der Nebenniere gebildet, versorgt den Körper mit Kraft und wirkt dabei an vielen verschiedenen Stellen im Körper, zum Beispiel auf das Immunsystem. Wenn wir nun aber dauerhaftem Stress ausgesetzt sind, kommt es irgendwann zu einer sogenannten Nebennierenschwäche und einem daraus resultierenden Cortisolmangel (da die Nebenniere nicht mehr ausreichend Cortisol produzieren kann). Die Folgen sind unter anderem Anfälligkeit für Infekte, Asthma, Schwindel, Depression, Burn-out, Angstzustände, Lebensmittelallergien, Nervosität, Haarausfall und Verdauungsstörungen. Ein vollständiges Fehlen von Cortisol kann sogar zum Tod führen.

Das Kind lernt, dass Liebe und Gewalttätigkeit miteinander vereinbar sind. Dadurch wird es wahrscheinlicher, dass das Kind als Erwachsener selbst diese Gewalt seinen Kindern gegenüber weitergibt. Die Weigerung, einen Zusammenhang zwischen der frühkindlich erfahrenen Gewalt und der aktiv wiederholten Gewalt der Erwachsenen zu sehen und verstehen zu wollen, erklärt nicht zuletzt auch die grundsätzliche Ignoranz der Gesellschaft dem Thema Gewalt gegenüber.

»Ein Klaps hat noch keinem geschadet!« Wer so etwas sagt, hat wahrscheinlich, physisch oder psychisch, selbst gewaltvolle Erfahrungen gemacht – und beweist mit diesem Satz das Gegenteil, nämlich, dass ein Klaps durchaus schaden kann. Veränderung dauert. Sie dauert auch, weil wir als Gesellschaft nicht bereit sind, das Wissen, das wir gewonnen haben, anzuwenden und Verantwortung zu übernehmen. Verantwortung für unser Handeln und Tun den Kindern gegenüber.

Wir vergessen das Wesentliche:
Wie geht es unseren Kindern?

Kindheit ist einem beständigen Wandel unterworfen. Kinder verbringen ihre Zeit heute immer länger in Kindertagesstätten oder in Schulen, die mittlerweile oft Ganztagseinrichtungen sind. Wenn man über diese Tendenz spricht, muss das jeweilige Konzept der Einrichtungen berücksichtigt werden, und diese Entwicklungen und Angebote sind immer auch im Zusammenhang mit der Vereinbarkeit von Familie und Beruf zu sehen.

Dennoch muss es auch möglich sein, kritisch zu hinterfragen, inwiefern der Besuch dieser Betreuungs- und Bildungseinrichtungen mit den Grundbedürfnissen der Kinder vereinbar ist. Kinder verbringen immer mehr Zeit in solchen Einrichtungen und haben dadurch weniger echte Freizeit. Sie treffen seltener Freunde am Nachmittag, sie spielen weniger draußen. Und es gibt kaum noch Zeiten, in denen unsere Kinder von Erwachsenen unbeobachtet sind. Die Kindheit ist eine durchorganisierte und überwachte Zeit mit wenigen Räumen für Autonomie und Bewegung geworden. Und wann und auf welche Weise verbringen wir Eltern Zeit mit unseren Kindern?

Krippe oder Kinderzimmer?

Eine Diskussion, die beständig und mit sehr konträren Positionen geführt wird, betrifft die Fragen frühkindlicher Betreuung. Was von der einen Seite als Recht der emanzipierten Frau eingefordert wird – ihr Kind in eine Einrichtung zu geben, um wieder am Berufsleben teilnehmen zu können –, gilt auf der anderen Seite als nachhaltige Schädigung der Bindung zwischen Mutter und Kind. Wer sein Kind frühzeitig in eine Einrichtung gibt, gilt schnell als »Rabenmutter«. Umgekehrt gelten jene Frauen, die sich dafür entscheiden, ihr Kind die ersten zwei oder auch drei Jahre zu Hause zu betreuen und auf die eigene Berufstätigkeit zu verzichten, den Befürwortern der frühkindlichen Betreuung als rückschrittliche Bewahrerinnen eines konservativen Rollenbildes.

An dieser Stelle soll nicht für eine der beiden Positionen Partei genommen werden. Es ist mittlerweile erwiesen, dass die frühkindliche Betreuung durch eine Einrichtung nicht zwangsläufig die Bindung zu Mutter oder Vater stören oder belasten muss. Das ist lange Zeit von Gegnern der Krippenbetreuung ins Feld geführt worden. Allerdings ist die Wichtigkeit einer stabilen Bindung zwischen Eltern und Kindern nicht zu unterschätzen und Voraussetzung dafür, dass Kinder Beziehungen auch zu anderen Menschen aufnehmen können. So ist es maßgeblich, dass Eltern bei einer Entscheidung für die häusliche oder außerhäusliche Betreuung nicht nur auf die äußeren Rahmenbedingungen, sondern auch individuell auf ihr Kind und sich selbst schauen.

Müssen Eltern betreuen lassen (zum Beispiel Alleinerziehende), oder wollen sie eine Betreuung erst mal ausprobieren, und haben sie die Möglichkeit, tatsächlich frei zu wählen und auf die Bedürfnisse des Kindes einzugehen? Viele Familien stehen hier unter Druck und verhalten sich so, dass weder ihnen noch ihrem Kind damit gedient ist. So erzählte mir eine Mutter, dass ihr anderthalbjähriges Kind jeden Morgen beim Abschied in der Kita bitterlich weine. Im Gespräch wurde dann deutlich, dass sich die Mutter gezwungen sah, frühzeitig wieder zu arbeiten, sich selbst aber nicht mit der Situation wohlfühlte. Sie wurde deshalb unsicher und begann in der Folge mit ihrer Entscheidung zu hadern. Aus diesem Grund entschuldigte sie sich bei ihrem Kind schon beim Wecken dafür, dass es gleich in die Kita müsse. Dass das Kind diese Unentschlossenheit intensiv wahrnahm, wurde dann regelmäßig beim Abschied deutlich. Im Folgenden prüfte die Mutter erneut ihre Möglichkeiten und traf dann eine innere klare Entscheidung für die außerhäusliche Betreuung. Nachdem sie sich nun sicher war, hörte nach einigen Tagen das Weinen ihres Kindes auf.

Das Kind hat hier sehr feinfühlig die innere Unentschlossenheit in Form von Traurigkeit, Unruhe und Nervosität bei seiner Mutter wahrgenommen und durch das Weinen zurückgemeldet: Mama, hier stimmt etwas nicht! Oft ist es so, dass Eltern selbst emotional noch nicht bereit sind, das Kind abzugeben und sich zu trennen. Das Gefühl ist nachvollziehbar, es darf ernst genommen werden und sollte auch bei der Entscheidung, ob eine Betreuung zu Hause oder von einer fremden Person übernommen wird, berücksichtigt werden.

Unabhängig davon ist es wichtig, dass das Kinderbetreuungsangebot staatlich gesichert und gefördert wird, damit Eltern bei Bedarf darauf zurückgreifen können. Auch muss – angesichts der vorliegenden Erkenntnisse über die maßgebliche Rolle der Bindung und Beziehung im frühen Alter – die Qualität der Betreuung steigen. Das pädagogische Personal muss entsprechend geschult und der Betreuungsschlüssel an die Bedürfnisse der Kinder angepasst werden. Denn die Tatsache, dass eine Einrichtung rund zwölf Stunden Betreuung von Kindern anbietet, sagt noch nichts darüber aus, ob in dieser Betreuungszeit auch Beziehungsarbeit mit Kindern qualifiziert stattfinden kann.

Bildung! Oder: die organisierte Kindheit

Viele Entwicklungen, die im Bereich Bildung in den letzten Jahren stattgefunden haben, beruhen auf Schlussfolgerungen aus den Ergebnissen der Pisastudie, bei der Deutschland auf den hinteren Rängen gelandet war, was unser Selbstbild als moderne Bildungsgesellschaft erschüttert hat. Unsere Gesellschaft ist infolgedessen auf verschiedenen Ebenen in einen blinden Aktivismus verfallen, welcher fatale Folgen für unser Bildungssystem hat und für alle, die sich in diesem System bewegen.

Viele Eltern unterliegen dem omnipräsenten Leistungsdruck und suchen mitunter schon vor dem Kitaeintritt nach Förderungsmöglichkeiten – aus Angst, sie könnten eine Möglichkeit übersehen, ihrem Kind optimale Startbedingungen zu bieten. Das beständig wachsende Angebot im Bereich Frühförderung ist zwar durchaus umstritten, wird aber dennoch von den Eltern dankbar angenommen. Die Programme lesen sich wie Fortbildungsseminare für Erwachsene, sie reichen von Fremdsprachen über Kurse für Astronomie (für Zweijährige) bis zum Training der freien Rede. »Viel hilft viel, schaden kann es jedenfalls nichts«, scheint hier die Devise zu lauten. Ist das so?

Dieser Förderungswahn von Eltern wird nachvollziehbar, wenn man auf die Beschleunigungstendenzen unserer Gesellschaft schaut. Schneller, höher, weiter, besser! Das ist das Motto. Es herrscht die Vorstellung, dass es gut und effizient für Kinder und unsere Gesellschaft sei, in immer kürzerer Zeit immer mehr Wissen noch früher zu vermitteln. Folge sind Reformen, die immer frühere Einschulungen und verkürzte Schulzeiten vorsehen. Das alles bei einem straffen inhaltlichen Lehrplan. Die noch in der Reifung vermuteten Ressourcen des kindlichen Gehirns sollen möglichst früh und optimal genutzt werden. Dass diese Sicht auf das menschliche Gehirn überholt ist und die aktuelle Gehirnforschung ganz neue Erkenntnisse bereithält, geht in dieser Debatte erstaunlicherweise völlig unter.

Tatsächlich geht die Hirnforschung mittlerweile davon aus, dass das menschliche Gehirn gar nicht als Ansammlung von *Ressourcen* beschrieben werden kann, die man möglichst frühzeitig nutzen muss, damit sie nicht irgendwann verfallen. Vielmehr weiß man heute, dass das Gehirn *Potenziale* nutzt, und zwar solche, die man beständig – bis ins hohe Alter – immer wieder neu entfalten und ausbilden kann. Das Gehirn ist etwas Dynamisches. Um Fähigkeiten oder Wissen zu erwerben, braucht es keinen »Speicherplatz« – der daher auch nicht möglichst früh mit Wissen gefüllt werden muss. Auch das ist ein altes Bild.

Wenn das so ist, kann man sich jedoch die Frage stellen: Was haben Kinder tatsächlich davon, wenn sie früh gefördert, beispielsweise schon im Kleinkindalter in Englischkurse geschickt werden? Es ist vielleicht nicht schädlich – aber so wirklich nützlich ist es auch nicht. Vielleicht werden Kinder ein paar Vokabeln versehen und auch behalten. Solange der Lerninhalt jedoch nicht bedeutsam für die Kinder selbst ist, wird er nicht entsprechend abgespeichert. Kinder etwa, die zweisprachig aufwachsen, haben eine emotionale Beziehung zu beiden Elternteilen. Die Eltern sprechen unterschiedliche Sprachen und haben ihre jeweils eigene Kommunikation mit dem Kind. Durch diese emotionale Beziehung zum Vater oder der Mutter bekommt die Sprache für das Kind eine hohe Bedeutung. Das Kind lernt nicht die Sprache (es lernt sie *auch*), sondern kommuniziert vor allem mit den Eltern in einer für es bedeutsamen Beziehung, einer Liebesbeziehung.

Auch durch staatliche Vorgaben zur frühkindlichen Bildung wird die Kindheit zunehmend (vor-)programmiert. Frühkindliche Lernprogramme wie Sprach- oder Bewegungsförderung gehören zum Kitaalltag und geben Aktivitäten und Übungen vor. In manchen Einrichtungen gibt es Wochenpläne, die so durchstrukturiert sind, dass kaum Zeit für freies Spiel bleibt. Spricht man mit ErzieherInnen, dann wird deutlich, dass auch sie diese Entwicklung mit Sorge betrachten. Zu wenig Spielraum bleibt für Vielfalt und individuelle Entwicklung der Kinder. Doch auch ErzieherInnen geraten zunehmend unter Druck und können aus diesen vorgegebenen Abläufen nicht ausbrechen: Sie sollen fördern, strukturieren, frühkindliche Bildung vermitteln und die Kinder »fit für die Schule« machen.

Zusätzlich verschärft wird die Situation dadurch, dass das Schuleintrittsalter in vielen Bundesländern immer weiter vorverlegt worden ist, sodass auch Kinder, die das sechste Lebensjahr noch nicht vollendet haben, bereits mit dem Schulbesuch beginnen. Kinder werden so durch alle diese Maßnahmen immer früher in unsere sich beständig schneller drehende Welt hineingesogen – und manche gehen im Strudel dieser Anforderungen unter.

Wir selbst sind es, die für unsere Kinder Orte schaffen, an denen die kindlichen Bedürfnisse (zum Beispiel nach Bewegung oder auch beständigen, stabilen Beziehungen) immer weniger Berücksichtigung finden. Angesichts dessen ist es doch nicht verwunderlich, dass wir Kinder vermehrt als verhaltensauffällig wahrnehmen! Aber sind sie es wirklich? Oder zeigen sie nicht sogar ganz normale, gesunde Reaktionen darauf, dass sie der Befriedigung eines natürlichen Bedürfnisses beraubt werden? An welcher Stelle in unserer Gesellschaft können Kinder an einer Aufgabe wachsen, wo finden sie konstruktive Vorbilder zur Orientierung und eine verlässliche Gemeinschaft, in der sie Sicherheit und Vertrauen finden? Wo finden sie zwischen Sprach- und Bewegungsförderung auch einen Dialog und Hinwendung zu ihren kindlichen Bedürfnissen?

Was dadurch zunehmend verloren geht, nicht nur in unserem Betreuungssystem, auch in den Familien, ist die Zeit und die Möglichkeit für Betreuer oder Eltern und Kinder, sich gemeinsam mit etwas zu beschäftigen. Die Möglichkeit, sich im gemeinsamen Tun und als Gruppe zu erleben. Damit sind kleine Aktivitäten wie gemeinsam den Tisch zu decken, zusammen ein Buch zu lesen genauso gemeint wie zum Beispiel ein Baumhaus zu bauen. Ein richtiges gemeinsames Projekt. Ein Erlebnis, eine Erfahrung, bei der alle Beteiligten bestimmte Rollen einnehmen. Spüren, dass sie verbunden mit anderen sind, dazugehören, aber andererseits auch in dieser Verbundenheit eine Autonomie besitzen und etwas zum gemeinsamen Gelingen beitragen. Dies ist eine wesentliche Beziehungserfahrung für Kinder. Nur durch dieses »Wir machen es zusammen«, das nicht zielgerichtet auf Förderung, sondern auf ein Miteinander angelegt ist, erfahren Kinder sowohl Beziehung als auch das Glück, wie es ist, wenn ihnen gemeinsam mit anderen etwas gelingt.

Kinder brauchen Menschen, die sich ihnen zuwenden. Kinder brauchen stabile Beziehungen, um zu lernen, um sich zu entwickeln. Dialog und Austausch brauchen Zeit. Zeit, die wir uns fast vollständig und an vielen Stellen wegorganisiert haben.

Normiert oder normal? Kindheit heute

Während staatliche Einrichtungen – ob Kita oder Schule – hinsichtlich ihrer Qualität (leider) nur geringen Kontrollen unterliegen, haben wir für unsere Kinder in den letzten Jahren immer mehr Instrumente und Maßnahmen erfunden, um sie und ihre Entwicklung zu kontrollieren und vor allem zu normieren. Dies alles mit dem Ziel, die Entwicklung zu optimieren und – sollte es notwendig werden – den sogenannten (und stets befürchteten) Fehlentwicklungen zügig und effektiv entgegenzuwirken. Regelmäßige U-Untersuchungen bei Kinderärzten, Entwicklungsberichte und Einschulungstests sind schon lange Pflicht für alle Kinder.

Aber selbst das reicht nicht mehr. Wir wollen es noch genauer wissen, und so hat sich die Vorstellung durchgesetzt, dass sich alle Kinder auf die gleiche Art und Weise und im gleichen Tempo entwickeln sollen. Also wurden Tabellen mit Entwicklungskurven angelegt, sodass sich jedes Kind dem Vergleich mit den Altersgenossen stellen muss. Hinzugekommen sind in den letzten Jahren zahlreiche weitere Arbeitsmittel wie Beobachtungsbogen und Teilleistungstests, mit denen schon im Kindergarten kleine Abweichungen von »normalen« Entwicklungsprozessen erfasst werden sollen.

Kinder werden getestet und eingeordnet: in leistungsstarke und leistungsschwache Kinder, in entwicklungsgerechte und entwicklungsverzögerte Kinder, in Kinder mit angemessenem Verhalten und Kinder mit auffälligem Verhalten. Sie werden nach bestimmten Standards und nach von uns gesetzten Normen eingeteilt und bewertet – und stigmatisiert. Ein Kind, das in die Schule kommt und als leistungsschwaches, entwicklungsverzögertes Kind – vielleicht noch mit auffälligem Verhalten – eingestuft wird, hat eine dicke Akte, in der alle Defizite dokumentiert sind: Das Kind

… ist verträumt,
… kann sich nicht gut konzentrieren,
… reagiert auf Ansprache verzögert,
… zeigt mangelndes Selbstbewusstsein,

… verfügt nur über eine geringe Frustrationstoleranz,
… zeigt Aggressivität –
um nur einige typische Zuschreibungen zu nennen.

Je mehr das Verhalten eines Kindes den Ablauf einer Bastelgruppe in der Kita oder der Mathematikstunde in der Schule stört oder die Vermittlung der entsprechenden Lerninhalte in der Gruppe »behindert«, als desto auffälliger wird es wahrgenommen. Unsere Vorstellung von dem, was wir heute als »normal entwickelt« verstehen, wird durch eine solche Normierung immer schmaler und enger. So sind wir nun mit diesen eigens geschaffenen Instrumenten auf der Suche nach »Muster- und Schablonenkindern«.

Wir sprechen vor allem *über* Kinder, wir beobachten, testen, bewerten und ordnen sie ein. Es geht um quantitativ und qualitativ messbare Zielerreichung; testen und normieren sind die Instrumente, mit denen Institutionen ihre Arbeit rechtfertigen und deren Qualität messen. Einer Qualität, die sich in Kennzahlen und Kurven ausdrücken lässt. Bildung hat sich in Richtung Überprüfbarkeit optimiert, hier haben die Experten ihre Zahlenwelt in die Kindheit getragen, ohne auch nur im Ansatz zu begreifen, was tatsächlich die Welt der Kinder ausmacht.

Eine glückliche Kindheit ist nicht in dieser Form messbar, Motivation zum erfolgreichen Lernen nicht normierbar und Spielen, Kreativität, Emotionalität und Empathie – das lebendige entwicklungssensitive Ich – sind nicht beliebig reproduzierbar. Konzipiert wurde eine effiziente Fertigungsstraße für leistungsfähige Gehirne, die wir als Ressource nutzen wollen. Wir übersehen dabei, was das kindliche Gehirn tatsächlich ist: ein Ort der Potenziale. Wir müssen nichts in das Gehirn einfüllen, wir müssen vielmehr die geeignete Umgebung für eine möglichst gute Entfaltung der Potenziale schaffen. Eine Umgebung, die anregt, Lust macht und einlädt. Eine Umgebung, die begeistert, beeindruckt und Kinder ermutigt. Kein Wunder, dass hier die Fertigungsstraße zur Einbahnstraße wird und sich die darin umherwuselnden, »inkompatiblen« Kinder hoffnungslos verstricken.

Auch die Atmosphäre, die Stimmung, ein bestimmter Geist sind notwendig und gehören zu der Umgebung, die wir für Kinder bereitstellen. Wie ist diese Atmosphäre? Ist sie geprägt von Sicherheit und Vertrauen? Das ist nicht mein Eindruck, und es entspricht auch in aller Regel nicht der Realität. Denn wir sprechen nicht oder viel zu selten *mit* den Kindern, wir interessieren uns nicht für ihre individuelle Entwicklung und reagieren nicht auf die Kinder selbst, wir gehen nicht in einen persönlichen Dialog.

Die andauernden Tests geben den Prüfern Gelegenheit, Druck aufzubauen. Da kommt noch ein Test, eine Zwischenhürde, auf die hin zielgerichtet Stoff und Kompetenzen abgefragt werden können. Prüfungen geben den Prüfern Macht jenseits pädagogischen Könnens. Die Verantwortung für das Erreichen des Ziels wird allein dem Kind übertragen, denn wenn viele es schaffen, liegt es doch an dem, der es nicht schafft. Dabei brauchen das Begreifen und Verstehen eine druckfreie Beziehung, eine lernfreundliche Atmosphäre – die durch die ständigen Überprüfungen abgeschafft wurde.

Stattdessen ist die Atmosphäre vor allem von Angst, Unsicherheit und Anpassung geprägt. »Passe ich rein, bin ich normal?« – »Bestehe ich den Test?« – »Bin ich o.k., so wie ich bin?« Eigentlich nicht. Oft genug erfahren Kinder nicht nur zwischen den Zeilen die Botschaft: »Du bist nur o.k., so wie wir wollen!«

Verhaltensauffällig oder unangepasst? Kinder unter Beobachtung

Für alles gibt es mittlerweile eine Pille und für jeden eine passende Therapie. Für Kinder, die mit dem überbordenden Bildungs- und Förderungsangebot nicht zurechtkommen, für Kinder, die sich – aus welchen Gründen auch immer – nicht entsprechend anpassen, die in unserem staatlichen System nicht lernen (können) oder sich nicht so entwickeln (können), wie wir es für notwendig erachten, und die dann »auffällig« werden, führt der Weg zwangsläufig zu testpsychologischen Untersuchungen beim Kinder- und Jugendpsychiater.

Rund 50 Prozent der Schulkinder haben laut einer 2010 vom Forsa-Institut im Auftrag der Techniker Krankenkasse durchgeführten Umfrage bereits eine Therapie gemacht. Was sind das für Kinder, die zum Teil schon im Grundschulalter als therapiebedürftig gelten?

>>

Oskar ist in der dritten Klasse. Er kommt oft zu spät zur Schule. Die Lehrerin ärgert sich darüber. Die Kinder sollen Pünktlichkeit lernen und sich an die vorgegebenen Regeln halten. Manchmal schaut sie ihn nur strafend an, manchmal stellt sie ihn auch wütend zur Rede: »Was ist nur los mit dir, Oskar?« Oskar zuckt mit den Schultern – er traut sich mittlerweile nicht mehr zu sagen, dass er verschlafen oder den Bus verpasst hat –, weiß dann lieber keine Antwort und muss zwar nachsitzen, erspart sich aber eine Predigt der Lehrerin. Auch seine Hausaufgaben erledigt Oskar häufig nicht. Die Lehrerin hat ihm immer wieder erklärt, wie wichtig die Hausaufgaben sind, hat überprüft, dass er alles in seinem Heft notiert, und Oskar mitgeteilt, dass er – sollte er sie wieder vergessen – eine Sechs bekommt. Oskar kann sich zudem schlecht konzentrieren, auch das Einfügen in die Klassengemeinschaft fällt ihm schwer. Er wird schnell laut, tritt und haut bei Konflikten seine Mitschüler, immer wieder hat er Wutanfälle. Bald lassen ihn die Mitschüler nicht mehr mitspielen, grenzen ihn aus. Oskar reagiert darauf, indem er das Spiel der anderen stört. Die Lehrer haben ihr Urteil gefällt: Oskar ist verhaltensauffällig, er ist ein »Problemkind«!

<<

Vielen Kindern geht es heute wie Oskar. Gilt ein Kind in der Schule als auffällig, sind sich alle Erwachsenen schnell einig. Und obwohl renommierte Fachleute wie der Schweizer Kinderarzt und Buchautor Remo Largo immer wieder davor warnen, Kinder zu »verpathologisieren«, scheint die Toleranz der Umwelt selbst bei kleinen Abweichungen von der Norm extrem gering. Für die Praxen von Kinder- und Jugendpsychiatern ist diese Entwicklung nichts Negatives. Mittlerweile haben sich viele dieser Praxen enorm vergrößert und übernehmen über ihre ärztliche »Kernaufgabe« hinaus zusätzliche Aufgaben. Sie arbeiten inzwischen interdisziplinär und sind mit verschiedenen anderen Bereichen vernetzt. Neben ambulanter Erziehungsberatung bieten sie häufig auch vielfältige Therapiemöglichkeiten für die kleinen Patienten an. Die Zahl der Kinder, die heute in ihrem Verhalten problematisiert und pathologisiert werden – etwa mit der Diagnose ADHS – und dadurch in einen Teufelskreis von Stigmatisierung und therapeutischen Maßnahmen geraten, ist besorgniserregend angestiegen.

Vor Jahren ist die Störung »Attention Deficit Hyperactivity Disorder« (»Aufmerksamkeitsdefizit-/Hyperaktivitätsstörung«, kurz ADHS) in das von der Weltgesundheitsorganisation WHO herausgegebene Verzeichnis der psychischen Erkrankungen (ICD-10) aufgenommen worden. Seitdem werden die sogenannten ADHS-Kinder medikamentös behandelt. Sie gelten als hyperkinetisch und aufmerksamkeitsgestört und fallen vor allem in der Schule dadurch auf, dass sie Abläufe stören, Aufgaben nicht oder nicht in der vorgegebenen Zeit erledigen können. So werden ihnen Medikamente verabreicht, die teilweise unter das Betäubungsmittelgesetz fallen, weil sie Stoffe enthalten, die als Psychostimulanzien bezeichnet werden.

Abgesehen von den starken Nebenwirkungen (unter anderem Schlafstörungen und Appetitmangel) der medikamentösen Behandlung – bis heute sind keine Studien bekannt, welche die Langzeitsicherheit und Wirksamkeit etwa von Methylphenidat, dem Inhaltsstoff des meistverschriebenen Medikaments Ritalin, schlüssig belegen (so die Europäische Arzneimittelkommission 2009). Offiziell sind deshalb Medikamente, die Methylphenidat enthalten, seit 2010 nur noch eingeschränkt zugelassen.

Dennoch nimmt die Zahl der ADHS-Diagnosen in einem höchst bedenklichen Ausmaß zu; der UN-Drogenkontrollbehörde zufolge werden heute weltweit geschätzte zehn Millionen Kinder und Jugendliche mit Psychophamarka behandelt. Auch der 13. Gesundheitsbericht der Bundesregierung setzt sich mit dem kontinuierlichen Anstieg der Medikamentenverschreibungen auseinander. So vermutet die Kommission eine zu leichtfertige Vergabe der Psychostimulanzien.

Aber wie konnte es zu diesen inflationären ADHS-Diagnosen kommen? Und welche Interessen stehen dahinter? Der Arzt und Pharmakologe Peter Schönhöfer macht in diesem Zusammenhang auf entsprechende Vermarktungsstrategien der Pharmaindustrie aufmerksam. Neurologen, Pharmakologen und Pädagogen warnen angesichts der Risiken (mögliche Schädigungen der Plastizität des kindlichen Gehirns, Gefahr von psychischer und physischer Abhängigkeit der Patienten) vor der Vergabe dieser Medikamente. Die Interessenvertreter der Pharmaindustrie und die verschreibenden Ärzte scheinen davon unbeeindruckt. Insgesamt bleibt eine breite Fachdiskussion aus; Eltern werden nicht umfassend aufgeklärt und können daher nicht erkennen, was Kindern hier seit Jahren zugemutet wird, um sie für unsere Gesellschaft »passend« zu machen.

Vieles deutet für mich darauf hin, dass sich nicht die Kinder in den letzten Jahren plötzlich verändert haben (und immer verhaltensgestörter geworden sind), sondern dass sich unser Blick auf die Kinder verändert hat. Und mit der Angst der Eltern vor dem Versagen ihrer Kinder lässt sich trefflich Geld verdienen. Das Angebot dieser »Industrie« reicht von einer Fülle von (ernst zu nehmenden) funktionalen Therapien wie der Lern- und Ergotherapie, Psychomotorikgruppen, der Logopädie bei Sprachstörungen und einer Vielzahl anderer therapeutischer Verfahren wie Kunst- oder Musiktherapie bis hin zu privaten Nachhilfeinstitutionen, die mit Slogans wie »Fünf weg, sonst Geld zurück« wie für eine Diät werben.

Es geht nicht darum, einzelne Fördermaßnahmen oder Therapieverfahren in ihrer Wirksamkeit grundsätzlich infrage zu stellen oder abzuwerten. Aber wir sollten uns ernsthaft fragen, ob all diese so selbstverständlich verordneten Maßnahmen wirklich notwendig sind. Denn wenn wir genauer hinschauen würden, könnten wir erkennen, dass Kinder sich fast ausnahmslos in nachvollziehbarer Weise verhalten und vor allem *reagieren*. Reagieren auf eine Umwelt, die nivelliert, die einordnet und keinen Platz für individuelle Gestaltungsräume lässt. Viele der Reaktionen von Kindern sind in diesem Kontext sogar gesund.

Würden wir hinsehen, dann müssten wir Verantwortung übernehmen und uns selbst hinterfragen! Wenn wir fragen würden, *warum* Kinder etwas tun (oder nicht tun), und nicht nur darauf schauen, *was* sie da gerade tun (und wie sehr das von unseren Vorstellungen abweicht), dann würden die Zahlen der verhaltensauffälligen Kinder schneller schmelzen als ein Schneemann in der Wüste.

Vermutlich ist ein Großteil von uns wirklich und wahrhaftig davon überzeugt, dass unsere Kinder in einer Gesellschaft aufwachsen, die so kinderfreundlich, so kindgerecht und so voller Chancen für Kinder ist wie keine zuvor. Und es ist wahr, Kinder sind in unserer Gesellschaft sehr in den Fokus gerückt. Nur stehen sie nicht ganzheitlich mit all ihren Bedürfnissen, ihrer Entwicklung, ihren Chancen und ihren Potenzialen im Mittelpunkt. Sie sind in die Mühlen unserer Ansprüche und Vorstellungen geraten und stehen deshalb vor allem mit ihren Defiziten und ihren Schwächen im Vordergrund.

Symptombehandlung zur Anpassung statt Individualität und Vielfalt

Oft schauen wir Erwachsenen ausschließlich auf das *Verhalten* von Kindern. Wir wollen ein störendes Verhalten schnellstmöglich regulieren, wollen das Kind anpassen an unsere Vorstellungen. Dabei ist das Verhalten von Kindern nur ein Symptom und ergibt, wenn wir es im Zusammenhang mit der Entwicklungsstufe, dem jeweiligen Kontext und der Persönlichkeit des Kindes sehen, immer einen Sinn. Den Sinn zu erfassen und Verständnis zu entwickeln kostet Zeit, die wir uns oft nicht nehmen können oder wollen. Zeit, die aber notwendig wäre, um zu verstehen, welche Persönlichkeit, welcher Mensch, sich hinter dem Verhalten verbirgt.

Symptombehandlung im Kontext von Schule

Jeder von uns kennt ein Kind, das wie Oskar ist. Dass er häufig zu spät kommt, seine Hausaufgaben nicht macht und wie er sich bei Konflikten verhält, das sind die auffälligen und von uns als störend empfundenen Symptome. Sichtbar ist ein Kind, das stört. Das ist anstrengend. Oskar ist anstrengend – und so nehmen wir ihn dann wahr! An Kindergeburtstagen sind diese Kinder – eben weil ihr Konfliktverhalten auffällt – wenig beliebt. Sie werden nicht eingeladen. In der Schule gilt Oskar als »Problemkind«.

Doch nun wird nicht die Frage nach den Ursachen der Symptome gestellt. Vielmehr werden erzieherische Maßnahmen ergriffen, um das unerwünschte Verhalten abzustellen und auf diese Weise die Störung zu beseitigen. Oskar soll sich anpassen, sein Verhalten soll sich verändern. Eine Symptombehandlung setzt ein, die sich ausschließlich an dem, was wir vordergründig sehen und wahrnehmen, orientiert.

Meiner Erfahrung nach verhalten sich Kinder keineswegs unangepasst, um jemanden zu ärgern. Im Gegenteil. Kinder sind grundsätzlich kooperativ, sie wollen sich verbinden und mit uns Erwachsenen zusammenwirken. Wenn ein Kind also nicht mit uns zusammenarbeitet, dann nie, weil es das aus sich heraus nicht möchte, sondern weil es durch bestimmte, oft von uns selbst geschaffene Umstände daran gehindert wird. Die Sanktionen, die Kinder dann häufig ertragen müssen, sind nicht angenehm – auch, wenn es den Kindern scheinbar »wenig« ausmacht oder nichts »fruchtet«, wie es vielen Lehrern vorkommen mag. Dieser Eindruck täuscht. Im Inneren der Kinder geschieht eine Menge: Durch das negative Hervortreten aus einer Gruppe werden Kinder häufig zu Einzelgängern und Außenseitern. Die Sehnsucht nach Anerkennung und Zugehörigkeit zu einer Gruppe trägt jedoch jeder Mensch in sich. Auf diese Weise stigmatisierte Kinder erleben eine Verletzung ihrer Persönlichkeit und Integrität, die für die Umwelt nicht immer sichtbar wird. Nicht selten haben Kinder aus Erfahrungen mit Erwachsenen sehr gut gelernt, ihre Verletzlichkeit zu verbergen. Es gibt hier für Kinder zwei Möglichkeiten zu reagieren:

1. *Rückzug:* Die Kinder ziehen sich traurig und entmutigt zurück und werden so zu Außenseitern.
2. *Aggression:* Die Kinder reagieren offensiv. Sie kämpfen um Anerkennung und darum, gesehen zu werden. So ziehen sie eine Maske auf, nehmen eine Rolle ein und zeigen vermeintliche Stärke, sind in Wahrheit jedoch tief getroffen und verunsichert. (Auch Erwachsene reagieren im Übrigen in dieser Weise – nur sind Erwachsene das »Rollenspiel« gewohnt und verstecken ihre Gefühle viel geübter.)

Wenn ein Kind mit Rückzug reagiert, fällt uns das oft gar nicht auf, denn es stört ja nicht mehr. Die aggressive Reaktion des Kindes jedoch kann die Problematik insgesamt noch verschärfen. So kann es sein, dass sich das auffällige Verhalten eines Kindes – trotz

Sanktionen, die man ihm auferlegt – noch verstärkt. Das wirkt dann häufig auf Erwachsene so, als mache die Bestrafung dem Kind »nichts aus«.

Nun, tatsächlich zeigen solche Maßnahmen bei Kindern wie Oskar nicht die erhoffte Wirkung. Denn das gewünschte Ziel, die Verhaltensänderung, erfolgt nicht. Sie kann nicht erfolgen.

Oskar hat nämlich durch all diese Maßnahmen – zumal kein konstruktiver Dialog mit ihm stattfindet – zwischen den Zeilen folgende Botschaften erhalten:

1. Die Erwachsenen (hier die Lehrer) haben die Macht. Wenn sie Entscheidungen treffen, dann zählt meine Meinung nicht, Erklärungen (auch, wenn sie noch so logisch sind) haben keinen Bestand in dieser Beziehung. Ich habe keinen Platz in dieser Beziehung. Vertrauen kann ich hier nicht haben.
2. Ich werde hier mit meinen Bedürfnissen nicht wahrgenommen!

Es setzt sich nun ein fataler Kreislauf in Bewegung: Oskar begreift, dass er seine Sache in der Schule nicht gut macht. Sein Kampf, dazuzugehören und Anerkennung zu erlangen, ist anstrengend und zermürbend. Zusätzlich wird er durch Sanktionen immer weiter verletzt. Er bemüht sich dennoch immer wieder (offensichtlich auch ohne elterliche Unterstützung), allem gerecht zu werden. Sein Bemühen aber wird gar nicht gesehen. So bleibt er angesichts der (nicht zu erfüllenden) hohen (und auch falschen) Erwartungen der Umwelt letztendlich allein und überfordert zurück. Es entsteht ein inneres Ungleichgewicht. Das alles frustriert ihn zunehmend und setzt ihn unter Dauerstress.

Weil die Lehrerin das Bemühen von Oskar nicht erkennt, unterstellt sie, er könne doch, wenn er nur wolle! Allerdings: Mit jedem ungeduldigen Wort der Lehrerin, mit jedem Nachsitzen am Mittag, mit jeder schlechten Benotung seiner Leistung wird die innere Verletzung größer. Das alles wird von Oskar als persönliche Abwertung wahrgenommen. Diese Wahrnehmung beeinträchtigt sein kindliches Selbstbild, und es sammeln sich Ärger, Wut und Kränkungen in seinem Inneren wie Wassertropfen in einer Regentonne.

Der Druck, dem Oskar standhalten muss, wird immer stärker. Seine Frustration erhöht sich, während sein Selbstwertgefühl deutlich abnimmt. Oskar versteht, dass er versagt – und zwar jeden Tag in vielen kleinen und großen Dingen. Er erlebt die Sanktionen als Grenzüberschreitungen ihm gegenüber und spiegelt diese schließlich zurück, in dem er seine Frustrationen (zum Beispiel an den Schulkameraden) ausagiert.

Er ist auf der Suche nach Beziehung und Dialog, die immer wieder misslingen. Verzweifelt ringt er um Kontakte und Bestätigung in der (Schüler-)Gruppe. Wegen seiner Unsicherheit und der schlechten sozialen Stellung in der Klasse aber scheitert diese Kontaktaufnahme häufig. Er wird wütend, ist enttäuscht und verletzt. Enttäuscht von sich und verletzt durch die anderen, die ihn nun – auch das ist nachvollziehbar – ausgrenzen.

Jedem von uns würde es in dieser oder einer ähnlichen Situation gehen wie Oskar – und das aus physiologischen Gründen.

Mittlerweile kann die Hirnforschung nachweisen, dass bei negativen Gefühlen (wie etwa beim Ausschluss aus einer Gruppe) die gleichen Hirnregionen aktiviert werden wie bei körperlichem Schmerz, was darauf hindeutet, dass psychischer Schmerz hirnorganisch gesehen den gleichen Spannungszustand auslöst wie ein rein körperlicher.

Nur weil psychische Belastung nicht sofort, wie eine körperliche Beeinträchtigung, von außen sichtbar ist, heißt das nicht, dass sie nicht auch qualvoll sein und Schmerz verursachen kann, wie zum Beispiel ein gebrochener Knochen oder auch Schläge. Wie schnell jedoch geht es, dass wir jemanden ausschließen, ohne dass wir uns darum Gedanken machen, wie der andere sich fühlen wird. Und wie schwer ist es dann für den Betreffenden, wieder in eine Gruppe hineinzukommen und Anerkennung und Wertschätzung zu erlangen. Für Oskar scheint die Situation in der Schule ausweglos zu sein, denn er genießt kaum noch Anerkennung bei seinen Mitschülern und wird aus allen Bereichen zunehmend ausgeschlossen. Die Schule als Lebensbereich nimmt einen großen Platz im Alltag unserer Kinder ein. Wenn an dieser Stelle permanenter Druck und anhaltende Spannung entstehen, kann es zu dramatischen Folgen kommen. Die Spannungszustände sind auf Dauer nicht zu kompensieren, und Oskar wird zunehmend aggressiv; ein eigentlich wichtiges Gefühl und gleichzeitig auch ein bedeutendes Signal – Ausdruck seiner Not und seines Schmerzes.

In der Schule besteht auch wenig Möglichkeit, den Ursachen eines derartigen Verhaltens auf den Grund zu gehen. Alle reden *über* Oskar, kaum einer *mit* ihm. In der Schule – wie überhaupt in unserer Gesellschaft – ist es nicht vorgesehen, auf der Beziehungsebene zu agieren, sich den Bedürfnissen von Kindern zuzuwenden, um in Ruhe einen persönlichen, konstruktiven Dialog zu führen. Es geht vor allem um Leistung und Anpassung. Das Bedürfnis des Einzelnen wird nicht erkannt oder übergangen; und so wird Oskar bestraft, und er bleibt allein.

Auf diese Weise wird der verhängnisvolle Kreislauf immerzu in Gang gehalten: *Kind versagt – Sanktion durch Schule – löst Frustration beim Kind aus – führt wieder zum Versagen – und löst damit Aggressionen aus – es folgt wieder die Strafe.* Aus dieser Dynamik kann sich kein Kind allein befreien.

Häufig unterstellen wir Kindern wie Oskar, dass sie unwillig seien und nicht lernen wollten. Dabei wollen Kinder grundsätzlich lernen.

Lernen als Grundbedürfnis

Der Mensch ist von Natur aus ein Entdecker und Forscher. Kinder kommen mit großer Neugierde und einer schier unaufhaltsamen Entdeckerfreude ausgestattet auf die Welt. Diese Eigenschaften sind uns Menschen angeboren. Wir können gar nicht existieren, ohne zu lernen. Lernen ist ein menschliches Grundbedürfnis. Es passiert ganz selbstverständlich. Während der Mensch existiert, lernt er immerzu, bewusst und unbewusst – vielleicht nicht immer gerade das, was er soll, Kinder also nicht das, was wir Erwachsenen uns vorstellen. Aber wir lernen unaufhörlich und permanent. Es ist ein absolut natürlicher Vorgang wie das Atmen. Das Ein- und Ausatmen passiert automatisch, wir denken in der Regel nicht darüber nach. So ist es auch mit dem Lernen. Die Wissenschaft ist sich hier einig: Kinder wollen lernen – sie können gar nicht anders.

Umso erstaunlicher ist es, wie wir damit umgehen, wenn Kinder in der Schule auf einmal nicht (mehr) lernen. »Warum kannst du nicht lernen?« Das ist die Frage, die wir in diesem Zusammenhang nicht stellen. Stattdessen fordern wir Kinder auf zu lernen, versuchen sie zu motivieren, unterstellen ihnen, dass es doch hinkriegen könnten, wenn sie sich nur entsprechend bemühten. Um beim Bild vom Atmen zu bleiben: Fiele jemandem das Atmen schwer, so würden wir doch von einer Atemwegserkrankung ausgehen und nach der Ursache forschen. Ist es eine Allergie oder eine Entzündung, die das Symptom verursacht? Keiner würde sagen: »Komm, Oskar, atme! Mach schon! Und wenn es dir nicht gelingt, dann musst du nachsitzen. So lange, bis du endlich wieder vernünftig atmest.«

Übernehmen wir diese Verantwortung für das Gelingen von Dialog und Kommunikation nicht, steht am Ende der besprochenen negativen Dynamik ein gebrochenes Kind, ein »Lerninvalide«. Es ist *dauerhaft* seelisch verwundet. Das Kind verbindet schulisches Lernen und Leistung mit Abwertung und Demütigungen.

Wie Hohn und Spott klingt es dann für diese gebrochenen Schüler, wenn ihnen die angeblich alte Weisheit *Non scholae, sed vitae discimus* – also nicht für die Schule, sondern für das Leben lernen wir – entgegengehalten wird, um ihnen das Aushalten in der für sie krankmachenden Institution schmackhaft zu machen. Dabei besagte das Originalzitat genau das Gegenteil; Seneca hatte damit sarkastisch die Lebensferne der antiken römischen Philosophieschulen kritisiert: *Non vitae, sed scholae discimus* – nicht für das Leben, sondern für die Schule lernen wir. Diesen auf die Schule gerichteten Pfeil des großen Philosophen gegen die Schüler zu wenden ist schon infam, aber bezeichnend für eine offenbar jahrhundertealte Kritikrenitenz.

Symptombehandlung im Kontext von Familie

Wenden wir uns nun nach der Schule der Familie zu. Auch hier gilt es, zu einer neuen Haltung zu kommen, indem wir die Reaktionen und Rückmeldungen der Kinder ernst nehmen.

Eine Mutter sitzt mit ihrer einjährigen Tochter am Tisch. Die junge Mutter füttert ihre Tochter liebevoll. Nach dem zweiten Löffel weigert sich die Kleine, den Mund zu öffnen, dreht den Kopf weg und wird unruhig. Sie versucht aus dem kleinen Kinderstuhl aufzustehen und beginnt zu jammern. Die Mutter kann sich das Verhalten ihrer Tochter nicht erklären. Sie drückt sie sanft in den Sitz zurück und sagt ruhig, aber bestimmt: »Nein, erst wird aufgegessen, danach kannst du aufstehen und spielen.« Das kleine Mädchen lässt sich kurzfristig umstimmen und sich einen weiteren Löffel geben. Dann dreht sie wieder den Kopf zur Seite, presst die Lippen zusammen und versucht erneut aufzustehen. Dabei beginnt sie laut zu weinen und zu schreien. Die Mutter wird ärgerlich. »Du sollst jetzt erst aufessen! Wie kann ich dich nur dazu kriegen, dass du sitzen bleibst?«

Es geht nicht darum, das Verhalten der Mutter abzuwerten oder zu kritisieren. Die Frage ist vielmehr, mit welchem Ziel tun wir Erwachsenen etwas, und berücksichtigen wir die Bedürfnisse der Kinder dabei? Die Mutter möchte, dass das Kind möglichst früh lernt, während des Essens am Tisch sitzen zu bleiben. Sie sieht und beurteilt nur das (scheinbare Verweigerungs-)Verhalten ihrer Tochter. Dass es dafür einen anderen Grund als die bloße Verweigerung des Essens geben könnte, zieht sie gar nicht in Erwägung.

Nach langem Hin und Her, einem anstrengenden Macht-kampf, Ärger auf beiden Seiten und vielen Tränen bei dem kleinen Mädchen nimmt die Mutter ihr Kind schließlich völlig entnervt und wütend aus dem Hochstuhl. Die Kleine beruhigt sich sofort, und die Mutter bemerkt, dass die Win-del voll ist. Deshalb war ihr das Sitzen zur Qual geworden.

Natürlich kann es – gerade, wenn sich Kinder noch nicht differen-ziert und umfassend artikulieren können – zu Missverständnissen kommen. Dass diese (scheinbare) Verweigerung des Mädchens jedoch nicht gegen die Mutter gerichtet, sondern ein wichtiges Signal und durchaus berechtigt ist, kommt bei einer solchen Hal-tung nicht in Betracht. Wenn wir jedoch die Reaktionen und Rück-meldungen von Kindern in jeder Situation ernst nehmen würden, entstünde eine Interaktion, eine Kommunikation, eine konstruk-tive Beziehung.

Solche Situationen im Alltag mit Kindern gibt es unzählige. Ob es nun wie hier im Beispiel die Einjährige ist, die noch nicht spre-chen kann, oder aber der Fünfjährige, der sich wütend auf den Bo-den wirft, weil ihm Süßigkeiten verweigert werden, oder ob es Oskar ist, der seine Hausaufgaben nicht macht. Immer wieder un-terliegen wir dem gleichen Irrtum und meinen, Kinder mit Erzie-hungsmaßnahmen beeinflussen zu müssen. Dabei ignorieren wir, dass das Verhalten von Kindern immer einen Sinn hat, auch wenn wir diesen nicht oder nicht gleich verstehen.

Würden wir im Umgang mit Kindern nicht das Verhalten/Symptom beurteilen, sondern das Kind ernst nehmen und uns die Fragen stellen: »*Warum* verhält sich denn das Kind so? Welche Persönlichkeit, welche Wünsche und Bedürfnisse verbergen sich hinter dem Verhalten?«, würde etwas ganz anderes entstehen.

Die bisherige Fragestellung, »*Wie* bekommen wir Oskar dazu, pünktlich in der Schule zu erscheinen, seine Hausaufgaben zu machen und endlich nicht mehr zu stören?« wäre erst einmal gar nicht relevant. Zunächst wäre von Bedeutung: »*Warum* schafft Oskar es nicht, pünktlich zum Unterricht da zu sein? Und *warum* kann er seine Hausaufgaben nicht erledigen?«

Warum ist etwas so, wie es ist? Warum kann das kleine Mädchen nicht am Tisch sitzen bleiben und warum ärgert sich der Fünfjährige so über alle Maßen darüber, dass er keine Süßigkeiten bekommt (wo ist unser Anteil als Eltern?).

Wir Erwachsenen könnten mit dieser veränderten Haltung zunächst den Istzustand wertfrei sehen und mit ernsthaftem Interesse nachfragen. Wenn wir zuerst nach dem *Warum* fragen, können wir dem Kind signalisieren: »Du bist o.k., so wie du bist! Ich sehe, es geht dir nicht gut, was können wir tun?« Es gäbe keine Schuldzuweisungen, keine Vorwürfe. Die Kinder würden sich entlastet und grundsätzlich angenommen fühlen.

Auch Oskars Verhalten könnten wir durch die Frage nach dem Warum als einen Hinweis verstehen lernen. Er scheint stark überfordert zu sein und nicht die nötige Unterstützung zu haben. Vielleicht sind seine Eltern seit Kurzem getrennt, vielleicht ist er zu sehr auf sich allein gestellt. Das soll keinesfalls heißen, dass belastende Umstände zwangsläufig zu einem auffälligen Verhalten führen müssen; auffälliges oder unerwartetes Verhalten von Kindern hat jedoch immer Gründe. Es ist die Aufgabe von uns Erwachsenen, diese Faktoren zu berücksichtigen, sie so weit wie möglich zu ergründen und Zusammenhänge zu erkennen, sodass wir das Verhalten der Kinder aus einer Art Vogelperspektive betrachten und somit Schlüssel zu neuen Wegen finden können.

In der Familie mit ihren emotionalen Verbindungen mag dieser Perspektivwechsel ein wenig einfacher sein. In einer Institution wie der Schule kann es manchmal längere Zeit dauern, bis wir ergründen, warum Kinder sich so verhalten, wie sie es tun. Aber auch diese Zeit müssen wir uns nehmen.

Zehn Thesen zur Erziehung

1. Erziehung ist ein Anachronismus.
2. Erziehung beruht auf Machtstrukturen.
3. Erziehung ist Gewalt.
4. Erziehung setzt auf Gehorsam.
5. Erziehung ist unpersönlich und dient nur den Erwachsenen.
6. Erziehung nimmt Eltern Verantwortung.
7. Erziehung beschneidet Potenziale.
8. Erziehung nivelliert.
9. Erziehung macht schwach.
10. Erziehung hat eine Lobby, Kinder haben keine.

1. Erziehung ist ein Anachronismus

Es gibt zwei Gründe dafür, Erziehung zu hinterfragen: Ihr Konzept ist einerseits historisch, aus der damaligen Stellung des Kindes in der Gesellschaft, entstanden – und beruht andererseits auf einer falschen Grundannahme.

Bis zum Ende des 19. Jahrhunderts wurden Kinder schon in sehr jungen Jahren als Arbeitskräfte eingesetzt. Lebensabschnitte wie die heutige Kindheits- oder auch Jugendphase existierten in der Vergangenheit nicht. Kinder zu haben war eine wirtschaftliche Notwendigkeit. Sie sicherten wenn nicht den Wohlstand, so doch die eigene Existenz, gerade im Alter. Ziel war es deshalb, Kinder so schnell wie möglich in die Erwachsenenwelt einzuführen und sie mit den Verhaltensnormen der Erwachsenen vertraut zu machen.

Die Bedeutung von Kindern für Familien hat sich stark verändert. Kinder haben heutzutage keinen materiellen, sondern einen immateriellen Wert für Familien. Kinder zu haben ist planbar und somit eine rational überlegte, zugleich von Emotionen getragene persönliche Entscheidung innerhalb individueller Lebensentwürfe geworden. Kindheit und Jugend haben im Zuge dessen einen Platz als eigenständige Lebensphasen bekommen. Heute wissen wir um die verschiedenen Stufen der Entwicklung von Kindern.

Über Jahrhunderte hinweg existierte die irrige Vorstellung, dass der Mensch unfertig zur Welt komme und erst durch Erziehung vollständig zum Menschen werde. Das Missverständnis, das Erziehung rechtfertigt, besteht in der falschen Grundannahme des Unvollständigen. Schlecht erzogen sei schlecht vervollständigt. Schlecht für Kinder ist es aber, ihre bereits vorhandene soziale und emotionale Kompetenz durch Erziehung zu beschädigen. Wer also Kinder weiterhin erzieht, versteht die Natur des Menschen nicht.

Wir wissen aus der Entwicklungspsychologie um die innerpsychischen Vorgänge wie zum Beispiel die Informationsverarbeitung von Stimmungen auf emotionaler Ebene schon bei Babys und die seelischen Bedürfnisse beim (Auf-)Wachsen und haben Erkenntnisse darüber gewonnen, welche maßgebliche Bedeutung Bindung und Beziehung gerade in der frühen Phase des Lebens haben. Insbesondere die Bücher des Psychoanalytikers Daniel Stern geben hierüber Auskunft.

Und wir wissen heute: Kinder kommen mit vielfältigen sozialen, emotionalen und kognitiven Potenzialen auf die Welt. Sie bringen bei Geburt eine Fülle an Entfaltungsmöglichkeiten mit. Durch die »Behandlung« der Kinder mit herkömmlicher Erziehung nehmen diese Potenziale Schaden. Der Mensch erlebt so zu Beginn seines Lebens eine Beschneidung seiner eigentlichen Möglichkeiten.

Auch die Art, wie wir über Kinder sprechen, ist größtenteils antiquiert. Die Sprache, die wir verwenden, wenn wir über den Umgang mit Kindern reden und aktiv »erziehen«, stammt aus einer Zeit, in der das Bild einer konfliktfreien Familie für erstrebenswert gehalten wurde – heute wissen wir jedoch, dass Konflikte notwendig sind; folglich ist dieses Familienbild überholt.

Da sich die Gesellschaft grundlegend gewandelt hat (Kinder sind keine materielle Notwendigkeit mehr) und wir die falsche Grundannahme vom Kind als »unfertigen« Wesen wissenschaftlich widerlegt haben, gibt es keinen triftigen Grund mehr, Kinder weiterhin zu erziehen. Der kulturell tradierte Erziehungsbegriff ist deshalb ein Anachronismus.

2. Erziehung beruht auf Machtstrukturen

Unsere Familienstrukturen sind seit Jahrhunderten von einem autoritären Machtgefüge geprägt, vergleichbar mit einem totalitären System. Wer in diesem Machtsystem der Familie »funktionierte« und sich anpasste, konnte sich sicher fühlen. Wer sich jedoch nicht unterordnete, seinem Autonomiedrang und seinen individuellen Wünschen nachging, kurz: wer diese Ordnung hinterfragte, sah sich extremen Repressionen ausgesetzt, die nur ein einziges Ziel hatten: denjenigen, der ausscherte, wieder passgerecht für das System Familie zu machen.

Seit Ende des 19. Jahrhunderts wird der Individualität und persönlichen Entwicklung des Einzelnen mehr Bedeutung beigemessen. Die Frauen begehrten auf und stellten hierarchische Strukturen und ihre Position darin mit Erfolg infrage. Bis in die erste Hälfte des 20. Jahrhunderts wurde so die autoritäre Struktur geschwächt, die in nahezu allen politischen und sozialen Bereichen der Gesellschaft herrschte, und sie wich zunehmend demokratischen Formen. Diese Entwicklungen führten auch dazu, dass sich die innerfamiliären autoritären Machtstrukturen lösten und dynamischer wurden.

Grundsätzlich allerdings wurden diese Strukturen des Systems Familie bis heute nicht hinterfragt. So ist das Verhältnis zwischen

Erziehendem und Erzogenem nach wie vor von Herrschafts- und Machtstrukturen geprägt, in der die Rollen klar verteilt sind. Macht und Gehorsam sind in diesem Modell immer noch die Grundprinzipien. Sie charakterisieren das Verhältnis zwischen Eltern und Kindern. Die Kinder sind in diesem Verhältnis als Abhängige quasi »gefangen« und in ihrer Rolle »gefesselt«. Sie können sich – anders als ehedem die Frauen – nicht aus eigener Kraft befreien.

Dass Erziehung den Gehorsam des Zöglings verlangt, macht den Kern auch heutiger Erziehungsstile aus – unabhängig davon, ob sie sich demokratisch oder autoritativ nennen. Das Machtverhältnis als solches löst sich nicht auf, wenn in dem einen Modell mehr auf die Bedürfnisse des Kindes eingegangen wird als in einem anderen. Disziplinierung und Unterwerfung sind auch heute noch die Mechanismen von Erziehung. Und immer beinhaltet Erziehung eine von uns gesetzte Verhaltenserwartung an das Kind. Das Verhängnisvolle daran ist: Wenn eine Beziehung zwischen Eltern und Kindern auf Grundlage eines Machtverhältnisses begründet ist, das auf Disziplinierung, Durchsetzung eigener Interessen und Anpassung der Kinder an ein von Erwachsenen gewolltes Verhalten setzt, kann die gesamte Autonomieentwicklung und das Wachstum jedes Einzelnen in der Familie hierdurch beeinträchtigt und gestört werden. Es kann sich so kaum eine unbelastete, vertrauensvolle, nahe und persönliche (Liebes-)Beziehung entwickeln.

3. Erziehung ist Gewalt

Weil Erziehung im Kern Unterdrückung und Machtausübung bedeutet und auf der Abhängigkeit des Kindes beruht, ist sie zwangsläufig auch offen für die Ausübung von Gewalt. Die Geschichte der erzieherisch legitimierten Gewalt ist dabei genauso traurig wie die dramatischen physischen und psychischen Angriffe auf die Menschenwürde und die Integrität von Kindern, von denen wir immer wieder erfahren. Die Vergewaltigung des Kindes hat die gleiche

Quelle wie der Klaps und der Liebesentzug. Nämlich eigene unverarbeitete Gewalterfahrungen.

Gewalt ist traumatisierend! Trauma kann verstanden werden als Bruch im Kontakt zu anderen Menschen, zu sich selbst und zu den eigenen Empfindungen/Gefühlen, der entsteht, weil bei Überreizung des Nervensystems das natürliche Reaktionsmuster von Orientierung, Flucht, Kampf und Erstarrung zwar abgerufen, aber nicht oder nur unvollständig vollzogen und die vom Körper zur Verfügung gestellte »Überlebensenergie« nicht vollständig aufgelöst werden kann. Traumata entstehen unter anderem durch Vernachlässigung, harte Sanktionierungen in der Kindheit, Liebesentzug und auch durch körperliche, sexualisierte und seelische Gewalt und führen zu schweren Beschädigungen der kindlichen Psyche.

Kinder, die unter der Ausübung elterlicher Macht gelitten und auf diese Weise psychische oder physische Gewalt erfahren haben, werden diese später in ihren Beziehungen kopieren und schlimmstenfalls an ihre Kinder weitergeben. Es wirkt in diesem Zusammenhang fast zynisch, wenn der Ruf von entrüsteten Erwachsenen (Politikern, Eltern, Richtern) nach härteren Strafen für gewalttätige Kinder und Jugendliche laut wird. Denn sind es nicht letztlich wir selbst, die diese Symptome der Kinder durch unser Tun säen? Auch wenn wir nicht selbst Gewalt ausüben, so lassen wir sie doch zu. Wir müssen uns gesamtgesellschaftlich auf einen neuen Konsens verständigen, der da lautet, dass ein Kind ohne psychische und physische Gewalt aufwachsen darf. Wenn wir beginnen zu verstehen, dass wir Erwachsenen an diesem Punkt immer die Verantwortung tragen, können wir letztendlich auch Verantwortung für unser Tun übernehmen und müssen sie nicht (mehr) auf die Kinder abschieben. Anders können wir nicht ausbrechen aus einem Kreislauf, in dem sich Gewalt als legitimiertes Erziehungsmittel von Generation zu Generation fortschreibt.

4. Erziehung setzt auf Gehorsam

Erziehung verlangt den Gehorsam des Kindes und offenbart damit emotionale Inkompetenz. Denn Erwachsene nutzen das Machtverhältnis in der Erziehung, um Konflikte zu vermeiden oder zu »lösen«. Kann der Erwachsene in einem Konflikt nicht bestehen – sei es, dass er emotional überfordert, psychisch entkräftet oder mental belastet ist – oder seine eigenen Interessen nicht durchsetzen, zieht er sich auf die Position des Stärkeren zurück und verlangt Gehorsam.

Erziehung zum Gehorsam verbleibt an der Oberfläche und weicht Konflikten nur aus. »Ungehorsam« ist meist der erste Schritt der Kinder hin zu Autonomie und Eigenverantwortlichkeit. Wenn Kinder ungehorsam sind, ist das kein persönlicher Angriff auf die Erwachsenen, vielmehr ein wichtiger Bestandteil der natürlichen Entwicklung. Kinder brauchen jedoch Orientierung, Begleitung und Führung durch Erwachsene. Es kommt dabei auf die Qualität der Beziehung an. Die Führung durch Gehorsam wird durch eine verantwortungsvolle Führung der Erwachsenen abgelöst. Statt Konflikte zu vermeiden und zum Gehorsam zu erziehen, ist es heute wesentlich für ein gesundes Aufwachsen von Kindern, dass Erwachsene ein Verantwortungsbewusstsein entwickeln, sich zutrauen, Konflikte in den Beziehungen zu Kindern zu lösen und dabei die Kinder als gleichwertige (Konflikt- und Dialog-)Partner anzuerkennen.

5. Erziehung ist unpersönlich und dient nur den Erwachsenen

Kein Kind braucht Erziehung – aber Erwachsene bedienen sich ihrer trotzdem. Weil Erziehung wie ein Schutzmechanismus wirkt, der Erwachsene vor den bedrohlichen emotionalen, psychischen oder mentalen Herausforderungen des Kindlichen schützt. Erziehung ermöglicht es dem Erwachsenen, seine eigenen emotionalen

Beschädigungen zu verbergen und die Angst vor der Offenbarung eigener Verletzlichkeit zu überspielen. Der Erwachsene verbirgt aus Angst vor eigener Unzulänglichkeit seine eigentliche Persönlichkeit hinter »erzieherischen Notwendigkeiten« und bleibt so als Mensch mit seinen authentischen Gefühlen für das Kind unsichtbar. Für Erwachsene gibt es deshalb Tausende Gründe, ein Kind zu erziehen, für Kinder gibt es keinen einzigen Grund, erzogen zu werden.

6. Erziehung nimmt Eltern Verantwortung

Deutlich wird die Funktion von Erziehung vor allem in der Ratgeberliteratur. Das Gros der Erziehungsratgeber dient nicht den Interessen der Kinder, sondern ist ganz offensichtlich nur dazu da, es den Erwachsenen einfacher zu machen. Viele Ratgeber sprechen davon, dass Kinder Grenzen brauchen. Dass Kinder jedoch auch eigene Grenzen haben, die nicht verletzt werden sollten, davon ist nur selten die Rede. Denn natürlich ist es einfacher, Dressurmethoden anzuwenden und vom Kind zu verlangen, dass es gehorcht. So wird Erziehung zu Verhaltensanpassung, die oft mit einem Angriff auf die Integrität des Kindes einhergeht und dessen ureigene Grenzen verletzt.

Zu solchen Büchern greifen Erwachsene besonders gern in Phasen, in denen sie Angst haben, die Kontrolle zu verlieren. Sie tragen dazu bei, Eltern weiter zu verunsichern, und gaukeln ihnen vor, es gäbe im Umgang mit Kindern allgemeingültige Vorgaben, ein »Richtig« und ein »Falsch« und Regeln, deren Befolgung dazu führt, dass Kinder (und damit das gesamte Familienleben) gut »funktionieren«. Wer sein Kind mithilfe von Ratgebern erzieht, gerät in die Gefahr, seine elterliche Verantwortung an diese Ratgeber abzugeben.

7. Erziehung beschneidet Potenziale

Eltern bestimmen und entscheiden häufig für Kinder, auch wenn diese längst selbst für sich entscheiden und Verantwortung übernehmen können. Dadurch verhindern sie, dass Kinder lernen, mit dem Leben umzugehen und Erfahrungen zu sammeln – genauso wie es diesen Eltern selbst als Kindern ergangen ist. Und auch Erwachsene werden durch Erziehung in ihrer eigenen Entwicklung beschnitten. In einer guten Beziehung profitieren Eltern und Kinder voneinander. Indem wir jedoch erziehen, glauben wir nur zu wissen, was gut ist, und schränken von vornherein unsere Möglichkeiten ein, in der Beziehung zueinander zu wachsen. Kinder können Eigenverantwortung für viele Bereiche übernehmen und so wichtige Erfahrungen mit sich selbst und der Umwelt machen. Kinder suchen immerzu nach diesen Erfahrungen, spielerisch, im Gefühl der Verbundenheit zu den engsten Bezugspersonen. Kinder sind wissbegierig und wollen lernen. Durch Erziehung wird diese Triebfeder der Neugier und Offenheit beschnitten. Kinder streben zu jeder Zeit ihrer Entwicklung nach dem Gefühl, angenommen zu sein, so wie sie sind, sowie nach größtmöglicher Autonomie. Autonomie, für die wir Erwachsene ein Umfeld schaffen und Räume zur Verfügung stellen müssen. Genau das aber verhindert Erziehung.

8. Erziehung nivelliert

Wenn wir uns ständig über die Kinder erheben und für sie entscheiden, nehmen wir ihre Individualität nicht mehr war. Erziehung nivelliert, ohne hinzusehen. Kinder haben bestimmte Fähigkeiten, Charaktere, Eigenheiten und Eigenschaften, die sie als Menschen unverwechselbar machen und auszeichnen. Wie können wir glauben, dass eine bestimmte Methode, ein bestimmtes Modell für all diese unterschiedlichen Kinder gleichermaßen gelten kann? Indem wir jedoch alle Kinder in dieselben Erziehungsschablonen pressen, nehmen wir ihnen all ihre Besonderheiten. Oder wir zwingen sie zumindest, diese zu unterdrücken, zu verstecken oder als etwas zu erfahren, das von uns Eltern nicht erwünscht ist: Du bist nicht o.k., so wie du bist!

9. Erziehung macht schwach

Dass ein Kind »gut erzogen« ist, sagt erst einmal nur, dass es bestimmte Normen verinnerlicht hat und sich dem entsprechend verhält. Es sagt nichts darüber, ob es dem Kind gut geht, ob es glücklich und froh ist. Gerade Kinder, die als »gut erzogen« gelten, sind oft (auch über-)angepasst, versuchen lediglich in einer für sie lebensnotwendigen Beziehung zu funktionieren.

Die Bindung an uns Erwachsene als erste Bezugspersonen bringt eine emotionale Abhängigkeit mit sich, die letztendlich dazu beiträgt, dass Anpassung zur reinen »Überlebensstrategie« werden kann. Kinder kooperieren in allen Konstellationen und bei allen Gegebenheiten uneingeschränkt – auch, wenn es für sie selbst ungesund ist.

Deshalb ist es eben nicht so, dass Kinder für Eltern am »wertvollsten« sind, wenn sie angepasst reagieren. Im Gegenteil: Gemeinsame Entwicklung von Eltern und Kindern kann nur dann gelingen, wenn sich alle Beteiligten authentisch verhalten können, Eltern also bereit sind, sich wahrhaftig und ehrlich mit ihren wahren Emotionen und auch all ihren Schwächen im Kontakt zu Kindern zu zeigen und so für sie sichtbar zu werden. Diese Authentizität wird schnell anstrengend für Eltern, sie nehmen die Rückmeldungen ihrer Kinder oft als unbequem wahr. Dieses scheinbare Unbequemsein jedoch entpuppt sich als wahrer Schatz für uns Eltern, weil Kinder erst dadurch mit ihrer Persönlichkeit sichtbar werden, sie weiterentwickeln und ihre Fähigkeiten entfalten können.

10. Erziehung hat eine Lobby, Kinder haben keine

Dass Machtpositionen im Verhältnis zu Kindern nicht aufgegeben werden, liegt auch an einer Lobby, einem Interessenkartell jenseits des Systems Familie, dessen einzelne Akteure miteinander verzahnt sind: Kinder- und Jugendpsychologen, Schulen und Politik. Anders als Frauen haben Kinder keine Lobby, deshalb wird an dieser Situation nichts verändert und das Interessenkartell nicht infrage gestellt.

Wie schlecht die Stellung von Kindern in Deutschland ist und wie wenig Kinder wertgeschätzt werden, zeigen nicht zuletzt die Vorschläge, Hartz-IV-Empfänger oder auch die bei Schlecker Entlassenen zu Erziehern umschulen zu lassen. Hierbei geht es nicht um eine Abwertung der Qualifizierung der Einzelnen. Man gewinnt jedoch den Eindruck, dass das Wohl der Kinder hierzulande auf Discount-Niveau verhandelt wird. Und das gilt nicht nur für die Bezahlung von pädagogischem Personal, die letztendlich ein weiteres Zeichen für die Geringschätzung von Kindern in unserer Gesellschaft ist. Wenn nun zudem noch fachfremdes Personal »schnell umgeschult« und eingesetzt werden soll, als handle es sich um einen Aktenberg, der rasch abgearbeitet werden muss, dann ist das wahrlich ein Armutszeugnis für unsere Gesellschaft. Es geht hier nicht um Akten, wir sprechen von unseren Kindern.

Erziehung – Du bist o.k., so wie ich will!

Ich strebe kein Modell an.
Ein Modell im Kopf lässt die Wirklichkeit
da draußen ersterben – sprich:
Das Modell wird ihr nicht gerecht!

Jesper Juul

Was ist Erziehung? Und welches Menschenbild birgt sie in sich? Schauen wir uns, um diese Fragen beantworten zu können, die einzelnen Mechanismen von Erziehung an.

Herkömmliche Erziehung beruht auf vier einander bedingenden Grundprinzipien:

Macht: Die machtvolle Position der Eltern wird für die Durchsetzung eigener Interessen genutzt.

Gewalt: Wenn die elterlichen Interessen nicht anders durchgesetzt werden können, werden auch gewaltsame Maßnahmen angewandt.

Anpassung: Ziel ist die Anpassung des Kindes an die Vorstellungen und Erwartungen der Erwachsenen.

Gehorsam: Der Gehorsam des Kindes ist die grundlegende Bedingung der Erziehung.

Um ihre Ziele zu erreichen, nutzen Erziehende folgende Formen des Umgangs:

Elterliches Rollenspiel	*Autoritäre Lenkung*
Die Rolle der Eltern fungiert als Vorwand, sich als Mensch nicht zu zeigen.	Autoritäre Lenkung in eine von den Eltern gewollte Richtung.

Um die gewollte Anpassung durchzusetzen, werden von Erziehenden diese Methoden verwendet:

Kontrolle
Kontrolle durch Erwachsene, ob die gewollte Richtung auch eingehalten wird (generelles Misstrauen vorausgesetzt)

Bevormundung/Belehrung/Ermahnung
Gezielte und ungezielte verbale Strategien zur Einwirkung durch Erwachsene

Strafe/Konsequenz
Strafe als Maßnahme bei Ungehorsam, Konsequenz als Strafe in neuem Gewand

Kritik
Bewertung/Beurteilung des Verhaltens von Kindern durch Erwachsene

Lob
Anerkennung als Verstärkung für gewolltes Verhalten oder eine zu erbringende Leistung

In Alltagssituationen können diese Methoden manchmal sehr klar, manchmal in abgeschwächter oder auch subtiler Form sichtbar werden. Letztendlich wird jedoch Erziehung von den Erwachsenen immer zur Durchsetzung ihrer eigenen Interessen genutzt. So bleibt im Kern nach wie vor das gültig, was eigentlich überholt ist. Die Botschaft von Erziehung ist eindeutig: Du bist nur o.k., wenn du so bist, wie ich es will.

Die Macht der Erziehung

Lea

Die vierjährige Lea soll ihr Zimmer aufräumen. Zunächst beginnt sie mit Elan und räumt einige Dinge vom Fußboden in die Regale. Zunehmend lässt sie sich jedoch von ihren Spielsachen ablenken. Sie legt sich auf den Bauch und beginnt ein neues Spiel, in das sie ganz vertieft ist, als ihre Mutter ins Zimmer kommt. Diese reagiert prompt: »Lea, warum räumst du nicht auf? Wir haben doch gesagt, dass du nach dem Spielen alles aufräumen sollst, das war doch abgemacht. Warum hältst du dich nicht an unsere Vereinbarung?« – »Ich hab doch schon, aber dann ... ich hab nur noch kurz gespielt, Mama!«, versucht Lea sich zu erklären. »Das ist mir egal, Lea! Wenn du dich nicht an unsere Abmachung hältst, dann musst du auch die Konsequenzen tragen.« Leas Mutter beginnt nun selbst aufzuräumen und wirft ärgerlich die Bausteine in den dazugehörigen Kasten. »Es reicht jetzt wirklich«, sagt sie, »wenn man etwas vereinbart, dann muss man sich auch dran halten. Das musst du lernen. Du hast dich nicht daran gehalten, deshalb ist die Konsequenz, dass wir heute Abend kein Fernsehen schauen.« Lea beginnt zu weinen und schmeißt sich schließlich auf den Boden. Leas Mutter räumt zu Ende auf und verlässt das Zimmer. Lea bleibt schluchzend auf dem Boden liegen.

Es geht nicht darum festzustellen, ob Leas Mutter hier »richtig« oder »falsch« gehandelt hat, oder zu beurteilen, ob sie eine gute oder schlechte Mutter ist. Bei der Erziehung unserer Kinder laufen viele unbewusste Prozesse (Abwertung, Kritik etc.) ab, und wir hinterfragen unser Handeln oft nicht, weil wir im Alltag einfach Erziehung »betreiben« und es selbst so erfahren haben. Ich habe im Rahmen meiner beruflichen Praxis niemals Eltern getroffen, die »schlecht« waren. Im Gegenteil. Sie liebten alle ihre Kinder und haben immer im Rahmen ihrer Möglichkeiten das Beste gegeben.

Das gilt auch für Leas Mutter. Worum es also hier geht: Sie folgt im Umgang mit ihrer Tochter einer Machtstruktur und ist einem Modell verhaftet, dem Modell der Erziehung. Sie bewegt sich in diesem Modell, wendet bestimmte Methoden an und verlangt von ihrer Tochter, dass sie sich diesen Methoden beugt. Sie verlangt Gehorsam.

Gehorsam

Das immer noch berühmteste Buch über die angebliche Notwendigkeit von Gehorsam ist Heinrich Hoffmanns erstmals 1845 erschienener »Struwwelpeter«, in dem Hoffmann die Grundsätze der von Kritikern sogenannten Schwarzen Pädagogik, die auf dem Gehorsamsprinzip aufbaut, in Bildern und Versen anschaulich macht. Noch heute sind, bewusst oder unbewusst, die Vorstellungen von Hoffmann in uns verhaftet: die Idee vom »bösen« Kind, das schlecht auf die Welt kommt und sich nur dann zum Guten entwickelt, wenn es sich fürchten muss und wenn Zwang auf es ausgeübt wird. Damit einher geht unsere Angst: Wenn wir diesen Zwang nicht ausüben, wenn wir gar die Kontrolle verlieren, wird das Kind unsere Zuneigung missbrauchen. Auch vor Äußerungen negativer Gefühle, Ärger, Weinen, Konflikten insgesamt und insbesondere vor Trotzreaktionen des Kindes haben wir Angst, sehen sie mitunter sogar als bewussten aggressiven Akt der Auflehnung, deshalb versuchen wir, diese und andere negative Gefühle mit Zwang zu unterdrücken. Dieses Verhalten von Erwachsenen führt allerdings nur dazu, dass sich Trotzreaktionen verstärken. Trotzreaktionen sind ein gesunder und notwendiger Teil der Ichentwicklung von Kindern. Versucht man diese kindlichen Reaktionen durch das Verlangen nach Gehorsam zu unterdrücken, behindert man das Kind in seiner natürlichen Entwicklung.

Auch mehr als 150 Jahre nach Hoffmann verlangen wir also noch Gehorsam. »Unsere Kinder müssen doch auf uns hören, sie brauchen doch Grenzen, Regeln und Konsequenzen«, würde Leas Mutter nun sagen und vielleicht auch der eine oder andere Leser. Brauchen sie das wirklich? Warum? Wenn man sich für einen Moment einmal vorstellt, eine ähnliche Szene würde sich unter Erwachsenen abspielen, dann wird sofort deutlich, dass daran etwas nicht stimmt.

> *Frau:* Was? Du hast nicht aufgeräumt? Das kann doch wohl nicht wahr sein.
> *Mann:* Ich hatte noch andere Dinge zu tun und bin noch nicht dazu gekommen.
> *Frau:* Also, jetzt reicht es wirklich! Du hast dich nicht an unsere Absprache gehalten. Das geht so nicht! Das hat aber jetzt Konsequenzen für dich. Dafür darfst du heute Abend nicht mit deinen Freunden ausgehen.

Würden Erwachsene so miteinander umgehen? Wohl kaum! Übertragen wir die Form des Umgangs mit unseren Kindern auf die Umgangsformen unter Erwachsenen, dann wirkt es unmittelbar absurd. Aber warum gehen wir dann heute noch so mit Kindern um, verletzen auf diese Weise ihre persönlichen Grenzen? Eine Erklärung ist, dass die erwarteten Äußerungen negativer Gefühle der Kinder unsere eigenen aggressiven Gefühlsanteile aktivieren, die wir dann nur mit Anstrengung unterdrücken können. Ein weiterer Grund: Wir unterliegen nach wie vor dem Glauben an die traditionelle Machtstruktur in der Familie, und weil wir unsere Macht als Eltern erhalten wollen, verlangen wir Gehorsam von unseren Kindern und wenden Methoden an, die wir selbst erfahren und durchlitten haben. Leas Mutter glaubt, dass ihre Tochter Grenzen, Regeln und Konsequenzen braucht. Sie kontrolliert, maßregelt und sanktioniert. Wie ein Gesetzeshüter, der aufpasst, dass kein Gesetz überschritten wird und keine Verfehlung ungeahndet bleibt.

Auf diese Weise entsteht eine eher unpersönliche Beziehung, denn als Mensch wird die Mutter durch diese Form der Kommunikation nicht sichtbar für Lea. Die Mutter erscheint wenig liebevoll, obgleich sie ihre Tochter liebt. Sie fühlt sich absolut verantwortlich in ihrer Rolle als Mutter und sie möchte diese Rolle besonders gut ausfüllen. Sie glaubt, dass Mütter so sein müssen. Sie selbst hat wenig Liebevolles erfahren. Ihre eigene Erziehung war klar von der elterlichen Haltung geprägt, dass sich liebevoller Kontakt zu Kindern und konsequentes Verhalten ausschließen. Dadurch hat sie gelernt: Wer nicht konsequent ist, handelt seinen Kindern gegenüber verantwortungslos – und genau das möchte sie in ihrer Rolle als Mutter eben nicht sein.

So folgt sie einer Methode, zu der auch die gewaltsame Durchsetzung ihrer Ziele gehört. Vielleicht wird sie auch ihr Ziel erreichen: dass Lea demnächst ihr Zimmer aufräumt. Die Botschaften jedoch, die zwischen den Zeilen bei Lea ankommen, sind: »Wer nicht hören will, muss fühlen«, »Du musst lernen, dich unterzuordnen« oder »Wenn ich etwas sage, musst du gehorchen«. Lea lernt daraus, dass ihre Mutter diejenige ist, die bestimmt und die Entscheidungen trifft, und darüber hinaus, dass ihre eigene Persönlichkeit mit dem Streben nach Autonomie und Selbstbestimmung nicht wahr- und ernstgenommen wird. Langfristig kann das dazu führen, dass sich Kinder wie Lea dann nicht zu selbstständigen, verantwortungsvollen, sondern zu unselbstständigen und angepassten Persönlichkeiten entwickeln.

Du bist o.k., so wie ich es will – Bevormundung, Ermahnung, Kritik

Was Leas Mutter ihrer Tochter zwischen den Zeilen als Botschaft vermittelt – Du bist nur o.k., so wie ich es will –, das vermitteln wir Kindern immer wieder durch verschiedenste, manchmal auch versteckte Erklärungen und Ermahnungen. Auch durch unsere Handlungen und Reaktionen, durch Mimik, Blicke und Gesten erfahren Kinder täglich, dass sie unseren Vorstellungen und Erwartungshaltungen nicht entsprechen und dass wir unzufrieden sind mit ihnen.

Ein Vater sitzt mit seinem sechsjährigen Sohn im Speisewagen eines ICE. Er liest Zeitung, der Junge langweilt sich und beginnt Papierflieger zu bauen, durch den Waggon zu werfen und ihnen hinterherzulaufen. Der Vater unterbindet das mit den Worten: »Es gibt Kinder, die sind lieb und leise, und dann gibt es noch Kinder wie dich, die immerzu stören. Im Zug wirft man keine Papierflieger.« Der Junge hört erschrocken auf, Papierflieger zu bauen, und beginnt stattdessen zu malen. Nach ein paar Minuten stöhnt der Vater wütend auf, weil der Junge mit seinem Filzstift auf die Tischdecke gemalt hat. Er winkt den Kellner heran und zeigt ihm das »Malheur«. Als sich der Junge leise entschuldigt, fährt er ihn an: »Das nützt jetzt auch nichts mehr, die Decke ist hin.«

Eine Mutter zieht eine kleine Bürste aus ihrer Tasche und beginnt ohne weitere Ansprache ihrer vierjährigen Tochter grob das halblange Haar durchzubürsten. »Wie siehst du denn aus, so läuft man doch nicht rum!«, sagt sie ärgerlich. Das kleine Mädchen ist erschrocken, wehrt sich erst lautstark, dreht dann den Kopf weg und versucht sich aus der Umklammerung zu winden. Die Mutter ist ungehalten, mit festem Griff hält sie dem Kind den Kopf fest und flüstert etwas mit verkniffener Miene in sein Ohr. Das Mädchen hält endlich still und lässt alles über sich ergehen. Ein paar Minuten später spielt sie wieder und scheint sich vom mütterlichen Überfall erholt zu haben.

Ein Dreijähriger läuft mit seinen Eltern über einen Platz, er rennt zu einer Baustelle und bleibt begeistert davor stehen. Immer wieder zeigt er staunend auf die Maschinen. »Guck mal, Bagger!«, ruft er und dreht den Kopf zu seinen Eltern, die nun auch an der Baustelle angekommen sind. »Es heißt ›ein Bagger‹, nicht einfach nur ›Bagger‹ – da ist ein Bagger«, sagt der Vater ungeduldig und nimmt den Jungen am Arm, ohne weiter auf die Freude und die Lebendigkeit des Jungen einzugehen. »Den sehen wir doch jeden Tag, komm, wir müssen weiter, sonst kommen wir zu spät in die Kita«, sagt die Mutter seufzend, »und zu spät kommen, das darf man nicht!« Sie nimmt den anderen Arm ihres Sohnes und zieht ihn weiter. 〈〈

Diese kleinen Szenen, wie sie uns beinahe täglich auf der Straße, im Café oder im Zug begegnen, vergessen wir zumeist schnell wieder. Betrachten wir sie aber genauer, dann können wir erkennen, dass mit Ermahnungen, Kritik und Bevormundungen subtile, aber deutliche Botschaften an die Kinder gesendet werden. Bei dem Jungen im Zug kommt zwischen den Zeilen Folgendes an: *Egal, was du tust, es gelingt dir nichts!* Und: *Du kannst es mir nicht recht machen.*

Eine fatale Botschaft, die den Jungen hier erreicht. Er wird ständig in dem Dilemma stecken, die Anerkennung und Wertschätzung seines Vaters erlangen zu wollen und gleichzeitig zu wissen, dass er ihm nie genügen und seine Ansprüche nie erfüllen können wird. Bei dem Mädchen, dem die Haare durchgebürstet werden, kommt nicht nur die Botschaft an, dass es so, wie es ist, nicht den Ansprüchen der Mutter genügt, es wird auch seine Integrität verletzt, indem die Mutter sie grob zwingt, das unangenehme, wenig liebevolle Bürsten der Haare über sich ergehen zu lassen. Die Vierjährige wird so auch in ihrer Autonomie und Selbstbestimmung beschnitten. Sie verinnerlicht auf diese Weise, dass ihre Mutter Macht hat, über ihre eigenen Bedürfnisse hinwegzugehen und gewaltvoll ihren Willen durchzusetzen. Sie versteht: *Meine Bedürfnisse werden nicht gesehen, sie sind nichts wert.*

Der dreijährige Junge schließlich wird nicht nur in seiner Begeisterung, die er so gern mit seinen Eltern teilen möchte, gebremst. Er wird zudem noch kritisiert und bevormundet. Die eigentliche Nachricht des Jungen ist doch: *Hier bin ich! Seht ihr mich? Die Welt ist aufregend!* Er möchte eine Rückversicherung, dass der Vater sein Erleben teilt und dass er ihn in seinem Sein wahrnimmt. Der Vater jedoch hört gar nicht auf das, was sein Sohn ihm sagt, und auch nicht auf die eigentliche Nachricht, die in dessen Botschaft liegt, sondern reagiert auf ganz anderer Ebene, indem er die Form der Äußerung korrigiert und deren Grammatik verbessert. Auch die Mutter hat keinen Blick und wenig Gefühl für die Freude ihres Sohnes. So wird das Erleben des Jungen mit moralischen Zurechtweisungen und Benimmvorschriften beantwortet.

Das »man« erzieht mit

Das »man« kennen wir alle! Diese unendlich vielen Dogmen, die unser Handeln bestimmen. Auch bei Kindern wenden wir sie an: »Das macht man nicht!« ist ein immer wiederkehrender unterschwelliger Vorwurf, den Eltern ihren Kindern machen. Wir sollen uns so oder so benehmen, wir sollen uns so oder so verhalten – und warum? Und wer oder was ist dieses »man« eigentlich?

Man widerspricht seinen Eltern nicht.

Man schweigt bei Tisch.

Man tut, was einem gesagt wird.

Dieses »man« wurde früher überhaupt nicht hinterfragt, und es besaß eine ungeheure Kraft. Es stand in der Vergangenheit viel mehr im Mittelpunkt – auch wenn es selbst heute noch, oft subtil, miterzieht. Das »man« symbolisierte bestimmte Werte wie Gehorsam, Anpassung und Anerkennung von Autoritäten. Es wurde nicht infrage gestellt. Und wenn wir heute glauben, derartige absolut autoritäre Denkmuster überwunden zu haben, dann täuschen wir uns. Denn das »man« ist doch im Grundgedanken von Erziehung enthalten.

Natürlich lieben die Eltern aus den drei beschriebenen Szenen ihre Kinder – auch wenn sie sich in diesen Momenten nicht liebevoll verhalten. Meine Erfahrung ist, dass Eltern oft gar nicht beabsichtigen, derartig unterschwellige Botschaften an ihre Kinder zu senden. Dennoch kommt bei Kindern in solchen Fällen die Botschaft an: *Du musst dich ändern, wenn wir dich mögen sollen!*

Das Lob als Mittel zur Verstärkung für zu erbringende Leistung

»Kinder brauchen Lob!« Das ist ein Satz, den Eltern immer wieder gesagt bekommen. In manchen Ratgebern wird dem Leser die Frage gestellt: »Wie oft haben Sie Ihr Kind heute schon gelobt?«. Meist sogar noch mit dem Hinweis, dass Kinder so und so viel Lob am Tag von ihren Eltern benötigen, um ein starkes Selbstbewusstsein zu entwickeln. Aber brauchen Kinder wirklich Lob? Was bewirkt es, was geschieht zwischen den Zeilen, wenn wir unsere Kinder loben, so wie wir einen Hund kraulen, wenn er das Stöckchen gebracht hat?

Loben und belohnen – die postmoderne Bestrafung

Wenn wir Kinder loben, folgt auch häufig gleich die Belohnung. Sie ist noch immer nicht nur ein akzeptiertes Erziehungsmittel, sie gilt sogar als wünschenswert und wird von vielen Experten empfohlen (zum Beispiel in Form von Punktetafeln oder -systemen).

Wenn wir Kinder loben und belohnen, entsteht eine fragwürdige emotionale Abhängigkeit, die das Kind unselbstständig hält und daran hindert, eigene Verantwortung für sein Handeln zu übernehmen. Wenn wir ein Kind nämlich loben oder belohnen, wenn es zum Beispiel im Haushalt hilft, vermitteln wir ihm die Botschaft: »Es ist keine Selbstverständlichkeit, dass wir uns gegenseitig helfen.« Kinder aber streben ja genau nach dieser Verantwortung und Selbstständigkeit, die wir ihnen durch das Loben und Belohnen beschneiden. Sie wollen sich nicht *für uns* anziehen können, sie wollen nicht *für uns* Fahrradfahren lernen, sondern weil sie es aus sich heraus wollen, weil sie selbstständig werden und wie andere Kinder sein möchten. Wenn ein Kind in seiner Entwicklung für bestimmte Schritte bereit ist, wird es diese auch tun und zum Beispiel trocken werden – wir sollten ihr eigenes inneres Bedürfnis danach nicht durch Bestechung oder Belohnung des von uns erwünschten Verhaltens ersticken.

Eine Gefahr besteht zudem darin, dass sich bei einem Kind durch das beständige Loben und Belohnen die Einstellung bilden kann, dass es nichts tun müsse, wenn es keine Belohnung dafür gibt. Ein Eigentor für die Eltern, zumal die Beziehung zu unseren Kindern dann von strategischen und sachlichen Aspekten – wie in einer geschäftlichen Beziehung – geprägt ist. Die persönliche, emotionale Beziehungsebene tritt im Zuge dessen immer mehr in den Hintergrund.

Bestärken statt loben

Um ein stabiles Selbstwertgefühl entwickeln zu können, ist für Kinder das Erleben wichtig, in ihrer Umgebung mit ihren Bedürfnissen wahrgenommen und mit ihren Gefühlen gesehen zu werden, sich akzeptiert zu fühlen und die Erfahrung zu machen, dass sie so, wie sie sind, ohne sich zu verstellen oder etwas leisten zu müssen, wertvoll für uns Erwachsene sind.

»Das ist doch nicht schwer«, wird der eine oder andere sicher sagen. Meine Erfahrung ist eine andere. In vielen kleinen Alltagssituationen passiert es immer wieder, dass wir Eltern eine andere Botschaft vermitteln – gerade dadurch, dass wir unbedacht Signale als Lob verpackt senden.

 Ein dreijähriges Mädchen läuft über den Spielplatz, breitet die Arme zum Flieger aus und ruft zu ihrer Mutter, die auf einer Bank am Rand sitzt: »Mama, guck mal!« Die Mutter lächelt ihrer Tochter zu und ruft zurück: »Ja, toll, meine

Kleine, du bist ja ein Flugzeug! Kannst du etwa fliegen? Das machst du ja ganz toll.«

Kurz darauf ist es ein fünfjähriger Junge, der seinem Vater von der Rutsche aus winkt und möchte, dass sein Vater zu ihm herüberschaut. »Hey«, ruft der Vater und legt seine Zeitung zur Seite, »das ist ja super, du kannst ja alleine rutschen! Und gleich noch mal!«

Ich habe solche Situationen auf dem Spielplatz häufig erlebt, als meine Kinder noch klein waren. Manchmal schallte es von allen Seiten: »Ja, das machst du toll! Prima, was du schon kannst!« Sogar mitten im Gespräch mit anderen Erwachsenen drehen wir Eltern den Kopf und reagieren auf die Rufe der Kinder mit lobenden, aufmunternden und bewundernden Sätzen. Kinder brauchen doch eine Rückversicherung von uns. Ja, aber in welcher Form? Ist es wirklich so großartig, wenn eine Dreijährige die Arme ausbreitet und Flugzeug spielt? Ist es Grund für überschwängliches Lob, wenn ein Fünfjähriger auf das Klettergerüst steigt oder rutscht? Nein, eigentlich nicht. Obwohl wir glauben, unsere Rückmeldung im besten Sinne der Kinder zu geben, besteht hier ein Missverständnis. Denn zunächst wollen Kinder nur in ihrem Sosein bestätigt werden und die Wahrnehmung ihrer Welt mit uns teilen. »Guck mal« heißt also nicht »Guck mal, wie toll ich bin«, sondern: »Guck mal, hier bin ich.« Das ist nicht nur auf dem Spielplatz so, vielmehr auch in zahllosen anderen Situationen in unserem Kinderalltag: wenn Kinder in der Badewanne planschen oder wir mit ihnen im Schwimmbad sind, wenn sie uns im Haushalt helfen oder wenn sie einen Turm bauen.

Wenn wir nun jedoch beständig mit lobenden Bemerkungen reagieren, verknüpfen wir das einfache Vorhandensein, das reine Dasein von Kindern mit einer scheinbar erbrachten Leistung. Die Kinder wären erst einmal nicht darauf gekommen, dass Flugzeug spielen, planschen, einen Turm bauen, helfen im Haushalt oder auch klettern besondere Leistungen sind – durch unsere Reaktion vermitteln wir ihnen jedoch genau diesen Eindruck. Kinder fühlen sich somit nicht in ihrer Existenz bestätigt, sondern bringen dies in Zukunft in Zusammenhang mit ihrem Tun. Sie verstehen: »Ich werde nicht um meiner selbst willen geliebt, sondern für eine Leistung, die ich erbringe.«

So kommt es dann dazu, dass Kinder bei nächster Gelegenheit mit einer selbst gemachten Bastelarbeit und der Frage zu uns kommen: »Hab ich das nicht schön gemacht?« Ob sie nun malen, basteln, Lego bauen, die Eisenbahn durchs Zimmer kreisen lassen oder eine Bauklötzelandschaft errichten. Sie haben sich gemerkt, dass es in unserer Rückmeldung nicht nur um sie selbst geht, sondern damit immer auch eine Bewertung ihres Tuns verbunden ist.

Kinder in diesem Sinne zu loben ist aus meiner Sicht deshalb nicht nur überflüssig, sondern auch entwicklungshemmend. Es würde völlig ausreichen, wenn die Eltern auf dem Spielplatz ein kleines Signal geben, ein Winken, ein Lachen, ein »Hallo, ich sehe dich«. Lob wird oft unbedacht als Mittel der Erziehung eingesetzt. Gerade deshalb ist es wichtig, sich vor Augen zu führen, dass das, was wir beabsichtigen – nämlich die Kinder in ihrem Selbst zu bestärken –, dadurch, dass wir sie loben, nicht bei ihnen ankommt.

Aber welche Botschaft ist es, die Kinder bestärkt? Wenn Kinder wirklich und authentisch froh und stolz auf etwas Geleistetes sind, dann ist es folgende Botschaft, die sie stärkt: »Ich freue mich *mit dir*, dass du etwas geschafft hast.« Eben nicht: »Ich freue mich *über dich* und deine Leistung.« Ein kleiner, aber feiner Unterschied.

Wo wir herkommen: die Entstehung der Kindheit

Was wir heute über unsere Kinder denken, darüber, wie man mit ihnen umgehen sollte, was ihnen guttut und was sich nachteilig auf ihre Entwicklung auswirkt, folgt keinem Naturgesetz. Das wird deutlich, wenn man einen Blick auf die Geschichte der Entstehung der Kindheit wirft – die gleichzeitig auch die Geschichte der Erziehung ist.

Schaut man sich an, was die Menschen in den zurückliegenden Jahrzehnten und Jahrhunderten unter Kindheit verstanden haben, dann wird schnell klar: Kindheit ist nichts, was man biologisch fassen könnte, was genetisch oder anthropologisch zu definieren wäre. Kindheit ist ein Konstrukt, das von den jeweiligen sozialen und kulturellen Vorstellungen einer Zeit geprägt ist. Das zu begreifen macht es einfacher, auch ein Bewusstsein dafür zu entwickeln, dass wir die Art und Weise, mit unseren Kindern umzugehen, ändern können, wenn wir unsere Vorstellungen von Kindheit verändern.

Bis ins Mittelalter hinein war der Umgang mit Kindern von heute aus gesehen erschreckend wenig emotional. Sprach man von einem Kind, dann war damit meist nicht mehr als ein Verwandtschaftsverhältnis bezeichnet. Kindsmorde etwa waren ein gesellschaftlich akzeptiertes Phänomen. Unerwünschte Kinder wurden erschlagen, ertränkt oder eingesperrt, bis sie verhungerten oder erstickten.

Die Kindersterblichkeit war hoch, doch der Tod eines Kindes war für die Eltern aufgrund der fehlenden emotionalen Beziehung leichter zu verkraften. Man ging davon aus, dass Kinder weder Persönlichkeit noch Individualität besitzen, sodass ein Kind einfach durch ein anderes ersetzt werden konnte.

Schließlich ging man im Mittelalter dazu über, unerwünschte Kinder nicht mehr zu töten, sondern wegzugeben, in Klöster oder andere Einrichtungen. In reichen Familien waren es stets die Bediensteten, die die Kinder versorgten. Bemerkenswert auch, dass Kinder auf ganz natürliche Weise am Leben der Erwachsenen teilnahmen. Sie trugen die gleiche Kleidung, aßen das Gleiche. Den Gedanken, dass Kinder anders behandelt werden müssen als Erwachsene, kannte man nicht.

Mit Beginn der Neuzeit wandelte sich der Blick auf Kinder grundlegend, so wie grundsätzlich in dieser Zeit dem Individuum mit seiner Gefühlswelt mehr Achtung zuteilwurde. Die hohe Kindersterblichkeit wurde nicht mehr als eine unvermeidbare Laune der Natur hingenommen. Man begann, um verlorene Kinder zu trauern – man nahm sie nun also als Individuen wahr, die einzigartig waren und eine einzigartige Persönlichkeit hatten. Genauso begann man in dieser Zeit, Vergnügen am Spiel mit den Kindern und an ihrem Wesen zu entwickeln. Kurz: Man begann sich für die Kindheit zu interessieren. Noch immer aber war das Verhältnis zu Kindern nicht von familiärer Bindung und Emotion geprägt, wie wir sie heute kennen.

Dass man sich dem Kind und seinen Besonderheiten zuwandte, ging unmittelbar einher mit dem Wunsch, dass dieses sich nach den Regeln der Erwachsenen verhielt. So beschäftigte man sich zunehmend damit, was ein Kind ist und wie es durch die gezielte Einwirkung von Erwachsenen »erzogen« – und damit zu einem »vollwertigen Menschen« gemacht – werden kann. Deshalb ist es auch kein Zufall, dass mit dem Beginn der Neuzeit das Genre der Erziehungsratgeber entstand. Den ersten Bestseller auf diesem Feld schrieb Erasmus von Rotterdam. »De civilitate morum puerilium« heißt sein Benimmbuch, das 1530 zum ersten Mal erschien und allein bis zu seinem Tod dreißigmal neu aufgelegt wurde. Dieser Text ist deshalb so aufschlussreich, weil er viele Aspekte enthält, die in unserer heutigen Vorstellung von Kindern immer noch Gültigkeit haben. Wenn Erasmus in seinem Buch von Zivilisation spricht, dann meint er vor allem ein dichtes Netz an Vorschriften, Verhaltens- und Benimmregeln. Erst wer diese lernte, war kultiviert und also auch ein richtiger Mensch.

Die Entwicklung vom Mittelalter bis zur Neuzeit kann man unter zwei verschiedenen Perspektiven betrachten. Folgt man dem amerikanischen Psychologen Lloyd deMause, dann ist die Geschichte der Kindheit als ein langsames Erwachen aus einem Albtraum zu lesen. Als eine Geschichte also, in der das Kind nach und nach von den Grausamkeiten und Misshandlungen befreit wird, die ihm einst angetan wurden.

Etwas ganz anderes erzählt der französische Historiker Philippe Ariès, der mit seinem Buch »Geschichte der Kindheit« aus dem Jahr 1962 ganz entscheidend dazu beigetragen hat, dass sich immer mehr Wissenschaftler überhaupt mit Fragen der Kindheit beschäftigten. Im Gegensatz zu deMause versteht Ariès die Geschichte der Kindheit als einen schleichenden Prozess der Domestizierung und der Isolation der Kinder von der Welt der Erwachsenen.

Ariès weist auf etwas Entscheidendes hin: Die Entdeckung der Kindheit geht einher mit der Idee der Erziehung. Die Kindheit wurde nicht nur entdeckt, sie wurde auch als Vorstellung, als Konstrukt entworfen. Und diese Vorstellung besagte, dass Kinder erzogen und geformt werden *müssen,* um zu gesellschaftsfähigen Erwachsenen zu werden.

Der englische Philosoph John Locke hat mit seiner Schrift »Some Thoughts Concerning Education« aus dem Jahr 1693 ein weiteres Bild geprägt. Bei seiner Geburt, so Locke, sei der Mensch eine »tabula rasa«, eine leere Schreibtafel. Diese Tafel kann und muss durch Erziehung beschrieben werden. Heute würde man sagen: Der leere Speicher muss mit Dateien und Programmen gefüllt werden. Dahinter steckt auch der Gedanke, dass die Erwachsenen auf diese Weise zu Schöpfern werden und als Eltern die Macht besitzen, Kinder nach ihren Vorstellungen zu formen und die Mittel für ein möglichst »optimales Resultat« ihrer Mühen immer mehr zu verbessern.

Bekannter noch als Lockes Gedanken sind die Überlegungen, mit denen Jean-Jacques Rousseau zum Begründer der modernen Erziehung geworden ist. Rousseau war der Überzeugung: »Was uns bei der Geburt fehlt und was wir als Erwachsene brauchen, das gibt uns die Erziehung.« Der vollkommene Mensch ist machbar, war die Devise. Auch wenn sich Zeiten gewandelt haben, ist das Prinzip der Erziehung immer dasselbe geblieben: Kinder sind eine Art Rohmaterial, das genutzt und von Erwachsenen geformt werden muss, um leistungs- und konkurrenzfähig zu werden.

Erziehungsstile

Erziehungsvorstellungen verändern sich im Wandel der Zeit. Heute stehen verschiedene Ansätze nebeneinander: Die Varianten der Erziehungsstile reichen vom streng autoritären bis hin zum demokratischen Umgang miteinander, zwischen diesen beiden Polen gibt es zahlreiche Abstufungen.

Die Regale der Buchhandlungen haben sich zunehmend gefüllt mit Erziehungsratgebern, die für jede Situation einen, wenn nicht gar *den* ultimativen Tipp bereithalten. Ratgeber wollen Eltern dabei unterstützen, ihre Kinder »richtig« zu erziehen. Aus meiner Sicht eine nicht unproblematische Entwicklung. Denn Ratgeber müssen Individualität und Eigenheiten von Kindern, Hintergründe und Ursachen eines bestimmten Verhaltens unbeachtet lassen. Oft wird verallgemeinert, oberflächlich kategorisiert und symptomorientiert argumentiert und beraten. Schmeißt sich ein Kind auf den Boden und beginnt laut zu schreien, so ist die Frage der Erwachsenen: Was soll ich jetzt tun? Was kann ich machen, damit das aufhört? Die Ratgeber halten eine Unmenge an Tipps und Tricks bereit, wie man mit einem unwilligen oder lauten Kind am besten umgeht. Auch wenn beständig in Verallgemeinerungen gedacht wird, einig sind sich die Ratgeber absolut nicht; von »Ignorieren Sie Ihr Kind!« bis »Kümmern Sie sich intensiv!« ist alles dabei.

Dass wir nach schnellen Lösungen suchen, liegt daran, dass solche und ähnliche Momente oft anstrengend für uns sind. Auch entstehen durch das Verhalten von Kindern immer wieder Situationen, die Eltern peinlich sind. Wem ist es nicht unangenehm, wenn sein Kind schreiend am Boden liegt? Man möchte am liebsten selbst darin versinken.

Wenn Eltern von den Ratgeberautoren aufgefordert werden, sich in einer bestimmten Weise zu verhalten, dann wird damit suggeriert:

1. Es gebe im Umgang mit Kindern ein »Richtig« und »Falsch«.
2. Es gebe für jede Situation eine bestimmte – also die einzig richtige – Lösung.
3. Eltern müssten nur konsequent sein und sich bei ihren Kindern durchsetzen.
4. Für den Umgang mit Kindern gebe es absolut sichere Tipps und Tricks, und die Beziehung zwischen Eltern und Kind sei über verschiedene Verhaltensvarianten steuer- und regelbar.

Das Verhältnis zwischen Eltern und Kindern ist aus Ratgebersicht eher funktional und unpersönlich. Nähe und Vertrauen spielen keine große Rolle, es geht in erster Linie nicht um die Bedürfnisse des Kindes, sondern darum, was Eltern als Notwendigkeit ansehen.

Auch wenn in neueren Erziehungsansätzen Wert darauf gelegt wird, auch auf das Kind mit seinen Bedürfnissen und Eigenarten einzugehen, hat sich doch grundsätzlich nichts geändert: Nach wie vor wird Erziehung als Eingreifen der Erwachsenen in die Entwicklung von Kindern gedacht und definiert.

Das folgende Zitat bringt auf den Punkt, wovon wir reden, wenn wir von Erziehung reden:

»Erziehung ist die soziale Interaktion zwischen Menschen, bei der ein Erwachsener planvoll und zielgerichtet versucht, bei einem Kind unter Berücksichtigung der Bedürfnisse und der persönlichen Eigenart des Kindes erwünschtes Verhalten zu entfalten oder zu stärken. Erziehung ist ein Bestandteil des umfassenden Sozialisationsprozesses; der Bestandteil nämlich, bei dem von Erwachsenen versucht wird, bewusst in den Prozess der Persönlichkeitsentwicklung von Kindern einzugreifen – mit dem Ziel, sie zu selbstständigen, leistungsfähigen und verantwortungsvollen Menschen zu bilden.« (Klaus Hurrelmann, »Mut zur demokratischen Erziehung«)

Dieser Definition von Erziehung folgen im Grundsatz alle Erziehungsstile, die sich mittlerweile ausgebildet haben, die in Mode und auch wieder aus der Mode gekommen sind. Noch immer gilt Rousseaus Aphorismus: »Man veredelt die Pflanzen durch die Zucht und die Menschen durch Erziehung.«

In der Regel unterscheidet man zwischen drei Erziehungsstilen: dem *autoritären*, dem *antiautoritären* und dem *demokratischen*, der auch *autoritativer* Stil genannt wird. Experten differenzieren noch feiner und definieren insgesamt sieben unterschiedliche Stile. Zu den genannten kommen noch hinzu: der *autokratische* Erziehungsstil, der mit dem autoritären verwandt ist. Die Persönlichkeit und die eigenen Initiativen des Kindes werden hier durch die Eltern bewusst unterdrückt. Der kindliche Gehorsam ist das leitende Prinzip. Der *egalitäre* Erziehungsstil folgt demgegenüber der Überzeugung, dass Kinder dieselben Rechte wie ihre Eltern haben, allerdings auch dieselben Pflichten. Des Weiteren unterscheidet man den *negierenden* und den *permissiven* Erziehungsstil. Beide Stile sind gekennzeichnet durch eine sehr hohe Toleranz, bewegen sich allerdings an der Grenze zur Vernachlässigung, weil Eltern zwar in der Regel die physischen Bedürfnisse ihres Kindes befriedigen, den emotionalen aber kaum Beachtung schenken. Sie haben an der Entwicklung und dem Verhalten ihres Kindes wenig Interesse.

Die drei wesentlichen Erziehungsstile sollen an dieser Stelle ein wenig ausführlicher vorgestellt werden.

Der autoritäre Erziehungsstil

Das oberste Prinzip des autoritären Erziehungsstils ist die Kontrolle. Eltern stellen Regeln auf, formulieren Verhaltenserwartungen an das Kind und kontrollieren, ob sich das Kind diesen Regeln und Erwartungen gemäß verhält. Der Handlungsspielraum innerhalb dieser Regeln ist sehr begrenzt. Wenn ein Kind aus diesem strengen Korsett ausbricht, wenn es die von den Eltern aufgestellten Normen verletzt, reagieren die Eltern mit körperlicher oder psychischer Strafe und anderen Sanktionen.

Der autoritative oder demokratische Erziehungsstil

Der autoritative oder demokratische Stil gilt als die moderateste Methode, Kinder zu erziehen, und als Mittelweg zwischen der autoritären und der verständnisvollen Haltung Kindern gegenüber. Er wird heute von vielen Eltern vertreten. Die Eltern sind hier darum bemüht, die kindlichen Bedürfnisse im Blick zu haben und ihnen nach Möglichkeit nachzukommen. Trotzdem aber üben sie Kontrolle aus und stellen klare Regeln auf, die eingehalten werden müssen.

Der antiautoritäre Erziehungsstil

Dieser Erziehungsstil ist in Deutschland in den sechziger und siebziger Jahren entstanden. Die Eltern sehen fast durchweg davon ab, Kinder zu sanktionieren oder zu maßregeln. Sie lassen ihr Kind gewähren, gestehen ihm den größtmöglichen Freiraum zu. Kinder erleben hier ihre Eltern nicht als präsent, erfahren kaum Führung und haben dadurch wenig Orientierung. Oft sind sie sich selbst überlassen, was sie überfordern kann.

Anschaulich werden die Unterschiede dieser drei Erziehungsstile, wenn man vergleicht, wie Eltern jeweils in einer Konfliktsituation reagieren würden.

Eltern, die autoritär erziehen, würden sagen: *Du bringst jetzt sofort den Müll runter, sonst kannst du das Spielen am Computer vergessen.*

Eltern, die autoritativ oder demokratisch erziehen, würden sagen: *Solange du den Müll nicht runtergebracht hast, kannst du nicht am Computer spielen.*

Eltern, die antiautoritär erziehen, würden sagen: *Geh ruhig an den Computer, den Müll kannst du später irgendwann runterbringen.*

Neben diesen drei vorgestellten und oben kurz erwähnten Erziehungsstilen gibt es noch eine ganze Reihe weiterer Variationen. Sie unterscheiden sich vornehmlich nach dem *Grad des Gehorsams,* der jeweils von den Kindern verlangt wird, und nach dem *Grad der Macht,* den Eltern anwenden, um diesen Gehorsam einzufordern.

Symptom erkannt – Symptom gebannt!

Das Prinzip bleibt – da kann ein Erziehungsstil, ob er nun autoritativ oder demokratisch genannt wird, noch so modern sein – immer dasselbe: Wir sehen ein Symptom und wollen es abstellen.

Luise

Eine Mutter kommt zur Beratung und berichtet von den Einschlafproblemen ihrer neun Monate alten Tochter. Sie habe in den vergangenen Monaten schon alles probiert und sei am Ende ihrer Kräfte. Dabei habe sie sich genau an die Anweisungen gehalten, die sie erhalten habe, und einen Plan aufgestellt, in welchem Rhythmus und in welchen Zeitabständen sie ins Zimmer ihrer Tochter zu gehen habe. Es falle ihr schwer, den Plan einzuhalten. Sie könne Luise nicht weinen hören und habe dann immer wieder den Impuls, hineinzugehen und sie zu beruhigen.

Luises Mutter befolgt also Handlungsanweisungen und unterdrückt aus Unsicherheit ihre eigenen Impulse, die eigentlich ganz wichtige Navigationshilfen darstellen. Sie vertraut sich selbst, ihrer Beobachtungsgabe und ihrem Einfühlungsvermögen, nicht (mehr), übergeht ihre mütterliche Intuition und verliert damit Handlungsalternativen, die ihr sonst zur Verfügung stünden. Sie verliert auf diese Weise ihr ureigenes (gutes) Gefühl und lässt einen Ratgeber bzw. eine Methode über ihren Umgang mit ihrer Tochter entscheiden.

Auch ziehe Luise sich hoch und stehe dann immer wieder im Bettchen, weine laut und strecke ihr die Arme entgegen. Sie habe dann eine andere Methode empfohlen bekommen und angewendet, die »Tür-auf-Tür-zu-Methode«. In dem Ratgeber sei eine Art Spielregel beschrieben worden: Sie als Mutter solle die Tür immer sofort wieder schließen, sobald das Kind aus dem Bettchen aufstehe. Dies solle sie so lange tun, bis das Kind schließlich liegen bleibe und eingeschlafen sei. Auch hier habe sie große »Bauchschmerzen« gehabt, die Methode anzuwenden. Luise habe furchtbar geweint und Angst gehabt.

Es geht nicht darum, diese verhaltenspädagogische Methode zu bewerten. Es geht darum zu erkennen, was passiert, wenn wir uns in Bezug auf unsere Kinder von Methoden leiten lassen und Verantwortung abgeben. Der durch eine Erziehungsmethode geführte Mensch muss unter Umständen gar nicht mehr selbst überlegen. Dabei sind schon Neugeborene aktive Teilnehmer von Interaktionen und auf der Suche nach Kommunikation.

Frühe Mutter-Kind-Interaktion

Ein Säugling, das hat die Forschung der letzten dreißig Jahre ergeben, hat bereits viele Fähigkeiten. So kann er seine Hauptbezugsperson von anderen Menschen unterscheiden und mit ihr ganz besonders kommunizieren. Unmittelbar nach der Geburt kann das Neugeborene bereits die Stimme seiner Mutter von anderen Stimmen unterscheiden und schon sehr früh verschiedene Sinneseindrücke koordinieren. Es kann somit ein einheitliches Bild der Mutter erlangen, indem es eine Verbindung zwischen ihrer Stimme und ihrem Gesicht herstellt. Aber nicht nur die Wahrnehmungs-, sondern auch die Gefühlswelt eines Säuglings ist komplex. Die sogenannten Primäraffekte, die in allen Kulturen der Welt einheitlich angeboren sind und nicht gelernt werden müssen, können Säuglinge bereits mimisch zum Ausdruck bringen und dienen somit der Kommunikation mit ihren Bindungspersonen.

Interesse, Überraschung, Ekel, Freude, Ärger, Traurigkeit und Furcht sind die Empfindungen, die die Mutter im Gesicht ihres Kindes erkennen kann und die es ihr ermöglichen, feinfühlig auf dessen Vorlieben, Abneigungen und Grenzen zu reagieren. Feinfühligkeit meint, dass die Signale des Kindes von der Bezugsperson wahrgenommen und im Sinne des Kindes interpretiert und angemessen befriedigt werden. Die wechselseitige Kommunikation zwischen den Bezugspersonen und dem Säugling ist maßgeblich, denn sie hilft dem Kind, die eigenen Affekte zu regulieren. Durch verschiedene Faktoren (zum Beispiel bei Kindern, die viel schreien und sich nur schlecht beruhigen lassen) kann es dazu kommen, dass diese frühe Interaktion (Affektregulierung) zwischen Mutter (Eltern) und Kind gestört wird. So geraten Eltern manchmal in eine Hilflosigkeit, die dazu führt, dass sie zeitweise nicht auf ihre eigene Intuition zurückgreifen können. Durch die dauerhafte Belastung und emotionale Überforderung kann dann in diesem Erschöpfungszustand ein Zusammenspiel von Frustration, Angst, Wut und Ohnmacht den Leidensdruck der Eltern noch erhöhen. Eine physische und psychische Entlastung der Mutter/des Vaters durch eine weitere dritte Person kann die gestörte Interaktion entlasten und zum Gelingen der Kommunikation zwischen Säugling und Mutter/Vater beitragen.

Feinfühliges Verhalten führt zur Entwicklung einer sicheren Bindung zur Bindungsperson (entsprechend weniger feinfühliges Verhalten zu einer unsicheren Bindung). Diese Form von Kommunikation und Interaktion ist die Voraussetzung von Dialog und die Grundlage von Beziehung!

Die elterliche Intuition ist ein wesentlicher Aspekt im Umgang mit Kindern – Eltern können sich in der Regel auf ihr eigenes Gefühl verlassen. Eine Blockade der intuitiven elterlichen Kompetenz führt dazu, dass sie entweder tatsächlich aufhören, selbst zu fühlen und zu denken, oder aber sie unterdrücken diese eigentlich natürlichen Impulse. Durch die chronische Erschöpfung, wie sie auch Luises Mutter beschreibt, entsteht zudem häufig ein ambivalentes Verhalten, welches das Kind zusätzlich verunsichert. Wenn wir uns auf funktionale Methoden verlassen, vergessen wir, dass der Mensch als soziales Beziehungswesen besondere Fähigkeiten ganz selbstverständlich in sich trägt. Diese werden zugunsten einer Methode zurückgestellt, sodass diese Beziehungsfähigkeit schließlich verkümmert.

Vernachlässigt werden bei der geschilderten Methode auch die individuellen Ursachen dafür, dass Kinder Einschlafprobleme haben. Das Eltern-Kind-Verhältnis wird vor allem von Angst und Druck geprägt. In der Beratung der Mutter wurden einige mögliche Ursachen für das Verhalten von Luise deutlich.

»

»Ganz am Anfang hatte Luise ständige Koliken und weinte jeden Abend zwei bis drei Stunden lang. Sie war auch oft krank. Ich machte mir Sorgen. Dann war es zeitweise besser bis sehr gut! Aber jetzt fängt es wieder an. Es ist ein Auf und Ab. Sie weint, möchte nicht allein sein und schläft nicht gut ein.« Luise sei eine Frühgeburt gewesen und sechs Wochen vor dem eigentlichen Termin zur Welt gekommen. Am Anfang sei sie ziemlich schwach gewesen und habe noch über zwei Wochen im Krankenhaus bleiben müssen. Leider habe sie Luise nach einigen Tagen verlassen müssen. Das hänge ihr selbst heute noch nach.

«

Luise und ihre Mutter stehen mit ihrem Thema hier stellvertretend für viele Eltern und Kinder mit solchen »Einschlafproblemen«. Das Verhalten von Kindern hat immer eine Ursache, auch wenn wir diese nicht oder nicht sofort verstehen. Um den jeweiligen Gründen näherzukommen und die Situation zu verstehen, sind drei Dinge wichtig.

Zum Ersten Informationen über die jeweilige Entwicklungsstufe des Kindes; hierfür können wir auf das Wissen der Evolutionsbiologie und der Entwicklungspsychologie zurückgreifen.

Der Schlaf

Es ist erstaunlich zu sehen, dass Babys in den ersten Tagen nach der Geburt in allen Lebenslagen sofort in den Schlaf finden. Dies ändert sich dann schlagartig ab etwa der dritten Lebenswoche. Nun braucht das Baby bestimmte Bedingungen, um einschlafen zu können. Zum Beispiel muss es – müde sein! Tatsächlich hat man festgestellt, dass Schlafprobleme oft darauf zurückzuführen sind, dass die Kinder einfach nicht müde sind, wenn sie ins Bett gelegt werden. Auch eine grundsätzliche Entspannung ist eine Bedingung für einen guten Schlaf. Entspannung stellt sich bei einem Kind ein, wenn alle Bedürfnisse befriedigt sind. Satt und nicht durstig zu sein, Wärme und Geborgenheit spielen hier eine wichtige Rolle. Das klingt einfacher, als es ist. Denn diese Bedürfnisse müssen von uns Eltern befriedigt werden, das heißt, dass wir aktiv mit Stillen, Tragen und Wiegen beschäftigt sind. Säuglinge müssen als schutzlose Wesen seit Urzeiten intensiv umsorgt und bewacht werden. Evolutionsbiologisch sind wir Menschen, wenn wir zur Welt kommen, nicht auf selbstständiges Schlafen programmiert. Geborgenheit, Bewegung und Berührung sind Voraussetzungen dafür, dass Babys einschlafen können. Säuglinge brauchen also vertraute Menschen um sich, die ihnen helfen, in den Schlaf zu finden.

Auch die Entspannung beim Schlafen hat entwicklungspsychologisch eine besondere Bedeutung: Der Schlaf bedeutet das Loslassen vom Tag und den Dingen, die uns tagsüber beschäftigen. Um gut in den Schlaf zu kommen, brauchen wir eine psychische und körperliche Grundentspannung. Wir Erwachsene haben das gelernt. Kinder haben hier noch keine oder wenig Erfahrung. Für sie bedeutet schlafen zudem auch immer Trennung von den Eltern. Das ruft eventuell Ängste, in jedem Fall aber Unsicherheiten bei ihnen hervor. Das Kind muss erst wissen, dass die Eltern es nicht allein lassen, Erfahrungen sammeln und die Zuversicht entwickeln, dass alles in Ordnung und es nicht allein ist, auch wenn die Eltern nicht in Sichtweite sind. Und noch etwas kommt hinzu: Kinder haben noch nicht die Sicherheit, dass sich die Welt am nächsten Tag »weiterdreht«, dass die Blume noch da ist, das Kinderzimmer, die Bauklötze und auch die Eltern. Diese Sicherheit entwickelt sich erst – in der Regel mit guten Erfahrungen, die wir dem Kind ermöglichen müssen.

Zum Zweiten muss man auch die bisherigen Erfahrungen aus der Wahrnehmungs- und Lebenswelt des jeweiligen Kindes betrachten, um die Ursachen für ein bestimmtes Verhalten zu ergründen. So auch bei Luise: Sie hatte offenbar keinen leichten Start ins Leben und hat schon viel in ihrem noch nicht so langen Leben erfahren, das für sie mit Angst verbunden ist und sie deshalb geprägt hat. Das hat stark zu einer Verunsicherung auf verschiedenen Ebenen beigetragen. Auch konnte ihre Mutter als erste Bindungsperson nicht konstant für Luise zur Verfügung stehen, was eventuell eine weitere emotionale Verunsicherung bewirkt hat.

Die Bindung im Säuglingsalter

Jeder Mensch wird mit dem Bedürfnis geboren, enge und intensive Beziehungen einzugehen, sich zu binden. Bezugspersonen bzw. Bindungspersonen sind in der Regel die Eltern bzw. die Personen, mit welchen das Kind den intensivsten Kontakt in seinen ersten Lebensmonaten hat. Im Säuglings- und Kleinkindalter dient die Bindung vornehmlich zur Befriedigung der überlebenswichtigen Bedürfnisse, da ein menschliches Neugeborenes ohne die Versorgung der Eltern nicht überleben kann. Hierzu zählen vor allem das Versorgen mit Nahrung, die Pflege und das Bieten von Geborgenheit und Sicherheit. Diese erste frühe Bindung ist jedoch auch maßgeblich für eine enge emotionale Beziehung zu den ersten Bezugspersonen. So entwickelt der Säugling eine besondere Beziehung zu seinen Eltern oder auch anderen in dieser Zeit bedeutsamen Bezugspersonen und ist damit auf der Suche nach der Befriedigung seines Bedürfnisses, sich aufs Tiefste in dieser speziellen Weise zu binden. Die Aufgabe der Eltern ist es, hier Voraussetzungen dafür zu schaffen, dass die Bindung aufrechterhalten bleibt, indem sie dem Neugeborenen Schutz bei Gefahr bieten – und sei sie auch nur vom Kind als solche erlebt.

Ein Kind bindet sich – weil es keine andere Wahl hat – an die Personen, die ihm vertraut sind, ganz unabhängig davon, wie gut oder schlecht diese seine Bedürfnisse tatsächlich befriedigen. Vernachlässigung oder Lieblosigkeit beispielsweise haben daher zwar keinen Einfluss auf das Bindungsbedürfnis und -verhalten des Kindes, wohl aber auf seine psychische und emotionale Entwicklung. In der Regel bindet sich ein Kind im Säuglingsalter an seine Eltern – die Bindungsbereitschaft (gegebenenfalls an andere Personen als die leiblichen Eltern) kann aber bis zum Kindergartenalter bestehen bleiben, je nachdem, wie viel Geborgenheit und Zuwendung das Kind bis zu diesem Alter erhalten bzw. noch nicht erhalten hat.

Und der dritte Wirkungsfaktor, der nicht zu unterschätzen ist, sind die Botschaften, die die Mutter an Luise sendet. In der anfänglich schwierigen Zeit hat sie Ängste ausgestanden, konnte nicht immer die Versorgung übernehmen und Geborgenheit vermitteln. Das heißt, auch Luises Mutter kämpft mit einer gewissen Ängstlichkeit und Sorge, die sie unbewusst auf ihre Tochter überträgt. Luise nimmt diese Angst wahr, und das verunsichert sie zusätzlich.

Gewiss wird bei dem einen oder anderen Kind auch die »Türauf-Tür-zu-Methode« funktionieren. Jedoch wird an dieser Stelle lediglich das Symptom (Schlaflosigkeit) behandelt und eventuell auch »behoben«. Dabei werden allerdings im Fall von Luise die grundsätzliche Verunsicherung und Angst, also die Grundprobleme, verstärkt. Das Kind wird qua Elternmacht gezwungen, liegen zu bleiben. Es lernt dies durch eine neue Angst – nämlich die Angst vor der Dunkelheit, die die alte Angst unterdrückt. Außerdem lernen Kinder in solchen Situationen auch: »Meine Eltern sind nicht da, wenn ich Angst habe, und ich muss selbst mit mir zurechtkommen und mich allein beruhigen.« Manche Kinder bekommen das gut hin. Andere Kinder wiederum, wie Luise, werden zusätzlich verunsichert.

Eltern müssen sich selbst darüber bewusst werden, was sie für ihre Kinder wollen. Als Familienberaterin kann ich nicht sagen, was Eltern wollen, denken und fühlen sollen. Ich kann nur die verschiedenen Ziele, die Eltern haben, gemeinsam mit ihnen abwägen und ihnen sagen, welche Auswirkungen ein bestimmtes Verhalten auf die Beziehung zwischen Eltern und Kindern hat. Sicher ist die beschriebene Methode einfach anzuwenden. Und das kurzfristige Ziel, das Kind zum Schlafen zu bringen, wird unter Umständen auch erreicht. Ist das Ziel jedoch, eine Beziehung zu unseren Kindern zu gestalten, die auf Vertrauen und Sicherheit basiert, so ist die Wahrscheinlichkeit, dieses Ziel zu verfehlen, relativ hoch. Denn die individuellen Bedürfnisse von Mutter und Kind werden bei dieser Methode nicht berücksichtigt – langfristig kann das zu enormen Beeinträchtigungen in der Kindesentwicklung führen.

Nach einiger Zeit hat Luises Mutter gespürt: Etwas ist nicht richtig! Sie hat ihre eigenen inneren Signale nicht länger übergangen, sich dafür entschieden, es anders zu machen, und sich bewusst von der Methode gelöst. Sie hat neue Dinge erprobt, eine entscheidende Erfahrung gemacht und gespürt, dass etwas nicht stimmt. Dadurch wurde ihr klar: Auch wenn es Zeit und Anstrengung erfordert, ist es sinnvoll, die Rückmeldungen und Reaktionen ihrer kleinen Tochter nicht nur wahr-, sondern auch ernst zu nehmen. Denn so erhält sie wichtige Informationen darüber, wie es Luise geht und was sie empfindet.

Luise kann zwar noch nicht über das sprechen, was in ihr vorgeht. Sie kann aber Hinweise geben, die ihre Mutter jetzt feinfühlig lesen und auf die sie sich einstellen kann. Luise sagt zum Beispiel durch ihr Verhalten:

Mama, etwas stimmt hier nicht. Ich fühle mich nicht wohl. Du fehlst mir. Ich bin mir nicht sicher, ob du da bist, wenn ich alleine in meinem Bett liege.

Als Antwort dann das Licht auszumachen, sobald Luise die Angst zeigt, ist eine Reaktion, die Luise vielleicht zu dem gewünschten Verhalten bringt, ihr die Angst jedoch nicht nimmt. Dieses Verhalten versteht Luise so:

 Luise, ich versteh dich gar nicht. Deine Angst hat zwischen uns keine Berechtigung und keinen Platz. Mich interessieren deine Gefühle nicht. Ignoriere dein Gefühl, denn es ist falsch. Ich kann dir auch nicht helfen, du musst alleine damit zurechtkommen.

Kann Luises Mutter jedoch die Zeichen und Signale, die ihre Tochter gibt, feinfühlig deuten, dann entsteht in der Beziehung der beiden so etwas wie ein wechselseitiger Erfahrungsaustausch. Nicht nur Luise profitiert von diesem und von dem, was ihre Mutter tut. Auch die Mutter kann einen Gewinn für sich daraus ziehen und Veränderungen in der Beziehung wahrnehmen. Sie beginnt eine innere Arbeit mit sich selbst und reflektiert über ihre Haltung. So schreibt mir Luises Mutter später:

 Ich schaffe es gerade, uns beiden etwas mehr Zeit zu geben, denn Luise drückt etwas aus, das auch mich betrifft. Das habe ich jetzt verstanden. Am Anfang ihres Lebens hatte ich unter anderem durch den Krankenhausaufenthalt manchmal wenig Zeit mit Luise – und ich hatte wenig Kraft. Ich

selber bin oft unsicher und mache mir Sorgen, ob alles in Ordnung ist. Dass sie dies spürt und selber auch verunsichert ist, kann ich nun viel besser nachvollziehen. Ich nehme mir deshalb am Abend mehr Zeit, bin ruhiger und versuche Luise vor allem die Sicherheit zu geben, dass ich da bin. Dadurch werde auch ich selbst im Umgang mit ihr sicherer und lerne Luise noch besser kennen. An manchen Tagen geht es gut, an anderen ist es wieder schwerer. Ich versuche mir die Abende mit meinem Mann aufzuteilen, damit ich bei Kräften bleibe, denn kräftezehrend und anstrengend ist es nach wie vor. Aber ich habe ein gutes Gefühl und finde es erstaunlich, wie deutlich Luise doch zeigt, was sie braucht. 〈〈

Luise braucht keine Methode, um schlafen zu lernen, sondern vor allem ihre Mutter, die sich auf eine Beziehung zu ihr einlässt und ihr entsprechende Antworten auf dieser Ebene gibt. Es hat einen Grund, dass sie nicht gut schlafen kann. Sie ist verunsichert und braucht eine vertrauensvolle Umgebung und Atmosphäre und eine Sicherheit gebende und liebevolle Bezugsperson.

Bis Luise ruhig einschlafen kann, wird es vielleicht etwas dauern. Vertrauen aufzubauen und Sicherheit zu erlangen erfordert Zeit. Die Frage ist, ob wir Eltern uns auch die Zeit nehmen und auf unsere inneren Signale vertrauen können. Wenn wir das tun, benötigen wir keine Methoden.

Konsequenz gegen den kindlichen Widerstand. Oder: Kinder sind Teamworker

Oft glauben wir, bewusst oder unbewusst, dass Kinder trotzig und konfrontativ, dass sie grundsätzlich auf Auseinandersetzungen mit uns Erwachsenen aus sind.

Peter und Lisa, ein junges Elternpaar, kommen zu mir in die Beratung. Sie wirken verzweifelt und erzählen von ihrem vierjährigen Sohn, der immer genau das Gegenteil von dem mache, was ihm aufgetragen werde.

Peter: »Ich möchte gern, dass Tim selbstständig wird und auch einige grundlegende Sachen lernt, wie man sich in bestimmten Situationen benimmt beispielsweise.«

Lisa: »Ja, und wir haben ihn dabei bestimmt nicht überfordert. Er kann das alles. Es geht um einfache Sachen wie zum Beispiel selbstständiges Anziehen oder auch wie man sich beim Essen verhält. Wir haben Tim das erklärt, er hat das auch verstanden, und jetzt haben wir das Gefühl, dass Tim uns einfach nur ärgern will. Er macht genau das Gegenteil von dem, was er soll. Zum Beispiel am Tisch. Er weiß genau, dass er ordentlich essen soll. In der ersten Zeit kam er immer zu spät zum Essen. Er half auch nicht beim Aufdecken. Im Moment macht er das zwar, wenn auch widerwillig, aber er isst nicht ordentlich und braucht auch ewig, bis er endlich fertig ist. Wenn wir ihn fragen, warum er das alles so macht, dann zuckt er nur mit den Schultern und schaut uns nicht mal an. Unvermittelt beginnt er dann auch manchmal zu weinen.«

Die Einstellung, dass Kinder aufsässig sind und sich gegen uns stellen, ist unbewusst in uns verankert, sie ist ein Überbleibsel aus der Geschichte der Kindererziehung, wie sie in den zurückliegenden Jahrhunderten praktiziert wurde. Man hatte die Vorstellung, dass Kindern eine gewisse Widerständigkeit angeboren sei, die durch Erziehung unterbunden und aberzogen werden müsse. Mittlerweile existieren aber Erkenntnisse aus unterschiedlichen wissenschaftlichen Bereichen, etwa aus der Säuglingsforschung und der Entwicklungspsychologie, die besagen, dass der Mensch bereits als soziales, beziehungsfähiges Wesen geboren wird. Dass Kinder als aufsässige, widerständige Wesen geboren werden, ist ein Irrtum – das wissen wir heute. Allen voran der Schweizer Professor für Kinderheilkunde Remo Largo hat in seinen Büchern »Babyjahre« und »Kinderjahre« wesentliche Beiträge zu diesem Thema geliefert, die mich immer wieder in dem bestärken, was ich als Pädagogin an Kindern beobachte.

Säuglinge kommen mit vielfältigen Fähigkeiten ausgestattet ins Leben und nehmen ihre Welt sehr differenziert wahr, und das viel früher, als lange vermutet. So konzentrieren sich Babys aufmerksam auf die Mimik des Gegenübers und sind dabei hochempfänglich für Stimmungen. Wenn zum Beispiel ein Sechsjähriger eine Tasse fallen lässt, ganz erschrocken schaut und voller Scham angesichts seiner Unachtsamkeit den Kopf senkt, wird die sechs Monate alte Schwester auf dem Arm der Mutter zunächst deren Gesicht studieren und die Reaktion der Mutter abwarten, bevor sie selbst reagiert. Sie beobachtet das Gesicht ihrer Bezugs- und Bindungsperson fortwährend und nimmt wahr, welche Empfindungen und Gefühle diese erlebt. Ist die Mutter ärgerlich, weil zum Beispiel ausgerechnet diese Tasse einen besonderen Wert für sie hatte, wird ihr Säugling weinen oder schreien – auch wenn die Mutter nur eine kurze Ermahnung ausspricht und man ihr den Ärger äußerlich kaum anmerkt.

Wenn sich die Mutter aber nicht ärgert, weil sie das Ganze als ein Missgeschick erkennt und Mitgefühl für den Sohn und seine Ungeschicklichkeit empfindet, wird der Junge den Kopf heben und erleichtert und offen in die Augen seiner Mutter blicken und ihr möglicherweise bei der Beseitigung der Scherben behilflich sein. Seine kleine Schwester wiederum wird auf dem Arm der Mutter fröhlich weiterkrähen. Denn sie ist extrem feinfühlig und empfängt auf emotionaler Ebene neben den Signalen ihres Bruders vor allem direkte Informationen von ihrer Mutter. Kinder sind von Anfang an im Kontakt mit ihren Eltern zu intensiver Kooperation und zum Zusammenwirken bereit. Sie sind regelrechte Teamworker.

Sie sind absolut loyal zu uns Eltern, übernehmen ohne Wertungen und völlig unvoreingenommen unsere Haltungen und Meinungen und wollen sich mit uns Erwachsenen verbinden und mit uns zusammenwirken.

Lisa und Peter, die Eltern von Tim, haben ihrem Sohn diese grundsätzliche Bereitschaft zur Teamarbeit unbewusst abgesprochen. Sie haben nicht wahrgenommen, dass sich Tim durchaus loyal verhalten und um eine Kooperation mit ihnen bemüht und dass er ihnen auch klare Rückmeldungen auf die von ihnen aufgestellten Regeln und auf ihre Erwartungen gegeben hat. Auch wenn Tim noch nicht in der Lage ist, diesen Konflikt mit seinen Eltern differenziert zu besprechen, so ist doch sein Feedback klar. Seine Reaktionen kann man auf folgende Weise interpretieren. Das Zuspätkommen zum Essen könnte heißen:

»Ich bin nicht so schnell wie ihr, Mama und Papa, wartet mal kurz.«

Die lange Zeit, die Tim dann für das Essen benötigt, könnte in folgende Botschaft übersetzt werden:

»Ich brauche einfach meine Zeit und ich kann nicht schneller essen, selbst wenn ich wollte.«

Und dass Tim sich weigert, beim Tischdecken zu helfen, könnte auf die Kränkung zurückzuführen sein, die Tim erlebt, wenn seine Bedürfnisse nach mehr Zeit und Unterstützung für seine Anliegen nicht bemerkt und ernst genommen werden.

Wenn Kinder aufhören, Teamworker zu sein, kann das zwei Gründe haben:

- Der hohe Erwartungsdruck überfordert sie, wenn sie sich zu lange und zu sehr nach den Wünschen und Erwartungen der Eltern richten müssen.
- Ihr Vertrauen in die Beziehung wird beschädigt oder kommt ihnen ganz abhanden, wenn sie verletzt oder gekränkt werden, ihre Persönlichkeit nicht geachtet und ihre Bedürfnisse missachtet werden.

Niemals kündigen Kinder von sich aus die Zusammenarbeit mit uns Erwachsenen auf. Und nie geschieht eine solche Verweigerung grundlos. Wenn sich Kinder dem Zusammenwirken verweigern, ist das immer auch ein Ausdruck dafür, dass im Beziehungsgeflecht zwischen Erwachsenen und Kindern etwas in Schieflage geraten ist.

Lisa und Peter glauben offenbar, dass sich ihr Kind nicht kooperativ verhalten hat. Dabei verwechseln die beiden jedoch Kooperation mit Anpassung. Kinder kooperieren nicht, indem sie sich an uns anpassen. Sie haben ein sehr feines Gespür, hinterfragen (unbewusst) unser Handeln und Tun und wollen es verstehen. Oft spüren Kinder, dass die an sie herangetragene Verhaltenserwartung – und ihre Reaktion darauf – mit einer bestimmten Stimmung und so mit dem Zustand der gesamten Familie zu tun hat. Es geht hier nicht um eine Bewertung der elterlichen Qualitäten von Lisa und Peter. Solche Situationen entstehen im Zusammenleben häufig. Sie gehören zur Entwicklung von Familie dazu. Wichtig ist, dass wir Erwachsenen die Rückmeldungen und Reaktionen der Kinder ernst nehmen und so auch Hinweise auf eine mögliche Schieflage erkennen und dann mit ihr umgehen können.

Peter: »Wir arbeiten beide viel und kommen auch extra in unserer Mittagspause nach Hause geeilt.«
Lisa: »Ich hole Tim dann aus dem Kindergarten ab, und wir gehen schnell nach Hause. Ich koche am Abend vor, damit wir das Essen dann nur noch aufwärmen müssen. Wir würden eigentlich alles gut schaffen, wenn nur Tim nicht so trödeln würde.«

Die Lebenssituation von Lisa und Peter ist nicht außergewöhnlich. In vielen Familien gehen beide Elternteile einer Arbeit nach, und Beruf und Familie unter einen Hut zu bekommen wird zum Drahtseilakt. Dass das gemeinsame Familienmittagessen da akribisch geplant, in den Alltag reinorganisiert und so dann auch schon mal zum »Termin« anstatt zur Familienzeit wird, ist verständlich. Das Bedürfnis der Eltern, als »gute« Eltern ein gemeinsames Mittagessen mit ihrem Sohn einzunehmen und das Essen akkurat und zügig in den Tagesablauf zu integrieren, ist durchaus nachvollziehbar.

In der Hektik des Alltags achten die Eltern eher darauf, wie ein Essen abläuft, also auf Äußerlichkeiten, als darauf, was ihre Begegnung am Mittag tatsächlich zu einem gemeinsamen Erlebnis macht. Lisa und Peter haben vom Ablauf des Tages feste Vorstellungen. Dabei sind die tatsächlichen Bedürfnisse in den Hintergrund geraten. Denn Tim hat nicht das Bedürfnis, die Mittagszeit in Hektik, zeitlich durchgetaktet und mit perfekten Tischmanieren zu verbringen. Er will zwar mit seinen Eltern zusammen sein. Er will aber vor allem mit ihnen reden, er braucht Zuwendung und Eltern, die ihm zuhören und seine Bedürfnisse wahrnehmen. Damit, dass er in einem durchorganisierten Alltag »funktionieren« soll, ist er völlig überfordert. Und so kooperiert Tim zwar, so gut er kann, »bremst« jedoch auch seine viel beschäftigten Eltern gleichzeitig aus und gibt ein qualifiziertes Feedback:

»Liebe Eltern, mir geht das alles zu schnell. Alles ist durch-organisiert und muss wie am Schnürchen klappen – auch ich soll funktionieren. Das kann ich aber nicht, ich habe ein anderes Lebenstempo und brauche mehr Zeit. Warum merkt das denn keiner?!«

Mit diesem stillen Appell wendet sich Tim an seine Eltern. Andererseits jedoch macht er alles »brav« mit, passt sich an, so gut es geht. Er bemüht sich redlich und genügt dennoch den (zu hohen) Erwartungen der Eltern nicht. Im Glauben, dass es gut für Tim ist, wenn er sein Mittagessen mit beiden Eltern einnehmen kann, haben Peter und Lisa etwas in ihr Leben hineinorganisiert, was Tim in Wahrheit nicht guttut – seinen Eltern übrigens auch nicht. Das spürt Tim, und er gibt deutliche Hinweise darauf. Trotzdem wählt er erkennbar die Kooperation mit seinen Eltern und nimmt dafür Kränkungen in Kauf.

Nachdem sie sich diese Zusammenhänge klargemacht hatten, haben Lisa und Peter mit ihrem Sohn gesprochen und ihm gesagt, dass sie gern etwas verändern wollen. Dass sie verstanden haben, dass sie alle mehr Zeit für das Essen brauchen und dass der Ablauf des Mittagessens auch für sie als Eltern anstrengend und nur mit Mühe zu bewältigen ist. So haben sie gemeinsam ihren Alltag neu strukturiert und probieren es anders: Tim bleibt über Mittag nun im Kindergarten, und das gemeinsame Familienessen findet am Abend mit mehr Zeit und Ruhe statt.

»Manchmal ist es nach wie vor stressig, aber wir merken das jetzt besser und können dann den Druck rausnehmen«, erzählt Lisa. »Und Tim«, so berichtet Peter vier Wochen später, »schneidet am Abend immer das Gemüse selbst – sogar mit dem scharfen Messer!«

Wenn wir unseren Kindern ständig unseren Willen und unsere Regeln aufdrängen, sie kontrollieren, belehren und bevormunden und ihnen mit Strafe drohen, falls sie unseren Anweisungen nicht Folge leisten, verletzen wir beständig das Recht der Kinder auf die Befriedigung ihrer natürlichen Bedürfnisse.

Dass wir Erwachsenen das so gut verdrängen und ausblenden können, liegt allein daran, dass Kinder auf unsere Angriffe nach außen hin kooperativ reagieren, während ihre seelisch-emotionale Entwicklung stark und meist nachhaltig gestört wird. Die Auswirkungen sind oft zunächst für die Umwelt nicht sichtbar. Das heißt jedoch nicht, dass sie nicht vorhanden wären. Wenn Kinder weinen, sehen wir das als Bestätigung des Erfolgs unserer erzieherischen Maßregelung. Nur dort, wo Kinder auf die Verletzungen, die wir ihnen zugefügt haben, mit Aggression nach außen reagieren, werden wir aufmerksam. Und was tun wir? Wir unterbinden möglichst rasch die Symptome dieses auffälligen, von uns nicht erwünschten Verhaltens und reagieren mit vermeintlich wichtiger und oft empfohlener elterlicher Konsequenz gegen den scheinbaren Widerstand des Kindes, der für uns nur das eine ist: ein Ausdruck von Rebellion gegen unsere Autorität in unserer Rolle als Eltern.

Gehorsamkeit in der Erziehung:
Mein Kind hört nicht auf mich!

Der häufigste Satz, den Eltern mir in Beratungen sagen, ist: *Mein Kind hört nicht auf mich!* Eltern kommen mit dem Anliegen in die Beratung, besser mit ihrem Kind zurechtkommen zu wollen, weil sie gemerkt haben, dass in der Kommunikation etwas schief läuft. Lesen wir zwischen den Zeilen des Satzes, so wird klar, was die eigentliche Erwartung von Eltern ist: *Mein Kind soll mir gehorchen. Wie kann ich das erreichen?*

An dieser Stelle müssen sich Eltern darüber klar werden, wie sie das Verhältnis zu ihrem Kind gestalten und was für ein Kind sie haben wollen. Wollen sie ein folgsames, gehorsames Kind haben? Eines, das angepasst ist und nur macht, was sie sagen? Oder sind sie bereit, etwas Neues auszuprobieren? Und können sie sich vorstellen, ihr Kind selbstbewusst und mit maximaler psychischer und physischer Gesundheit aufwachsen zu lassen – auch wenn es ihnen widersprechen darf?

Die Trotz- oder »Ich will selber machen« Phase

Der Begriff Trotzphase stammt aus einer Zeit, in der Kindern eine grundsätzliche Widerständigkeit unterstellt wurde, die durch Erziehung in unbedingten Gehorsam verwandelt werden sollte. Tatsächlich aber ist das, was wir heute immer noch oft Trotzphase nennen, eine der wichtigsten Entwicklungsphasen eines Kindes. In der Entwicklungspsychologie spricht man deshalb auch nicht von der Trotz-, sondern von der Autonomiephase. Im zweiten Lebensjahr nimmt das Bestreben nach Selbstständigkeit bei Kindern zu. Sie wollen möglichst viel ohne Hilfe machen und entscheiden: Sie wollen sich selbst anziehen, entscheiden, was sie anziehen, und entscheiden, dass sie genau jetzt ein Eis essen wollen. Sie entwickeln also in dieser Phase einen eigenen Willen und nehmen sich als diejenigen wahr, die eigenständig Handlungsziele definieren können. Was sie in diesem Alter allerdings noch nicht können – und in dieser Phase lernen sollen –, ist, diese Handlungsziele wieder zu verwerfen oder zu verändern, zum Beispiel weil die Eltern gerade jetzt kein Eis kaufen wollen oder weil es doch noch nicht so recht gelingen mag, die Strumpfhose allein anzuziehen.

Da Kinder in diesem Alter ihren Bedürfnissen zumeist sprachlich noch nicht differenziert Ausdruck verleihen können und das Nichterreichen eines Zieles für sie eine große Frustration und eine emotionale Überforderung darstellt, können sie dieser zunächst nur mit Weinen, Schreien und Sich-auf-den-Boden-Werfen begegnen. Sie zeigen also jene Reaktionen, die wir Erwachsenen als »Trotz« interpretieren.

Eltern neigen dazu, hier das Handeln des Kindes gegen sie persönlich gerichtet wahrzunehmen. Dabei ist nichts, was Kinder besonders in dieser Phase tun, gegen uns Erwachsene gerichtet. Wenn wir diesem Trugschluss unterliegen, beginnt ein Machtkampf zwischen Eltern und Kind, der im Ergebnis nicht das mit sich bringt, was das Kind eigentlich braucht. Es geht für das Kind in diesen Momenten vielmehr darum, zu lernen, mit Frustration umzugehen und sprachliche Ausdrucksmittel für sein inneres Erleben zu erlangen. Die Autonomiephase ist somit eng an die Sprachentwicklung des Kindes gekoppelt, und Eltern können der Überforderung ihres Kindes begegnen, indem sie sowohl die Gefühle des Kindes als auch ihre eigenen benennen. Hierdurch lernt das Kind, seinen Gefühlen immer differenzierter Ausdruck zu verleihen, und die als Trotz wahrgenommenen Überforderungssituationen nehmen ab.

Der Weg zu einem gehorsamen Kind ist nicht so einfach, wie man vielleicht denkt. Eltern zahlen hierfür einen hohen Preis. Zum Opfer fallen gegenseitiges Vertrauen und gegenseitige Wertschätzung. Und die Eltern berauben sich auch der Möglichkeit einer gemeinsamen Entwicklung. Der Weg wird von viel Ärger und vielen Konflikten gekennzeichnet sein, und es wird wahrscheinlich auch nicht ohne Gewalt, sicher aber nicht ohne Strafe gehen.

Strafen

Wenn Eltern mit ihren Kindern in einen Machtkampf geraten, beginnen sie häufig, Kinder zu strafen. Durch Strafen jedoch nimmt das unerwünschte Verhalten – gerade in der »Trotzphase« – nicht ab, sondern eher zu. Durch Bestrafung erklärt sich der Erwachsene zur Autorität – er hat die Macht und übt Kontrolle aus. Der eigene Wille des Kindes wird gebrochen, der Erwachsene gestärkt. Beim Kind können durch Strafen unerwünschte Verhaltensweisen unterdrückt werden bzw. erwünschte angewöhnt werden, eine eigene Erfahrung kann es jedoch nicht machen. Es lernt nur: Ich muss gehorchen, sonst erfahre ich Schmerzen. Kinder erleben durch Bestrafung Demütigung und Ablehnung. Sie erfahren, dass sie so, wie sie sind, nicht geliebt werden. Wird ein Kind häufig bestraft, so kann die Angst vor der Bestrafung zu einer Dauerbelastung führen. Durch ständige Bestrafung kann sich das Kind nicht nach seinen eigenen Bedürfnissen und Eigenheiten entwickeln. Es wird immer verängstigt sein, die eigene Meinung nicht sagen, wird Konflikten aus dem Weg gehen und sich nichts zutrauen.

Spätestens jedoch in der Pubertät werden die Auseinandersetzungen dann eskalieren, denn allein mit Machtausübung und Strafen kommen wir Eltern dann nicht mehr weiter. Diese Zeiten sind dann vorbei. Das alles sollte man bedenken.

Der andere Weg, ein selbstbewusstes, selbst denkendes, verantwortungsbewusstes Kind wachsen zu lassen, ist auch eine Herausforderung und bedeutet, dass Eltern einen Prozess in Gang setzen, der auch sie selbst betrifft – dass sie bereit sind, zu reflektieren und die eigenen Haltungen zu hinterfragen (und hinterfragen zu lassen), Positionen zu finden und diese auch authentisch zu vertreten.

Das Neue ist, dass wir keine planmäßigen, zielgerichteten Erziehungsmodelle anwenden, sondern dass wir uns einlassen auf eine dynamische, authentische Beziehung zum Kind. Das wiederum setzt eine neue, ganz offene Haltung von Erwachsenen in der Beziehung zu Kindern voraus: dass sie nicht mit einer vorgefertigten Meinung oder Erwartung auf Kinder zugehen und nicht einfach festlegen, was für Kinder gut ist, sondern ihre Rückmeldungen und Signale beachten.

Wir haben heute zwei Möglichkeiten:

Wir lassen uns immer wieder neue Erziehungsmodelle »verkaufen«, denen zufolge für alle Beteiligten genau festgelegt und klar definiert ist, was passiert und passieren soll, die wenig Dynamisches ermöglichen und denen Funktionalität zugrunde liegt. Die Beziehung zu unseren Kindern wird dann von einer Methode, einem Erziehungsstil und nicht von uns selbst bestimmt. Das Ergebnis sind unter Umständen Menschen, die verlernt haben, ihre eigenen Bedürfnisse, Gefühle und Gedanken ernst zu nehmen, und die stattdessen gelernt haben, zu gehorchen und Verantwortung abzugeben an denjenigen, der sagt, wo es langgehen soll.

Oder wir trauen uns etwas Neues zu, begeben uns in einen persönlichen Dialog mit Kindern. Das bedeutet, wir verlassen alte Sicherheiten, lassen uns auf einen Prozess ein, in dem auch Unvorhergesehenes passieren wird. Wir zeigen uns mit unseren Stärken und Schwächen, beginnen uns selbst ernst zu nehmen und auch die Kinder mit ihrer Individualität, ihren Wünschen, Träumen, Bedürfnissen, Rückmeldungen und Reaktionen. Hier entsteht die Möglichkeit, dass Kinder gesund und selbstbewusst aufwachsen können.

Mein Ziel ist es, dazu beizutragen, möglichst viele psychisch und physisch gesunde, starke und selbstbewusste Kinder in unserer Gesellschaft wachsen zu sehen. Unsere Chance ist heute: Wir wissen, was der eine oder der andere Weg mit Menschen macht und haben die Wahl. Wir können uns entscheiden und Verantwortung übernehmen. Jeder für sich.

Wir dürfen uns trauen, von der Erziehung zur Beziehung kommen. Erziehungsende – Beziehungsanfang! Weg von einer machtvollen Eltern-Kind-Hierarchie, hin zu einer dialogischen, gleichwertigen und konstruktiven Beziehung. Hin zu einem gleichwertigen und authentischen Dialog mit Kindern – eben einer ganz neuen Haltung Kindern gegenüber. Von: »Du bist o.k., so wie ich will!« Zu: »Du bist o.k., so wie du bist!«

BEziehung statt ERziehung

Man sieht nur mit dem Herzen gut.
Das Wesentliche ist für die Augen unsichtbar.

Antoine de Saint-Exupéry

Ein Plädoyer: Freude an Kindern

In meiner Arbeit erlebe ich immer wieder Eltern, die enorm unter Druck stehen und auch im täglichen Familienleben in Stress geraten. Alles soll »funktionieren«, alles soll »harmonisch« sein. Sie wollen alles gut und richtig machen, sie wollen gute Eltern sein. So kommt mir eine Begegnung mit einer Mutter in den Sinn, die ich stellvertretend für viele Eltern sehe. Diese Mutter kommt wegen ihrer vierzehnjährigen Tochter in die Beratung und wirkt angespannt und besorgt.

Die Sorgen, die sie mitbringt, sind typisch für diese Entwicklungsphase: Es geht um die Ablösung von den Eltern. Wann, wie lange und mit wem darf die Tochter abends wohin weggehen? Wer sind die Freunde der Tochter? Wie können neue Absprachen getroffen und Kompromisse geschlossen werden? Die Mutter wirkt unsicher und ängstlich in Bezug auf ihr Verhältnis zu ihrer Tochter. Ihre Ängste sind nachvollziehbar, genauso wie die Reaktionen der Tochter. Die Zeit ist insgesamt von Veränderungen und Loslassen geprägt – das fällt einer Mutter schwer.

Schließlich jedoch kommt die Mutter im Gespräch zu einem Resümee, das sie selbst zu überraschen scheint: *Eigentlich* laufe es doch insgesamt ganz gut. Sie und ihre Tochter hätten eigentlich ein ganz gutes Verhältnis. Es sei auch spannend zu sehen, wie sie Verantwortung übernehme und neue Erfahrungen mache. Und eigentlich hielten sie sich an ihre Absprachen und hätten einen guten Kontakt zueinander – auch wenn sie nicht alles über sie wisse. Besonders beunruhigend sei es für sie, dass ihre Tochter oft das Handy zu Hause lasse und nicht erreichbar sei. Verstehen könne sie jedoch, dass ihre Tochter nicht »kontrolliert« werden möchte. Natürlich laufe nicht alles reibungslos im Alltag, es entstünden auch Diskussionen, es komme zu Auseinandersetzungen. Diese, so die Mutter, die zunehmend entspannter wirkt, seien aber gut im Dialog zu lösen. Fazit: Im Großen und Ganzen gesehen, mit Abstand betrachtet, laufe alles gut. *Eigentlich!* Wenn da nur die Zweifel nicht wären!

Pubertät ist keine Krankheit

Als Pubertät gilt die Zeit ungefähr zwischen dem zwölften und sechzehnten Lebensjahr. Der individuelle Entwicklungsstand kann jedoch stark variieren, in der Adoleszenz sogar um bis zu sechs Jahre. Die Entwicklungsunterschiede sind so groß, dass Normvorstellungen im Umgang mit Jugendlichen wenig hilfreich sind. Die Phase der Pubertät löst bei vielen Erwachsenen Unbehagen aus und ist oft mit einer Reihe von negativen Gefühlen verknüpft. Wir denken an Streit, Ärger, Probleme, Rebellion. Doch das ist eine falsche Vorstellung, die Pubertät muss keineswegs automatisch eine belastete Zeit für Eltern und Kinder sein. Grundsätzlich ist es gerade in dieser Zeit wichtig, jedes Kind mit seinen Bedürfnissen zu sehen und Eigenschaften individuell zu akzeptieren. Die Jugendlichen stehen in dieser Phase besonders im Spannungsfeld zwischen gesellschaftli-

chen Anforderungen und der Erfüllung der eigenen Bedürfnisse. So ist die Pubertät (nach der sogenannten Trotzphase)
eine weitere Abnabelungsphase, eine Zeit der Ablösung und
wachsenden Autonomie. Das innere Hin- und Hergerissen-
sein zwischen dem Gefühl der Abhängigkeit und dem Wunsch
nach Autonomie löst heftige Gefühlsschwankungen in der In-
nenwelt von Jugendlichen aus und ist häufig mit tiefer Unsicherheit verbunden. Neben der Geschlechtsreife, die mit hor-
monellen Umstellungen verbunden ist, ist die tief greifendste
Veränderung während der Pubertät das sich wandelnde Bindungsverhalten zu den Eltern, denen gegenüber die Jugendlichen kaum noch oder gar keine emotionale Abhängigkeit
mehr empfinden. Diese Veränderung im Bindungsverhalten
erleben Eltern oft als Verlust. Das grundsätzliche Bindungsbedürfnis der Jugendlichen geht aber nicht verloren, sondern
orientiert sich nur neu! Sie erleben von nun an die Beziehung
zu Gleichaltrigen als wichtig und suchen Geborgenheit, Zuwendung, unzerstörbare Beziehungen bei Freunden, die so
zu ihnen halten, wie es vorher die Eltern getan haben. Zum einen erleben Eltern diese Entwicklung oft als Kränkung; zudem
kommt es zu Konflikten, weil die wirtschaftliche Abhängigkeit
von den Eltern nach wie vor gegeben ist. Leicht verstricken sich
Eltern so in Machtkämpfe, statt in einen Dialog mit ihren Kindern zu gehen. Die Jugendlichen wollen (und müssen) mehr
Verantwortung für ihr Leben übernehmen und ihre Grenzen
anders definieren. So werden die Rollen innerhalb der Familie
neu bestimmt. Wie heftig die Turbulenzen in dieser Zeit aus-
fallen, hängt stark davon ab, wie gut Eltern die Fähigkeit entwickeln können, mit ihrer neuen Rolle umzugehen; auch die
Qualität der Eltern-Kind-Beziehung in den zurückliegenden
Jahren spielt dabei eine Rolle.
Die Pubertät ist eine Zeit, in der Eltern scheinbar in den Hintergrund treten, ihre unaufdringliche Präsenz jedoch gefragt
ist. Der Jugendliche braucht sein Zuhause als sicheren Hort,

an den er zurückkehren kann, wenn etwas nicht so gut läuft wie gedacht. Er muss nach Hause kommen und Unterschlupf suchen dürfen, wenn er seine Möglichkeiten und Kompetenzen »draußen« überschätzt hat. Es ist gut, wenn diese Tür immer offen steht und wir Jugendlichen Mut machen können. Wenn sie uns Eltern gegenüber nun weniger offen sind, stellt dies kein Misstrauensvotum dar. Für manche Themen sind jetzt Freunde da, aber für andere (Beruf, ethische und moralische Fragen) sind Eltern wichtige Ansprechpartner. Die Position der Eltern ist gefragt! Auch wenn Kinder es nicht zugeben oder anders handeln, als Eltern es sich wünschen: Die Meinung ihrer Eltern ist ihnen wichtig. Ein schönes Bild ist für mich: Eltern sind für die Jugendlichen wie eine Art Basislager beim Gletscheraufstieg. Eine vertrauensvolle Beziehung und der wertschätzende Dialog bietet eine Grundlage für die Jugendlichen, um sich auszuprobieren.

Warum haben wir Eltern oft solche Zweifel, und woher rührt diese elterliche Unsicherheit und Sorge? Im Alltag mit den Kindern (nicht nur mit älteren) haben wir häufig eigene (oft zu) hohe Erwartungen an uns und präzise Vorstellungen davon, wie sich das Familienleben gestalten soll. Wir lassen uns schnell verunsichern von kleinen Ereignissen, wenn im Alltag mit unseren Kindern etwas mal nicht so läuft, wie wir es geplant haben. Auch von Stimmen, die von außen (Schule, Nachbarn, Bekannte) an uns herandringen und klagen, wie schwierig doch alles mit Kindern heutzutage sei und was eigentlich wünschenswert wäre, lassen wir uns oft irritieren. So sind wir dann mit diesen vermeintlichen »Störungen« im Alltag häufig so beschäftigt, dass wir das Wesentliche vergessen und das übersehen, worum es eigentlich geht: nämlich darum, uns an unseren Kindern zu freuen! Zu freuen darüber, wie sie sind, zu sehen, was sie sind, und uns darüber zu freuen, was sie alles schaffen und wie viel Kraft sie für das Leben mitbringen.

Häufig fehlt uns im Alltag Gelassenheit. Dauernd fühlen wir uns gefordert, dabei gibt es für Eltern nicht ständig etwas zu tun! Wir dürfen uns auch mal entspannt zurücklehnen und unseren Kindern und deren Entwicklung mit Genuss zuschauen. Elternschaft heißt nicht, permanent in Habachtstellung zu sein und misstrauisch jeden Schritt zu beäugen. Elternsein heißt auch, mit Begeisterung und Freude zu sehen, wie wunderbar sich unsere Kinder ohne unsere ständigen Bemühungen und unser unermüdliches elterliches aktives Zutun entwickeln und ins Leben gehen.

Entwicklung vollzieht sich in Wellenbewegungen, die uns mal vorantragen und mal (scheinbar) zurückwerfen. Es sind Bewegungen in den Beziehungen, die uns tragen und uns den Kindern, aber auch uns selbst näherbringen. Und was, wenn doch mal etwas »schiefläuft«? Das darf sein! Es gehört dazu und ist kein Grund, sofort alles infrage zu stellen. Alle Erfahrungen mit unseren Kindern gehören dazu, sie sind entwicklungsgerecht oder der momentanen Gesamtsituation in unserer Familie geschuldet. Wir dürfen sie willkommen heißen.

So möchte ich Sie ermutigen: Eltern dürfen sich Gelassenheit erlauben und Vertrauen in die eigenen Fähigkeiten haben. Denn Gelassenheit ermöglicht es uns, auf die Dinge zuzugehen, uns etwas zuzutrauen, etwas auszuprobieren und durch diese gemeinsamen Erfahrungen in der Beziehung zu unseren Kindern innerlich zu wachsen.

Beziehung: Du bist o.k., so wie du bist

Wenn ich vom Ende der Erziehung spreche, dann meine ich nicht, dass Kinder antiautoritär aufwachsen sollen. Wenn ich davon spreche, dass wir uns trauen können, ein neues Verhältnis, eine authentische, persönliche Beziehung zu Kindern einzugehen, meine ich nicht, dass sich Kinder grenzenlos selbst überlassen werden sollten. Im Gegenteil. Autorität, Führung und Orientierung sind für eine gute Entwicklung und ein inneres Wachstum von Kindern grundlegend.

Es gibt jedoch einen entscheidenden Unterschied zwischen der herkömmlichen Erziehung und der neuen Beziehung zu Kindern, wie ich sie verstehe: Kinder sind in diesem neuen Verhältnis uns Erwachsenen gleichwertig. Nicht gleichberechtigt, aber gleichwertig. Gleichberechtigt deshalb nicht, weil Kinder nicht die gleiche Verantwortung tragen können wie wir Erwachsene. Sie haben jedoch den gleichen Wert wie Erwachsene, sie sind gleichwürdig, haben die gleiche Würde, die es zu schützen und nicht zu verletzen gilt. In diesem Sinne können wir Eltern unsere Kinder in ihrer Entwicklung begleiten und die mitgebrachten Fähigkeiten und Potenziale als wertvolles Gut, als Schätze der Kindheit, behandeln und eine Atmosphäre in der Beziehung zu ihnen herstellen, die es ihnen ermöglicht, diese zur Entfaltung zu bringen.

In dieser Form von Beziehung werden Kinder als Menschen mit einem Recht auf eigene Grenzen wahr- und in ihren Reaktionen, Äußerungen und Rückmeldungen und mit ihrer Meinung ernst genommen. Fachlich ausgedrückt: Die Beziehung zu Kindern verändert sich von einer Subjekt-Objekt-Beziehung zu einer Subjekt-Subjekt-Beziehung.

So kann ein völlig neues Verhältnis mit einer neuartigen Qualität entstehen und durch den authentischen, gleichwertigen Dialog zwischen Eltern und Kindern Vertrauen und Sicherheit wachsen. Das heißt nicht, dass Eltern ihre Führungsrolle und die Verantwortung aufgeben, Kindern Orientierung zu bieten. Im Gegenteil. Die Führung bleibt bei den Eltern, genauso die Verantwortung. Die Rückmeldungen der Kinder wiederum können den Eltern als Regulativ dienen, wie ihre Form der Führung von ihrem Kind wahrgenommen und verstanden wird, und sie können darüber nicht nur ihr eigenes Verhalten, sondern auch die gesamte Qualität der Beziehung stetig verbessern. Es profitieren also beide Seiten von dieser Form der Beziehung.

Die Kinder werden um ihrer selbst willen geachtet und geliebt und nicht, weil sie sich anpassen oder etwas tun, was wir von ihnen verlangen. Anstatt Gehorsamkeit, Unterordnung und Respekt von Kindern zu erwarten, übernehmen die Erwachsenen eine verantwortungsvolle Führungsrolle, üben keine Macht aus bzw. missbrauchen ihre elterliche Rolle nicht, um ihre Interessen durchzusetzen, sondern setzen sich ernsthaft mit den Anliegen der Kinder auseinander. Eltern übernehmen Verantwortung für das Gelingen der Beziehung, indem sie fürsorglich und aufmerksam in Bezug auf die Bedürfnisse der Kinder sind.

Dies ist vor allem eine Frage der Haltung zu Kindern und hat mit dem bisherigen aktiven Erziehen und den dahinterliegenden Zielen und Haltungen wenig gemein.

In meiner Arbeit mit Familien habe ich immer wieder die Erfahrung gemacht, dass beide Seiten, Eltern und Kinder, von dieser Form der Beziehung profitieren. Für Eltern ist es oft schwer, eine solche neue Haltung einzunehmen und im Alltag zu leben. Es ist für uns alle ein Lernprozess, der jeden Tag neu erprobt und hinterfragt wird. Und er ist häufig allein deshalb schwierig, weil wir selbst in unserer Kindheit und Jugend oft noch von Erwachsenen geprägt wurden, die Macht ausgeübt haben, statt liebevoll zu sein. Diese erfahrenen Muster sitzen tief und können nicht von heute auf morgen überwunden werden.

Die Veränderung des Familienbildes, die unsere Gesellschaft heute bestimmt, trägt zur Notwendigkeit einer veränderten Eltern-Kind-Beziehung bei. Das *patriarchalische Modell der Familie* hat sich weitgehend aufgelöst. Dies ermöglicht es uns, das Modell der Familie, in der alle Beteiligten als gleichwertig angesehen werden, auch praktisch zu leben.

Zum anderen ist das Bild der *konfliktfreien Familie,* das in der Vergangenheit als erstrebenswert galt, theoretisch längst überholt. So wissen wir inzwischen, wie wichtig konflikthafte Prozesse für jeden

Entwicklungsprozess sind. Konflikte werden heute als eine notwendige Regulation in einer intakten Familie gesehen und nicht mehr unterdrückt oder ignoriert. Die Frage ist nicht mehr: Wie können wir Konflikte vermeiden, sondern: Wie lösen wir Konflikte innerhalb der Familie, wie gehen wir mit Auseinandersetzungen um und wie können wir fürsorglich und liebevoll zu unseren Kindern sein und unser Zusammenleben auf der Beziehungsebene gut gestalten?

Auch im Modell der traditionellen Familie gab es liebevolle Beziehungen zwischen Eltern und Kindern, das soll nicht in Abrede gestellt werden. Zudem konnte die Akzeptanz der bestehenden Machtstruktur eine außergewöhnliche Form von Sicherheit vermitteln. In Bezug auf soziale Aspekte kann das für eine Gesellschaft als gewinnbringend empfunden werden. Aus therapeutisch-pädagogischer und entwicklungspsychologischer Sicht ist jedoch zu sagen, dass diese Form der familiären Prägung in den Beziehungen zu erheblichen Einschränkungen der persönlichen Entwicklung des Einzelnen führte. Für das, was gesellschaftlich als erfolgreich erschien, musste das Individuum einen hohen Preis zahlen. Das, was in der Gesellschaft als anerkannt galt, führte innerhalb der Familien und bei jedem Einzelnen zu einer enormen Beeinträchtigung der physischen und psychischen Gesundheit.

So stehen wir auch als Gesellschaft vor vielfältigen neuen sozialen und politischen Herausforderungen. Genauso, wie wir in unseren Familien einen neuen Umgang mit unseren Kindern finden dürfen und so die Chance haben, neue Beziehungsqualitäten zu entdecken, neue Worte zu finden und sie mit neuen Bedeutungen zu füllen, um neuartige Beziehungsmuster einzugehen.

Mancher wird sich fragen: Wenn wir das aktive Erziehen hinter uns lassen, wenn wir einen neuen Anfang wagen, worauf können und dürfen wir im Umgang mit unseren Kindern zurückgreifen? Was genau verändert sich im Verhältnis? Welche neue Haltung können wir Eltern einnehmen, und wie kann eine gute Beziehung zu unseren Kindern aussehen?

Die Transformation

Die traditionelle Erziehung durch *autoritäre Lenkung* des Kindes ist durch folgende Faktoren geprägt:

- Die *machtvolle* Position der Eltern wird zur subtilen oder offensichtlichen, auch *gewaltvollen* Durchsetzung eigener Interessen genutzt;
- sie hat eine *Anpassung* des Kindes an unsere Vorstellungen zum Ziel
- und setzt dazu auf *Kontrolle, Belehrung* und *Bevormundung* wie *Lob* des Kindes zur positiven *Verstärkung eines gewollten Verhaltens* und/oder auf *Kritik* und *Bestrafungen,* um ein nicht gewolltes Verhalten abzustellen.

Wenn wir uns diese Mechanismen des herkömmlichen Eltern-Kind-Verhältnisses ansehen, so kann heute ein klar nachvollziehbarer *Transformationsprozess* hin zur Beziehung im hier gemeinten Sinne beschrieben werden.

*Aus **Gewalt** werden **Wahrung der Integrität** und **Achtung vor den psychischen und physischen Grenzen** des anderen*
Zur Durchsetzung von bestimmten Zielen werden keine gewaltsamen Maßnahmen eingesetzt. Die Integrität des Gegenübers wird im Sinne körperlicher und seelischer Unversehrtheit gewahrt und geachtet.

*Aus **Macht** werden **Einbeziehung, Verantwortung** und **Mitgestaltung***
Die machtvolle Position der Eltern wird aufgegeben und

nicht mehr für die Durchsetzung eigener Interessen genutzt. Das Gegenüber wird wahrgenommen, berücksichtigt und einbezogen, Rückmeldungen und Reaktionen werden ernst genommen. Alle Beteiligten sind so Mitgestalter der Beziehung. Aus der Subjekt-Objekt-Beziehung wird eine Subjekt-Subjekt-Beziehung. Das Kind wird zum gleichwertigen Beteiligten im wechselseitigen gleichwürdigen Verhältnis zwischen Klein und Groß.

Aus *Gehorsamkeit* werden *Selbstbestimmung* und *Verantwortung*

Die Forderung nach Gehorsam des Kindes, die alle erzieherischen Anweisungen begleitet, wird zur Anerkennung des Rechts des Kindes auf Selbstbestimmung. Das heißt nicht, dass ein Kind sich selbst überlassen bleibt. Der Erwachsene respektiert das Kind jedoch als eigenständige Persönlichkeit mit einer eigenen Position, das in manchen Bereichen von Beginn an Eigenverantwortung übernehmen kann.

Aus *Strafe* und *Konsequenz* wird *Übernahme der elterlichen Verantwortung*

Statt bei Ungehorsam zu strafen oder die von uns Erwachsenen künstlich herbeigeführte Konsequenz als Strafe in neuem Gewand anzuwenden, übernehmen die Erwachsenen Verantwortung für das Gelingen der Beziehung.

Aus *Anpassung* wird *Autonomie*

Das Ziel, das Kind an bestimmte Vorstellungen und Erwartungen von Erwachsenen anzupassen, weicht dem

Wissen um das Autonomiestreben des Kindes. Das gegenseitige Vertrauen kann neue Grundlage der Beziehung werden.

Aus *autoritärer Lenkung* wird *persönliche Autorität* durch *Authentizität*

Der autoritäre Lenkungsstil, welcher von einer machtvollen, durch die Rolle als Eltern begründeten Autorität geprägt ist, weicht persönlicher Autorität. Diese wird aus der Person heraus entwickelt. Kinder empfinden dann nicht Respekt vor der Person in der entsprechenden Rolle, sondern vor dem Menschen selbst. Es entsteht eine Präsenz des Erwachsenen, die nicht qua Elternrolle geachtet, gefürchtet und anerkannt wird, sondern durch das Sichtbarwerden unserer eigenen Haltungen und Einstellungen gewonnen und vom Gegenüber wertgeschätzt wird.

Aus *Kontrolle* werden *Vertrauen und Interesse*

Statt von Misstrauen und Kontrolle ist die Beziehung nun von Vertrauen und Offenheit geprägt. So können neue Beziehungsqualitäten und echtes Interesse am Denken und Fühlen des Kindes entstehen.

Aus *Bevormundung und Belehrung* werden *Dialog und Austausch*

Statt der gezielten und ungezielten verbalen Strategien zur Einwirkung auf das Verhalten von Kindern zeigen sich Erwachsene im persönlichen, gleichwertigen Dialog und gehen durch diesen Austausch in eine authentische Beziehung. Das heißt, sie zeigen sich als Persönlichkeit mit ihren Bedürfnissen und vermeintlichen Schwächen genauso wie mit ihren Haltungen und Positionen.

*Aus **Kritik** wird eine persönliche Sprache*
Anstelle des Bevormundens, der Beurteilung und der Ab- oder Bewertung eines Verhaltens von Kindern tritt eine Form der persönlichen Sprache des Erwachsenen. Persönlich in dem Sinne, dass sie ihn als Persönlichkeit unverwechselbar und authentisch macht. Der Erwachsene positioniert sich und zeigt sich mit seinen Einstellungen, seinen Gefühlen, den schwachen und starken Anteilen in dieser Beziehung.

*Aus **Lob** wird **Wertschätzung***
Statt elterliches Loben als Verstärkung für gewolltes Verhalten oder eine zu erbringende Leistung einzusetzen, entstehen echte Wertschätzung und Freude darüber, was der andere für sich selbst erreicht hat.

Was bedeuten aber nun diese neuen Beziehungsaspekte im konkreten Beziehungsalltag? Die einzelnen Transformationsaspekte sind kaum getrennt voneinander zu beschreiben. Sie stehen vielmehr in einem engen Zusammenhang miteinander und bilden gemeinsam neue Beziehungsqualitäten, die auf einer besonderen Grundlage beruhen: der Liebe zwischen Eltern und Kindern.

»Ich liebe mein Kind« – die Grundlage jeder Eltern-Kind-Beziehung

Eine Beziehung zu jemandem zu haben, sagt noch nichts über deren Qualität aus. Auf die Qualität der Beziehung kommt es aber an. Grundsätzlich verstehe ich unter einer guten, konstruktiven Beziehung eine unterstützende Beziehung. Eine Beziehung, die die Sicherheit vermittelt, dass der andere mit seinen Reaktionen und Antworten ernst genommen und wertgeschätzt wird.

Die Eltern-Kind-Beziehung ist jedoch von einer ganz außergewöhnlichen Qualität. Eltern würden auf die Frage, ob sie ihr Kind lieben, sofort immer mit Ja antworten. Wir sprechen also von Liebe in der Beziehung zu Kindern – einer Liebesbeziehung. Aber Liebe?! Wie lässt sich Liebe definieren? Mit Liebe allein sei es nicht getan, hören wir oft. Oder auch: Liebe kann erdrückend sein. Was verstehen wir also unter Liebe, und wann ist sie förderlich und wann hemmend?

Um sich hier einer möglichen Antwort zu nähern, sind die beiden grundlegenden Urerfahrungen zu betrachten, die wir vorgeburtlich im Schutzraum des Uterus unserer leiblichen Mutter gemacht haben. In dieser frühen, der pränatalen Phase unseres Lebens, haben wir bereits erste prägende Beziehungserfahrungen gemacht: Die Grunderfahrung der gesamten Schwangerschaft ist es, dass man einerseits sicher, tief und innig (im Uterus und über die Nabelschnur mit der Mutter) verbunden ist, andererseits jedoch jeden Tag wächst und so auch schon im Mutterleib immer autonomer, kompetenter, immer freier, unabhängiger und eigenständiger wird.

Genau diese Erfahrung ist es, die uns zu sozialen und beziehungsfähigen Wesen macht – und uns mit der Sehnsucht ins Leben gehen lässt, genau diese Qualität der Beziehung einmal wiederzuerlangen. Also eine enge Verbundenheit bei gleichzeitiger Autonomie als Grundlage für die Qualität unserer Liebesbeziehung zu den Kindern.

Diese Beziehungsform zu leben bedeutet, dass sich zwei Partner ganz eng und auf das Tiefste verbunden fühlen, sich gegenseitig vertrauen und voneinander wissen, dass sich der eine auf den anderen verlassen kann. Sie wissen auch voneinander, dass sich der eine für den anderen nichts mehr wünscht, als dass er in der Lage ist, sich als eigenverantwortliche und eigenständige Person zu entfalten, er also unabhängig und autonom sein kann. Das ist die Qualität der Liebesbeziehung zu unseren Kindern. Und so widersprüchlich es klingen mag: Genau dieser Spannungszustand beschreibt das Gefühl Liebe. Liebe ist in dieser Definition die einzige Beziehungsform, in der man zugleich frei und auch verbunden sein kann. Voraussetzung dafür, dass sich Kinder gut entwickeln und ihre Potenziale entfalten können, ist, dass sie sich in ebendiesem Sinne geliebt fühlen, dass sie eine Beziehung erfahren, die von Liebe und Anerkennung geprägt ist und die die existenzielle Botschaft vermittelt: Du bist o.k., so wie du bist!

Alle Beziehungen zu Kindern, die diese Aspekte nicht erfüllen, sind für die Entwicklung des Kindes hemmend, hinderlich oder auch störend.

Wenn wir Eltern um diese beiden Grundbedürfnisse wissen, die sowohl wir als auch unsere Kinder in uns tragen, und auch darum wissen, dass sich unsere Kinder im Spannungsfeld dieser beiden Bedürfnisse entwickeln, können wir die Verantwortung dafür übernehmen, diese jeweils im Gleichgewicht halten zu wollen und unseren Kindern das Gefühl der Verbundenheit bei gleichzeitiger Autonomie so zu vermitteln, dass sie Sicherheit und Geborgenheit einerseits, aber auch größtmögliche Autonomie zum Wachsen andererseits erfahren können. Johann Wolfgang von Goethe drückte dies schon vor Jahrhunderten auf seine Art aus:

»Zwei Dinge sollen Kinder von ihren Eltern bekommen:
Wurzeln und Flügel.«

Drei (Grund-)Bausteine in der Beziehung zu Kindern

Dass sich Kinder mit uns Erwachsenen verbinden wollen, dass sie grundsätzlich »Teamworker« sind und bereits viele Kompetenzen mit auf die Welt bringen, habe ich bereits beschrieben. Hierzu gehört auch ihre angeborene Beziehungsfähigkeit. Genau genommen sind es vor allem drei Qualitäten, die diese Fähigkeit ausmachen: Offenheit, Unvoreingenommenheit und die Fähigkeit, sich eng an Bezugspersonen zu binden. Und im Grunde genommen sind es auch die Fähigkeiten, die wir Erwachsene im Kontakt mit Kindern (wieder) aktivieren können, denn wir tragen sie alle in uns.

Aber welche Qualitäten sind seitens der Eltern noch wichtig als Voraussetzung für eine gelingende Beziehung? Wie können Eltern die Beziehungsfähigkeit der Kinder gut beantworten? Was brauchen Kinder von ihren Eltern?

Kinder brauchen

1. Eltern, die Verantwortung übernehmen,
2. Eltern, die ihre eigenen Grenzen kennen,
3. Eltern, die authentisch sind und persönlich werden.

1. Verantwortung übernehmen und Kindern etwas zutrauen

Wenn wir Kinder bekommen und Eltern werden, übernehmen wir automatisch eine Verantwortung. Das würde niemand bestreiten. Was aber genau bedeutet es für Eltern, ihre elterliche Verantwortung wahrzunehmen? Um mich der Antwort dieser Frage zu nähern, möchte ich mich im Folgenden mit drei Aspekten beschäftigen:

- Bereichen, in denen Eltern zur Übernahme der Verantwortung verpflichtet sind,
- Momenten, in denen Eltern Verantwortung mit Macht verwechseln,
- und der Abgabe der Verantwortung an Kinder selbst.

Wenn wir als Eltern Verantwortung für eine Entscheidung übernehmen, heißt das grundsätzlich zum einen, dass die Kinder sie nicht tragen müssen, was für diese in vielen Fällen vor allem entlastend ist, wie wir später sehen werden. Es heißt aber auch, dass wir dem Kind eine Entscheidung abnehmen und somit nach unserem Ermessen »bestimmen«, sodass das Kind in seiner Autonomie und Selbstbestimmung beschnitten wird. Hier gilt es nun, sich darüber klar zu werden, welche Fähigkeiten die Kinder erlangen sollen, die wir heranwachsen lassen. Wollen wir Menschen, die eine innere persönliche Autorität entwickeln können, die in ihrem Leben später unabhängig und verantwortungsvoll, eigene existenzielle und auch soziale Entscheidungen treffen können, oder Menschen, die auf fremde Autoritäten vertrauen? Diese Frage hat etwas damit zu tun, wie wir mit Verantwortung für Entscheidungen, die eigentlich im Bereich unserer Kinder liegen, als Erwachsene umgehen: An welcher Stelle übernehme ich als Erwachsener Verantwortung, und wo kann mein Kind auch selbst und eigenverantwortlich für sich entscheiden? Oder anders gefragt: Wo muss ich Verantwortung übernehmen, und wo ist es im Sinne des gesunden Wachstums des Kindes wesentlich, dass ich Verantwortung teilweise abgebe(n kann), Bereiche teile oder dem Kind gänzlich überlasse?

Im herkömmlichen Verhältnis zwischen Eltern und Kindern gab es diese Fragestellung in dieser Differenzierung gar nicht. Die Rollen waren klar verteilt, und die Erwachsenen haben an jeder Stelle für das Kind entschieden, welches sich dem Willen der Eltern zu beugen hatte, gehorsam sein und sich unterordnen musste. Selbstbestimmung und Autonomie spielten keine Rolle. Heute wissen wir, wie wichtig diese Aspekte für eine gesunde Entwicklung von Kindern sind.

Wenn ich das Thema Verantwortung mit Eltern bespreche, entsteht oft ebendiese Frage: Wo kann ich und wo muss ich Verantwortung übernehmen?

Der zweieinhalbjährige Jannik ist mit seinem Vater unterwegs. Während sein Vater den Kinderwagen schiebt, in dem die jüngere Schwester liegt, hält sich Jannik an der Seite des Wagens fest. Als sie an eine stark befahrene Straße kommen, nimmt der Vater Janniks Hand. Jannik jedoch entdeckt eine Baustelle, reißt sich los und rennt weg. Sein Vater reagiert blitzschnell und folgt ihm in großen Schritten: »An dieser Straße bleibst du bitte an meiner Hand«, sagt er und nimmt, ohne auf die Proteste von Jannik einzugehen, dessen kleine Hand in seine eigene.

»Nein, Papa«, jammert Jannik. »Ich will nicht, bin schon groß«, versucht er zu erklären, allerdings ohne Erfolg.

Doch sein Vater hockt sich – weiterhin Janniks Hand in seiner – zu ihm, schaut ebenfalls zur Baustelle und zeigt auf den großen Bagger, der gerade mit viel Getöse die Schaufel in einen Container entleert. »Schau mal da, der Riesenbagger, Jannik!« Der Junge ist begeistert. Wenig später laufen sie – Hand in Hand – weiter.

»Du kannst jetzt wieder vorlaufen, wenn du magst«, sagt der Vater, als die Straße hinter ihnen liegt. Jannik löst sich aus der Hand des Vaters und hält sich wieder an der Seite des Kinderwagens fest.

Niemand würde hier Janniks Vater einen Vorwurf machen und sagen, er habe machtvoll seinen Sohn unterworfen. Sicher sind wir uns hier einig: Er musste hier handeln und hat Verantwortung übernommen. Zwar hat er sich durch seine körperliche Überlegenheit durchgesetzt und auch elterliche Macht genutzt, er hat sie jedoch nicht missbraucht. Es ist keine Frage, dass Eltern für ihre kleinen Kinder entscheiden und sie so beschützen, wenn es für sie gefährlich wird. So gibt es unendlich viele (kleine, aber auch größere) Momente, wo Eltern Verantwortung im Sinne des Kindes übernehmen, wenn es für diese existenziell wird.

Lassen Sie mich die geschilderte Szene – Jannik soll an der Hand des Vaters bleiben – anders weitererzählen:

» *… »Nein, Papa«, jammert Jannik. »Ich will nicht, bin schon groß«, versucht er zu erklären und lässt traurig den Kopf hängen.*

Sein Vater beugt sich zu ihm hinunter und zischt wütend: »Wie oft habe ich dir schon gesagt, dass du hier an der Hand sein musst, hör sofort mit dem Gejammer auf, sonst gehen wir direkt weiter.«

Jannik blickt erschrocken in das wütende Gesicht seines Vaters, der seine kleine Hand nun sehr fest hält. »Ja, Papa«, sagt er und beginnt zu weinen.

»Immer dieses Geheule. Ich hab's dir gesagt. Wenn du's nicht lassen kannst, dann gehen wir!«, sagt sein Vater streng und zerrt Jannik augenblicklich an der Hand weiter, vorbei an der Baustelle und vorbei an dem Bagger. Jannik schluchzt den gesamten Weg, bis die Straße hinter ihnen liegt. «

In dieser Variante der Geschichte übernimmt der Vater ebenfalls die elterliche Verantwortung, um Gefahr von seinem Sohn abzuwenden. Jannik erfährt hier zwar, dass sein Vater entscheidet. Die Art und Weise, wie er seine Verantwortung in der Beziehung zu seinem Sohn deutlich macht, ist jedoch wenig fürsorglich und liebevoll. Gleichzeitig wird durch diese Form der Kommunikation die Beziehung zwischen Vater und Sohn zusätzlich belastet, und der Vater gibt seinem Sohn die Verantwortung für den Konflikt:

»Ich hab's dir gesagt. Wenn du's nicht lassen kannst, dann gehen wir!«

Kinder jedoch tragen nicht die Verantwortung für die Qualität der Beziehung zu uns Erwachsenen – auch nicht teilweise. Kinder sind Kinder und können aus sich selbst heraus hier keine Aufgabe übernehmen. Es muss uns klar sein: Wir Eltern tragen selbst die gesamte Verantwortung, es ist unsere Aufgabe, die Beziehung zu den Kindern zu gestalten – sie selbst wären völlig überfordert. Kinder verursachen (mit ihrem nicht an unsere Vorstellungen angepassten Verhalten) allenfalls Belastungen. Die Verantwortung, damit gut umzugehen und für eine gelingende Beziehung zu sorgen, liegt in unseren Händen. Das heißt: Die Verantwortung dafür, dass die Beziehung zu unseren Kindern gelingt, liegt unteilbar beim Erwachsenen.

Elterliche Verantwortung und Macht sind, so viel haben wir gesehen, untrennbar miteinander verbunden. Das birgt auch die Gefahr, dass Erwachsene die natürlich gegebene Macht missbrauchen.

Leonie ist vier Jahre alt und besucht die Kita. Sie freut sich, als ihre Mutter wie jeden Nachmittag zum Abholen kommt. Heute haben sie etwas Besonderes vor: Sie wollen

ins Schwimmbad. Leonie wartet schon angezogen auf der
Bank. Als ihre Mutter kommt, springt sie auf und rennt ihr
entgegen. Sie begrüßen sich, und Leonie plappert in Vor-
freude auf die gemeinsame Unternehmung los. Als sie schon
fast an der Tür sind, bleibt Leonie plötzlich stehen. »Ich
muss noch mal auf die Toilette, Mama«, sagt sie und will
sich von der Hand ihrer Mutter losmachen.
Ihre Mutter jedoch hält sie fest. »Nein, Leonie! Das hättest
du dir früher überlegen müssen. Du hattest doch genügend
Zeit, als du auf mich gewartet hast.«
»Bitte, Mama, ich muss wirklich«, versucht Leonie die
Dringlichkeit ihres Bedürfnisses zu unterstreichen.
Aber umsonst: »Du kannst gleich im Schwimmbad auf die
Toilette gehen, da ziehen wir uns sowieso um!«

Der Vater von Jannik konnte in einer Gefahrensituation seinem Sohn eine klare Orientierung und Sicherheit bieten. Er übernahm die Führung und die Verantwortung im Sinne seines Sohnes. Die Mutter von Leonie hingegen übernimmt hier eine Verantwortung, die nicht ihre, sondern die ihrer Tochter ist (und sein müsste). Leonie hat ein sehr persönliches körperliches Bedürfnis. Nur sie selbst kann beurteilen, wie dringlich es ist, diesem Bedürfnis nachzukommen. Leonies Mutter kann dies gar nicht von außen einschätzen, und vielleicht war das auch gar nicht ihre Absicht, möglicherweise war ihr einfach der Aufwand, der sich aus dem ungeplanten Toilettengang für sie ergeben hätte, schlicht zu viel. Ob so oder so: Indem die Mutter Verantwortung übernimmt und ein Verbot ausspricht, missbraucht sie ihre elterliche Macht. Sie missachtet nicht nur das körperliche Bedürfnis von Leonie, sondern übersieht auch, dass für ihre Tochter die absolute Notwendigkeit besteht, in diesem persönlichen Bereich eigene Verantwortung übernehmen zu dürfen und autonom zu handeln.

Trocken werden bedeutet Kontrolle übernehmen können

Die meisten Kinder werden zwischen dem dritten und dem vierten Lebensjahr trocken und benötigen erst tagsüber und später auch nachts keine Windel mehr. Der Zeitpunkt des Trockenwerdens kann von Kind zu Kind sehr unterschiedlich sein und ist in der Regel erst mal kein Grund zur Beunruhigung. Es handelt sich um individuelle Reifungsprozesse des Nervensystems, die dazu führen, dass Kinder ihre Harnblase kontrollieren können. Das heißt, das kindliche Gehirn muss als Voraussetzung für das Trockenwerden eine entsprechende Reife erreicht haben. Auch wenn Eltern oft das Gefühl haben,»Mein Kind kann das schon!«, ist es häufig so, dass die Reife noch nicht vollständig abgeschlossen ist. So kann es passieren, dass das Kind es tatsächlich an einem Tag kann und am nächsten wieder nicht. Kinder brauchen hier geduldige Unterstützung und liebevolle Ermutigung. Gerade weil auch unbewusste Prozesse eine Rolle spielen und das Gehirn hierfür bereit sein muss, ist es wenig nützlich – sogar kontraproduktiv –, wenn Eltern den Prozess des Trockenwerdens aktiv (oder gar druckvoll) fördern oder ihr Kind zum Trockenwerden (gar mit Belohnung) erziehen wollen. Eher führt dieses elterliche Eingreifen bei Kindern zu Unsicherheit und Frustration, die das Trockenwerden verlangsamen oder zu Rückschritten führen. Grundsätzlich beginnen Kinder selbst, sich für die Benutzung der Toilette durch die Eltern oder für ihr Töpfchen zu interessieren und darauf aufmerksam zu machen, dass sie eine volle Windel haben.

Leonie befindet sich (also) gerade in einer Entwicklungsphase, in der sie intensive Erfahrungen auf verschiedenen Ebenen macht:

– Mein Körper gehört mir, ich entscheide.
– Ich kann meinen Körper kontrollieren.
– Ich kann ein Bedürfnis steuern.
– Ich kann etwas bewirken und trage Verantwortung.

Sie übernimmt Eigenverantwortung für ihren Körper und erfährt, wie es ist, die eigenen Körperfunktionen zu kontrollieren. Es macht sie selbstständig und unabhängig. Inmitten dieser Erfahrungen empfängt Leonie nun durch das Eingreifen ihrer Mutter verschiedene Botschaften, die sie für sich folgendermaßen übersetzt:

– Die Signale, die mein Körper sendet, sind nicht wahr.
– Körperliche Signale muss ich also übergehen.
– Meine Mutter ist diejenige, die hier das Sagen hat, meine Bedürfnisse sind nicht wichtig.

Verhängnisvolle Botschaften, die Leonie hier empfängt und die sie in einen inneren Konflikt bringen:

– Wenn ich auf meine Bedürfnisse höre, widerspricht dies dem, was meine Mutter möchte.

Sie ist so zwischen der eigenen Autonomie und der Kooperationsbereitschaft zu ihrer Mutter hin- und hergerissen und entscheidet sich letztendlich – so wie fast alle Kinder – für die Kooperation mit ihrer Mutter. Leonie stellt ihr eigenes Bedürfnis zurück und wird so in einer wichtigen Autonomie- und Persönlichkeitsentwicklung gehemmt, was langfristig zu Störungen (zum Beispiel Rückfall beim Trockenwerden, Beeinträchtigung des Selbstwertgefühls) führen kann.

Wenn Eltern mit dieser Form von Macht agieren, können sich Kinder dem entweder nur fügen oder in den Ring steigen und den Kampf mit den Erwachsenen aufnehmen. An vielen Stellen entstehen so kraftraubende Machtkämpfe zwischen Eltern und Kindern.

Wie lässt sich diese Situation verändern? Indem wir Verantwortung übernehmen und mit unseren Kindern in einen Dialog gehen. Leonies Mutter könnte zu ihrer Tochter etwa Folgendes sagen:

»Es tut mir leid, dass ich dich nicht auf die Toilette habe gehen lassen und dich damit in diese Situation gebracht habe. Ich habe etwas falsch gemacht und nur an mich gedacht. Es ist nicht deine Schuld. Das nächste Mal werde ich versuchen, es anders zu machen.«

So übernimmt Leonies Mutter auch die Verantwortung für das Entstehen der Situation. Die verhängnisvollen Botschaften, die Leonie zunächst empfangen hat, können in neue Botschaften verwandelt werden, und Leonie kann verstehen: Ihre Bedürfnisse zählen (doch) (»Mama hat es erst später gemerkt«). Sie wird ernst genommen und sie ist nicht schuld. Das heißt, sie trägt keine Verantwortung dafür, dass ihre Mutter ärgerlich ist. Leonies Mutter würde damit ihre elterliche Verantwortung übernehmen und ihre Tochter entlasten.

Auch Kinder haben Bereiche, die in ihrer Verantwortung liegen. Das Ziel von Eltern ist es heutzutage überwiegend, ihre Kinder zu selbstständigen, selbstbewussten und verantwortungsvollen Menschen zu erziehen.

Das Selbstwertgefühl

Die Entwicklung des Selbstwertgefühls ist das entscheidende Merkmal für das gesunde Aufwachsen von Kindern. Das Selbstwertgefühl kann wachsen, wenn wir von einer uns nahestehenden Person die Botschaft »Du bist o.k., so wie du bist« erfahren. Zum einen wird die Sehnsucht nach Verbundenheit erfüllt, zum anderen liegt hier aber *auch* der Schlüssel zum Wachstum eines gesunden Selbstwertgefühls. Die Botschaft an Kinder, dass sie so, wie sie sind, »richtig« sind und »angenommen« werden, ist wie ein Samen, der genährt wird durch die weitere Erfahrung, im gemeinsamen Tun mit anderen Menschen für diese wertvoll und wichtig zu sein.

Dafür ist es notwendig, dass Kinder auch Erfahrungen mit Eigenverantwortung machen können. So ist es wesentlich, dass Kinder für die Bereiche, in denen es ihnen möglich ist, auch eigene Verantwortung übernehmen dürfen. Jesper Juul hat darauf hingewiesen, dass Kinder ein Recht auf Eigenverantwortung haben. Sie können Verantwortung übernehmen:

- von Geburt an für ihren Geschmack und den Appetit,
- ungefähr zur Zeit der Einschulung für ihr Schlafbedürfnis,
- für ihre Hausaufgaben,
- für die Auswahl ihrer Freunde,
- für ihr Aussehen,
- für die Hygiene,
- für ihre Kleidung,
- für den Umgang mit ihrem Taschengeld
- und für ihre eigenen Gefühle und Handlungen.

150

Vielen Eltern scheint die Abgabe oder zumindest das Teilen der Verantwortlichkeiten mit dem Kind und die damit verbundene Machtaufgabe erst mal völlig unmöglich. Also gut, wird vielleicht der eine oder andere sagen: Dass unser Kind sich seine Freunde selbst aussuchen soll, das ist nachvollziehbar – auch, wenn wir uns manchmal andere Freunde für unser Kind wünschen. Aber schon beim Haarschnitt oder der Kleidung haben Eltern oft so klare Vorstellungen davon, wie das Kind sein soll, sodass Kinder hierdurch an einer Übernahme von Eigenverantwortung gehindert werden. Ganz unvorstellbar für viele Eltern ist jedoch die Möglichkeit, dass Kinder Verantwortung für ihr Schlafbedürfnis oder die Hausaufgaben übernehmen können. »Mein Kind soll selbstständig ins Bett gehen, wann es will? Unser Kind soll Hausaufgaben machen oder eben nicht?«, fragen Eltern dann ungläubig.

Nein, so meine ich es nicht. Es geht nicht darum, dass das Kind immer und zu jeder Zeit machen kann, was es will, oder dass es in dieser Verantwortung sich selbst überlassen bleibt. Es geht darum, dass das Kind Verantwortung für sich und das eigene Handeln übernehmen und eigene Erfahrungen mit sich und dem Umfeld machen darf.

? *Liebe Katia Saalfrank!*

Meine elfjährige Tochter Malin kommt nun schon zum zweiten Mal mit einer Katastrophenmeldung aus der Schule. Sie hat wiederholt die Hausaufgaben in Englisch nicht gemacht, und deshalb hat der Lehrer Nachsitzen angeordnet. Ich würde mich gar nicht so aufregen, wenn es nicht das zweite Mal wäre. Auch in Mathe hat sie die Hausaufgaben nicht gemacht, ich musste einen Zettel vom Lehrer unterschreiben. Seitdem hat Malin Fernsehverbot, und das Freundinnentreffen am Wochenende habe ich ihr auch untersagt. Irgendwie bringt das aber nicht wirklich was. Es scheint ihr völlig egal zu sein. Keine Ahnung, warum. Frü-

her hat sie immer ihre Hausaufgaben gemacht. Soll ich jetzt
das Hausaufgabenheft wieder einführen, wieder alles kon-
trollieren und mich neben sie setzen? Ich dachte eigentlich,
dass sie das jetzt selbst kann. Was soll ich tun?
Hilflos,
Ihre Manuela P.

Meine Antwort:
Liebe Manuela P.,
dass Sie aufgebracht sind und sich ärgern, kann ich
gut nachvollziehen. Sie fühlen sich verantwortlich dafür, dass in der Schule alles glattläuft, und auch dafür,
dass Ihre Tochter ihre Hausaufgaben erledigt und in
der Schule vorlegt. Ihrer Mail entnehme ich, dass Sie
sich als Mutter offensichtlich auch in der Vergangenheit hierfür verantwortlich gefühlt haben. Sie haben das
Hausaufgabenheft kontrolliert und teilweise auch neben Ihrer Tochter gesessen, um sie bei den Hausaufgaben unterstützen zu können. Es geht mir nicht darum,
das zu bewerten und einzuordnen in Kategorien wie gut
oder schlecht, richtig oder falsch. Mir geht es darum zu
schauen, was passiert ist und wo die Verantwortlichkeiten liegen.
Bisher – so lese ich es aus Ihren Schilderungen heraus –
lag es nicht in der alleinigen Verantwortung von Malin,
ihre eigenen Hausaufgaben zu erledigen. Sie haben vermutlich zumindest den Part der Erinnerung, der Struktur (wann werden die Hausaufgaben gemacht?) und der
Kontrolle übernommen. Jedenfalls, so verstehe ich Sie,
haben Sie maßgeblich dafür gesorgt, dass die Hausaufgaben am nächsten Tag vorlagen und in einem Zustand
waren, der akzeptabel für Sie und auch den jeweiligen
Lehrer ist.

Ich kenne viele Eltern, die unter diesem Druck stehen und die Verantwortung für die Erledigung der Hausaufgaben übernehmen. Hausaufgaben gehören zur Lehrer-Schüler-Beziehung. Hier haben Sie zeitweise eine Aufgabe übernommen, die eigentlich nicht die Ihre ist. Durch die Benachrichtigung, die Sie nun auch noch unterschreiben mussten, verstärkt sich nicht nur der Druck für Sie, Sie werden auch zum verlängerten Arm des Lehrers. Vielleicht überlegen Sie für sich, ob Sie diese Rolle so annehmen?

Weiter könnten Sie überlegen: Was bedeutet diese Situation für Ihre Tochter? Zunächst einmal, dass Malin an dieser Stelle von Verantwortung entlastet war, denn die haben Sie wie selbstverständlich übernommen. Dadurch ist sie in ihrer Entwicklung ein Stück beschnitten worden. Es fehlen ihr wichtige Erfahrungen, weil sie in ihrem Handeln (zum Beispiel, wann mache ich Hausaufgaben?) lange fremdbestimmt wurde. Sie hat für sich nicht die Notwendigkeit erfahren, sich selbst an die Hausaufgaben zu erinnern, sich zeitlich zu strukturieren und auch eine Möglichkeit der Eigenkontrolle (wie sehen die Aufgaben aus?) zu entwickeln.

Und nun wollen Sie mit einem Mal, und das kommt für Malin überraschend, dass sie diese Verantwortung selbst übernimmt. Daraufhin reagiert Ihre Tochter erst mal ganz nachvollziehbar: Sie ist verwirrt und auch überfordert. Mal erledigt sie alles, mal nicht. Oder anders: Mal kann sie es und mal scheint sie überfordert. Aus Sicht von Malin ist es so: Jahrelang hat sie mit Ihnen quasi im Team gearbeitet. Sie haben erinnert, und es galt vermutlich die Regel: erst die Hausaufgaben, dann Freizeit. Malin hat sich an das, was Sie wollten, (gern) angepasst, weil sie mit Ihnen auch gern kooperiert. Sie hat sich – weil Sie es so wollten – an diese Aufgabe erinnern lassen, hat von Ihnen eine zeitliche Vorgabe bekommen und sich zudem noch kontrollieren lassen. Aus ihrer Sicht hat sie alles getan, damit Sie als Mutter zufrieden sind. So gesehen ist es vielleicht besser nachzuvollziehen, wie schwierig es für Malin ist zu verstehen, dass das nun alles falsch gewesen sein soll und sie nun plötzlich selbst und allein verantwortlich sein muss – und das ohne jegliche Vorerfahrung.

Wenn Sie nun wollen, dass Ihre Tochter diesen Bereich eigenverantwortlich übernimmt, können Sie das mit ihr besprechen. Bisher ist mein Eindruck, dass sich Malin nicht so verhält, weil sie Sie ärgern möchte. Das jedoch wird sich ändern, wenn Sie mit ihr nun in einen destruktiven Machtkampf geraten und auf das Nichterledigen der Hausaufgaben auf der Verhaltensebene mit Strafen und Verboten reagieren.

Damit Sie mit Malin in einen konstruktiven Dialog gehen können, müssen Sie zunächst anerkennen, dass sie das Recht hat, ihre eigenen Wünsche, Anliegen und Emotionen zu äußern, und selbst einen Perspektivwechsel wagen. Sehen Sie die Situation mit den Augen von Malin: Erst wenn Sie sich in Ihre Tochter einfühlen können, ist es möglich, etwas über ihre Gedanken- und Gefühlswelt zu erfahren und sie so besser zu verstehen. Was können Sie also tun?

Sie können mit Ihrer Tochter in einen persönlichen Dialog gehen und zuallererst für die entstandene Situation die Verantwortung übernehmen. Sie können ihr sagen, dass Sie sehen, dass Sie als Mutter bisher dafür gesorgt haben, dass sie ihre Hausaufgaben macht, und dass Sie den Wunsch haben, daran etwas zu ändern. Vielleicht fragen Sie auch, wie es Ihrer Tochter geht, was ihre Gedanken, Gefühle und Wünsche sind und was sie braucht, um die Verantwortung übernehmen zu können. Beim Dialog mit unseren Kindern ist immer entscheidend, *wie* wir ihn führen, welche Tonalität können wir wählen und was wollen wir transportieren. Malin soll nicht belehrt, korrigiert oder an das von Ihnen gewollte Verhalten angepasst werden. Vielmehr geht es darum, sie mit ihren Bedürfnissen zu hören, sie zu verstehen, zu ermutigen und ihr Vertrauen entgegenzubringen, dass sie den Bereich Hausaufgaben in ihre eigene Verantwortung nehmen kann. Malin sendet klare Signale der Überforderung, auf die Sie mit Verboten reagieren. Bei Ihrer Tochter kommt dadurch an: *Es ist mir egal, ob du die Aufgabe übernehmen kannst oder nicht. Ich will gar nicht wissen, wie du dich fühlst.* Wenn Sie sich nun hier einfühlen: Wie wäre es für Sie, eine solche Botschaft in einer Überforderungssituation zu empfangen? Und was würden Sie sich von anderen dann wünschen? Eine gute Frage an Ihre Tochter wäre dann: Was brauchst du von mir (als Mutter), was kann ich tun, damit du die Verantwortung übernehmen kannst?

Herzlich,
Ihre Katia Saalfrank

Für Eltern ist es oft ungewohnt, und es fällt ihnen nicht leicht, Kindern einen Bereich verantwortlich zu überlassen. Zu wenig trauen wir den Kindern zu und zu sehr sind wir verhaftet in eigenen Vorstellungen, wie etwas aus unserer Sicht zu sein hat. Und zu groß ist die Angst, die Kontrolle über unsere Kinder zu verlieren. Wenn Eltern es schaffen, sich von eigenen Vorstellungen zu lösen und stattdessen Kinder zu begleiten und sie in ihren Bedürfnissen ernst zu nehmen, unterstützen sie hiermit die gesunde Entwicklung des Selbstwertgefühls der Kinder und stärken deren Fähigkeit, eigenverantwortlich zu handeln.

Daneben ist es aber auch schwierig für uns Erwachsene, die Verantwortlichkeit, die bei uns liegt, in letzter Konsequenz anzunehmen. Verantwortung als Eltern für Kinder zu übernehmen heißt, sich mit den Kindern gemeinsam zu entwickeln, sich auszuprobieren und auch elterliches Handeln und eigene Haltungen selbst zu hinterfragen und hinterfragen zu lassen.

2. Die eigenen Grenzen kennen

Welche Vorstellungen Eltern von »Grenzen« in Bezug auf ihre Kinder haben, hängt oft damit zusammen, welche Grenzen sie in ihrer eigenen Kindheit erfahren haben und als was sie Grenzen erlebt haben. Was genau verstehen wir unter Grenzen?

Ich habe einmal eine junge Frau beraten, die gerade Mutter geworden war und nicht wusste, wo und wie sie Grenzen setzen soll. Sie erzählte, dass sie eine Kindheit ohne jede Grenze gehabt habe: Sie und ihre Geschwister lebten bei ihrer Mutter, die sehr mit sich selbst und ihren eigenen Problemen beschäftigt war. Die Kinder durften wirklich alles! Alles, was die Nachbarskinder nicht durften. Sie durften essen, wann und was immer sie wollten, sie konnten kommen und gehen, wann sie wollten, sie durften bis tief in die Nacht fernsehen – auch Filme, die für sie gar nicht geeignet waren. Sie konnten Freunde mitbringen oder bei diesen übernachten, ohne um Erlaubnis bitten zu müssen. Sie genossen also Freiheiten, von denen andere Kinder nur träumen konnten.

Für den einen oder anderen mag sich dies nach einer glücklichen Kindheit anhören. Aber die junge Frau war gar nicht fröhlich. Sie wurde bei ihrer Erzählung ganz traurig. Denn ihr fehlte etwas ganz Entscheidendes. »Meine Mutter hat es nicht besser gewusst«, erzählte sie, »aber das Schlimme für mich ist immer gewesen: Es war immer alles so egal, nichts hatte Bedeutung! Es hat niemanden interessiert, was ich getan oder nicht getan habe!«

»Es ist alles egal« heißt gleichzeitig: »*Du bist egal!*«

»Es interessiert niemanden, was ich tue oder nicht tue« heißt gleichzeitig: »*Ich interessiere niemanden! Keiner hat Interesse an mir und daran, wie es mir geht! Ich bin nicht von Bedeutung.*«

Bei dieser Geschichte wird sehr deutlich, welche Botschaften diese »Grenzenlosigkeit« der Mutter enthielt. Sie sind bei der jungen Frau vor allem als Lieblosigkeit und Desinteresse an der eigenen Person angekommen. Die Folge waren große Selbstzweifel und letztendlich auch eine tiefe verzweifelte Trauer. »*Ich hatte kein richtiges Zuhause!*«

Ich finde das treffend formuliert. Sie war einsam und immer voller Sehnsucht nach Menschen, die sie verstehen und sich für sie interessieren – also auf der Suche nach tiefer Verbundenheit.

Grenzen bedeuten also auch Sicherheit und Geborgenheit. Aber wodurch genau zeichnet sich ein Halt gebender Umgang mit Grenzen aus? Ratgeber fordern Eltern dazu auf, ihre Regeln »konsequent« und mit »klaren Ansagen« durchzusetzen. Wenn wir über den Umgang mit Kindern diskutieren, sprechen wir immer auch über die Frage, wie wir Kinder dazu bringen, die vorgegebenen Grenzen einzuhalten.

》》

Marius ist vier, sein kleiner Bruder Ben ist anderthalb Jahre alt. Sie spielen zusammen im Kinderzimmer. Plötzlich ist das Geschrei groß. Die Mutter stürzt hinzu, nimmt den kleinen Ben, der heftig schluchzt, auf den Arm und fragt, zu ihrem älteren Sohn gewandt: »Was hast du gemacht, Marius?« Marius weint und zeigt auf seine Eisenbahn. Einige Schienen sind herausgerissen, die Brücke ist zerstört und die Waggons liegen mit den Rädern nach oben auf dem Teppich. »Was hast du gemacht?«, beharrt die Mutter auf ihrer Frage, ohne die zerstörte Spiellandschaft zu beachten.

»Ben hat meine Eisenbahn kaputt gemacht«, setzt Marius zur Erklärung an.

»Und was hast du gemacht?«, fragt seine Mutter wieder.

»Ich habe ihm gesagt, dass er aufhören soll, aber er hat nicht aufgehört.«

»Und dann?«

»Dann habe ich ihm die Eisenbahn weggenommen.«

»Ben ist noch klein!«, entgegnet seine Mutter. »Er kann noch nicht richtig spielen.«

»Ja«, sagt Marius und senkt den Kopf.

Die Mutter nimmt Marius die Eisenbahn weg und sagt: »Das war nicht in Ordnung, Marius, du weißt das! Eben hast du noch so schön mit Ben gespielt, und jetzt … Also, du kennst doch unsere Regel: Wir nehmen einander nichts weg! Deshalb musst du jetzt auf den stillen Stuhl.«

Marius muss sich auf einen Stuhl setzen und drei Minuten lang dort ruhig sitzen bleiben. In dieser Zeit beachtet ihn seine Mutter nicht besonders, sie spielt mit Ben. Marius schaut sehnsüchtig zu seinem kleinen Bruder. Bald hat er es geschafft. Er darf den Stuhl verlassen. Seine Mutter lobt sein Verhalten, und er darf wieder mitspielen.

Hier sind Grenzen als bestimmte Regeln innerhalb der Familie definiert worden. Marius kennt diese internen »Spielregeln«. Er weiß auch, was geschieht, wenn er sie übertritt. Er hat eine Regel gebrochen (»Wir nehmen einander nichts weg«), und um diese Grenze deutlich zu machen, setzt seine Mutter ein autoritäres Mittel ein. Werden hier nun Sicherheit und Geborgenheit für Marius spürbar? Sicherheit ist hier insofern ein Aspekt, als er sich darauf verlassen kann, dass er – sobald er sich nicht so verhält, wie seine Mutter es von ihm erwartet bzw. die Regeln es verlangen – auf den »stillen Stuhl« muss, um seine Strafe dort abzusitzen. Ein Gefühl der Geborgenheit wird sich bei dieser Form der Grenzsetzung nicht einstellen, weil die Mutter als eine Art Polizist auftritt. Sobald eine Regel verletzt, eine Grenze übertreten ist, fungiert sie als Gesetzeshüter und Richter zugleich. Sie benennt die verletzte Regel, spricht das Urteil und verkündet die Strafe. So bleibt diese Beziehung unpersönlich und sachlich.

Dabei ist das Familienleben nicht mit dem Straßenverkehr vergleichbar. Es ist nicht zu steuern über einen Regelkatalog und durch die Ahndung von Grenzüberschreitungen und Regelbrüchen. In der Familie sind die Beziehungen nah und warm. Hier stehen Austausch und Miteinander im Vordergrund, und dazu gehören auch Konflikte, die es dann zu lösen gilt. Es geht hier also darum, zu verstehen, wie sich Marius fühlt, wenn sein kleiner Bruder seine sorgfältig aufgebaute Eisenbahn zerstört, oder wie sich Ben fühlt, wenn er etwas weggenommen bekommt.

Die emotionale Ebene jedoch spielt in der hier dargestellten Szene keine Rolle. Marius empfängt die Botschaften:

– Ich bin hier so, wie ich bin, nicht erwünscht. So wie ich bin, werde ich nicht gemocht und nicht geliebt.
– Meine Gefühle sind nicht wichtig und nicht richtig.
– Meine Bedürfnisse werden ignoriert.

Geschwisterkinder

Während das erste Kind in eine Paarbeziehung hineingeboren wird, kommt jedes weitere Kind in eine bereits bestehende Familie. Die gesamte Konstellation verändert sich mit Ankunft des Neugeborenen, alle Familienmitglieder müssen sich neu sortieren, Rollen müssen sich anders verteilen und neu finden. Die Geburt eines Geschwisterkindes ist deshalb nicht nur für die Eltern ein einschneidendes Erlebnis, sondern stellt auch für das erstgeborene Kind neben der Freude, die es empfindet, eine große Herausforderung dar. Neben der Notwendigkeit für das ältere Kind, eine neue Rolle finden zu müssen, ist diese Phase von schmerzhaften Verlustgefühlen geprägt. So stellt es mit einem Mal fest, dass ihm die elterliche Aufmerksamkeit, insbesondere die der Mutter, nicht mehr ungeteilt zukommt, was zu tiefer Verunsicherung führen kann. Es fühlt sich (zu Recht) von einem Moment auf den anderen nicht mehr im gewohnten Maße beachtet und deshalb womöglich weniger geliebt. Die Angst, die Liebe der Eltern zu verlieren, wird von Kindern in diesem Moment als existenziell bedrohlich empfunden. Es ist aus diesen Gründen nachvollziehbar, dass ältere Geschwister ambivalente, manchmal auch negative Gefühle gegenüber dem Neuankömmling entwickeln können und auch wütend auf den kleinen Menschen werden, der ihnen, wie sie glauben, die Mutter oder den Vater wegnehmen könnte. Diese Gefühlsausbrüche können sehr heftig sein, da sie ihre Gefühle noch nicht in Worte fassen können. Wenn sie selbst noch jünger sind, kann sich ihre Eifersucht in Form von kleinen Tätlichkeiten gegen das Baby äußern: Sie kneifen, werfen mit Dingen nach ihm und schlagen vielleicht auch ganz explizit vor, das Baby lieber wieder »zurückzugeben«.

Ältere Kinder, die schon vertrauter sind mit den Verhaltenserwartungen des sozialen Umfelds, äußern ihre Eifersucht vermutlich nicht so explizit, selbst wenn sie sie bereits in Worte fassen könnten. Aber sehr wahrscheinlich haben auch sie entsprechende Gefühle und sind emotional verunsichert. Manche Kinder verändern dann ihr Essverhalten, manche werden in der Schule unaufmerksamer, manche zeigen kleine Aggressionen gegen ihre Eltern oder Geschwister.

Es ist wichtig, dass Eltern hier zum einen das Neugeborene unaufgeregt schützen und eventuell mit erhöhter Aufmerksamkeit die Gesamtsituation betreuen, zum anderen aber auch Verständnis für die Gefühle der Erstgeborenen entwickeln und besonders liebevoll reagieren, indem sie die Kinder auf den Schoß nehmen, auch sagen, dass sie das Hauen nicht wollen, ihnen aber vor allem sagen, dass sie geliebt sind. Wenn Eltern mit Schimpfen, Vorwürfen oder gar Strafen reagieren, verstärkt sich das Gefühl der Kinder, sie seien nicht geliebt, um ein Vielfaches, und das Verhalten der Eltern wird von ihnen als Bestätigung ihres Gefühls angesehen. Eltern erreichen somit das Gegenteil dessen, was sie eigentlich beabsichtigen. Problematisch wird die Situation dann, wenn sich beim Kind die grundsätzliche Überzeugung einstellt, dass es von seinen Eltern abgelehnt und mit seinen Bedürfnissen nicht gesehen wird. Wesentlich ist, dass Eltern die Gefühle der älteren Geschwister nicht bagatellisieren und die Signale ihrer Kinder beachten und ernst nehmen. Die »großen Geschwister« brauchen gerade in den ersten Monaten, nachdem das Neugeborene dazugekommen ist, viel Zuneigung, Wärme und Körperkontakt – und Eltern, die mit ihnen über die veränderte Konstellation in der Familie sprechen, damit sie die Sicherheit bekommen, dass sie immer noch in gleicher Weise geliebt und aufgehoben sind wie vor der Geburt des Bruders oder der Schwester.

Der eigentliche Konflikt zwischen Marius und seinem Bruder bleibt ungelöst, was bei Marius zu Wut führt, die sowohl an seinen Bruder als auch an seine Mutter weitergegeben wird. Dabei liebt die Mutter ihre beiden Jungs. Sie reagiert nur lieblos, weil sie die Vorstellung hat, dass dies zur Rolle der Mutter gehört. Dabei ignoriert sie nicht nur die Gefühle und Bedürfnisse der Kinder, sondern häufig auch ihre eigenen. So äußern Eltern oft, dass es ihnen schwerfalle, diese Konsequenzen und Strafen durchzuhalten. Es gelingt ihnen nur, weil sie denken, es sei richtig und gut für ihre Kinder, da die Umwelt immer wieder zu konsequentem elterlichen Verhalten aufruft.

Vielleicht kennt der eine oder andere Leser die »Auszeit« als

Maßnahme, weil er mal im Fernsehen gesehen hat, wie sie in der Anfangsphase meiner öffentlichen Arbeit mit Familien angewandt wurde. Diese Maßnahme geht zurück auf die Methode von »Tripple P«, einem Erziehungsprogramm, das stark auf Verhaltensanpassung setzt und welches Teil des damaligen Konzepts der Fernsehsendung (aus dem englischen Originalformat kommend) war. Auch in pädagogischen Ratgebern wird die Methode der »Auszeit« für das Kind empfohlen, zum Beispiel von Annette Kast-Zahn in ihrem Buch »Jedes Kind kann Regeln lernen«:

»Vielen Kindern hilft der ›Stille Stuhl‹, sich wieder an die Familien-Regeln zu erinnern. Sie wollen lieber nach kurzer Zeit weiterspielen, statt eine Auszeit in einem anderen Zimmer zu riskieren. Deshalb ist der ›Stille Stuhl‹ eine sanfte und trotzdem effektive Konsequenz.«

Für mich hat sich diese Methode nach kurzer Zeit als wenig hilfreich, ja sogar als destruktiv erwiesen. Es wurde schnell deutlich, dass das Kind dabei nicht nur massiv in seiner Autonomie eingeschränkt, sondern auch in seiner Persönlichkeit gekränkt und dessen persönliche Grenzen verletzt wurden. Zwischen den Zeilen kommt dabei eine Grundbotschaft beim Kind an: »Ich will, dass du meine Grenze wahrst, deine Grenze jedoch hat keine Bedeutung für mich!«

Wie aber können wir Grenzen setzen, ohne die Integrität der Kinder zu verletzen? Wenn ich heute mit Eltern über diese Frage spreche, so erlebe ich oft Verunsicherung. Eltern schwanken zwischen dem Wunsch, ihre Liebe in Form von Fürsorglichkeit auszudrücken, und der Frage, wie weit sie ihre eigenen Bedürfnisse gegenüber den vermeintlichen Bedürfnissen des Kindes hintanstellen dürfen und sollen. Aus diesem Zwiespalt entsteht immer wieder die Frage: Wie und wann genau setze ich eine Grenze?

162

Neulich im Schwimmbad

Ein etwa sechsjähriges Mädchen ist mit ihren Eltern in der Schwimmhalle aufgetaucht. Die Mutter hält die Hand des Mädchens, welches jedoch unzufrieden wirkt und trotzig die Hand der Mutter mit einer großen Geste von sich schleudert. Sie verzieht das Gesicht, schaut missmutig ihre Mutter an und verschränkt die Arme vor der Brust. Dann macht sie ein, zwei Sprünge zum Vater und sucht dessen Hand. Der Vater greift sie liebevoll und versucht, sie aufzumuntern. Er zeigt auf die Liegestühle und erklärt ihr, dass sie zunächst die Handtücher dort ablegen müssen, bevor sie ins Wasser steigen können. Das Mädchen wirkt immer noch unwillig, verschränkt wieder die Arme vor der Brust, streckt dann beide Hände aus und möchte offensichtlich, dass ihre Eltern sie in die Mitte nehmen. Die Eltern greifen beide freundlich lächelnd zu.

So bewegt sich die Dreiergruppe langsam auf die Liegestühle zu und diskutiert, welche drei Sitzgelegenheiten es nun sein sollen. Die Halle ist nicht gut besucht, und einige Stühle sind frei. Der Vater entscheidet sich für einen Platz, legt sein Handtuch ab und setzt sich, seine Frau folgt ihm. Das Mädchen steht unzufrieden vor den beiden. »Nein, nein, da«, sagt sie und deutet auf einen Stuhl, der zwei Meter weiter steht.

»Aber Finchen, jetzt sitzen wir doch hier«, versucht es der Vater vorsichtig.

»Ich will aber da«, jault Finchen.

»Na gut«, seufzt die Mutter lächelnd, steht auf, streicht ihrer Tochter im Vorbeigehen über den Kopf und setzt sich auf den von Finchen bevorzugten Liegestuhl. »Meinst du diesen hier?«, fragt sie sanft. Auch der Vater hat den Platz gewechselt.

»Ja, eigentlich schon«, setzt das Mädchen an, »aber die da-

hinten sind noch besser.« Sie zeigt auf die Liegestühle am anderen Ende des Schwimmbeckens.

»Ach, die meintest du. Komm, jetzt lass uns hierbleiben. Hier können wir auch gut alle Becken sehen«, versucht der Vater seine Tochter zu überzeugen, denn er hat mittlerweile ein Buch, die Zeitung und Handtücher aus dem Rucksack geräumt.

Das Mädchen jedoch ist damit gar nicht einverstanden. Sie hüpft ungeduldig auf und ab. »Neiiin, die dahinten!«, hallt es schrill durch die Halle.

Jetzt versucht es die Mutter: »Aber Finchen, schau mal, wir sind doch schon auf diese Stühle hier gewechselt, jetzt lass uns doch hier bleiben. Sollen wir erst mal was zu trinken kaufen?«

»Nein!«, schreit Finchen und stürmt heulend auf die neu auserwählten Liegestühle am Ende des Schwimmbeckens zu. Sie lässt sich dort nieder und dreht sich mit verschränkten Armen zu ihren Eltern um. Diese machen sich tatsächlich wieder auf den Weg. Der Vater klemmt sich die bereits ausgepackten Utensilien unter den Arm, und so setzen sich die schwer bepackten Eltern wieder in Bewegung und gehen ans andere Ende der Schwimmhalle, wo Finchen zusammengekauert auf den Liegestühlen wartet.

Als die Eltern fast bei ihr angekommen sind, setzt sie sich auf und fragt: »Kann ich Pommes haben?«

»Erst mal auspacken, oder? Und wollen wir nicht erst mal schwimmen?«, fragt ihr Vater.

»Lass sie doch«, sagt die Mutter und zu ihrer Tochter gewandt: »Willst du nicht lieber eine Pizza haben?« Es entwickelt sich wieder ein Hin und Her, bis schließlich Mutter und Tochter gemeinsam zum Kiosk gehen und mit einem Burger, einer Pizza und etlichen Getränken wieder zurückkommen. Kurz bevor sie die Liegestühle erreicht haben, werden sie allerdings vom Bademeister angesprochen, der

ihnen mitteilt, dass am Becken keine Speisen verzehrt werden dürfen. Finchen bricht wieder in lautes Gebrüll aus. Der Vater eilt herbei, es wird ein neuer Platz gesucht, schließlich auch irgendwann gefunden. Sachen werden wieder umgeräumt, Handtücher ausgelegt.

Endlich scheint es Zeit fürs Essen. Das Mädchen beißt einmal in den Burger, verzieht das Gesicht und sagt angewidert: »Bäh, der schmeckt nicht!«

»Waaas?«, rufen die Eltern entsetzt. Beide probieren und loben den vortrefflichen Burger in den höchsten Tönen.

»Probier doch noch mal, Finchen«, sagt ihre Mutter aufmunternd.

»Oder möchtest du lieber die Pizza fertig essen?«, fragt ihr Vater freundlich, aber erschöpft.

Und auch das Finchen hat genug. Sie erklärt plötzlich: »Hab keine Lust mehr, ich will nach Hause!« Das restliche Essen bleibt übrig, die Getränke bleiben unberührt auf dem Tablett zurück, die Taschen werden gepackt, und die Eltern folgen ihrer Tochter hastig in Richtung Dusche.

《《

Dies ist so eine Situation, die Kinderpsychiater dazu bringt, Kinder mit einem solchen Verhalten als »Tyrannen« zu bezeichnen und in diesem Zusammenhang Eltern zu raten, sich klar von ihren Kindern »abzugrenzen«, ihnen früh beizubringen, was »richtig« und »falsch« ist und den Kindern zu sagen, was sie tun oder lassen sollen. Ich halte es für destruktiv, Kinder so zu bezeichnen, und auch für unangebracht, Eltern in dieser Weise zu verunsichern. Denn dass manche Eltern so mit Kindern umgehen, ist darauf zurückzuführen, dass sie sich ein neues Verhältnis zum Kind wünschen. Sie probieren deshalb neuartige Wege aus und versuchen, aus den oft selbst erlebten autoritären Strukturen auszubrechen. Es ist ein Versuch, es anders zu machen. Das ist aus meiner Sicht grundsätzlich positiv zu sehen.

Bedauerlich ist es jedoch, dass über Eltern und ihre angeblich tyrannischen Kinder mitunter abfällig geurteilt und das Eltern-Kind-Verhältnis stark abgewertet wird. Dies beunruhigt Erwachsene offenbar so sehr, dass fast reflexartig der Ruf nach alten Werten wie Disziplin und Respekt laut wird. Damit wird der Versuch eines Umdenkens auf Elternseite häufig wieder im Keim erstickt. Verunsicherte Eltern versuchen dann mit schlechtem Gewissen, ihre Kinder wieder »in den Griff« zu bekommen, um sich nicht anhören zu müssen, bei der Erziehung ihrer Kinder »versagt« zu haben.

Ich kann nur hoffen, dass diese Tendenz nicht stärker wird, und gleichzeitig Eltern nur ermutigen, sich nicht verunsichern zu lassen, und sie einladen, sich auf einen Prozess einzulassen, genauer hinzuschauen, was hinter dem Beziehungsgeflecht wirklich liegt: Eltern wie die von »Finchen« (die eigentlich Josephine heißt) haben verschiedene Vorstellungen von sich und ihrem Kind, die dazu führen, dass sich ein solches Beziehungsgeflecht entwickelt:

- Das Kind ist unser gemeinsames »Projekt«.
- Das »Projekt« erhält unsere ungeteilte Aufmerksamkeit.
- Konflikten und Frustrationen gehen wir um jeden Preis aus dem Weg.
- Wir wollen allzeit positive Vorbilder sein, ruhig und unaufgeregt reagieren.

Wer glaubt, auf diese Weise würden Kinder umsorgt und umhegt und es fehle ihnen an nichts, der verkennt deren seelische Situation, denn tatsächlich fehlt es ihnen an elterlicher Fürsorge und emotionaler Sicherheit in der Beziehung. Diese Eltern stehen kaum in einem echten Kontakt, in einer authentischen Beziehung zu ihren Kindern. Sie zeigen sich nicht als Persönlichkeiten mit ihren eigenen Bedürfnissen und entwickeln sich so – im Glauben, fürsorglich und liebevoll zu handeln – zu einem regelrechten »Servicepersonal« für ihre Kinder. Servicepersonal, das wie in einem Hotel zwar allzeit freundlich und zuvorkommend auftritt, jedoch vorwiegend eine professionell-sachliche, servicebezogene Beziehung zum Gast eingeht. Ziel ist es, dass sich der Gast vor allem wohlfühlt. Das ist so gesehen auch das vorrangige Ziel der »Serviceeltern«. Ein »Nein« wird vermieden, jeder Auseinandersetzung wird ausgewichen, und alle Wünsche werden deshalb umgehend erfüllt – in der Hoffnung, den Kindern Frustrationen zu ersparen.

In den ersten Lebensjahren wirkt das oft noch umsorgend, mütterlich/väterlich und einfühlend. Später jedoch wird sichtbar, dass ein solcher Umgang stark auf Kosten der Entwicklung der Kinder geht. Die Kinder entwickeln sozial unverträgliche Züge, sie stellen ihre momentanen Bedürfnisse und unmittelbaren Wünsche in den Mittelpunkt und verlangen deren sofortige Befriedigung. Dies aber nicht, weil sie »Tyrannen« oder Egomanen sind, sondern weil die Grenzen der Erwachsenen, und damit das gesamte Gegenüber, nicht sichtbar sind. Den Kindern entgehen so wichtige Beziehungserfahrungen, und sie geraten auch in anderen sozialen Beziehungen in Konflikte, weil sie keine Erfahrungen mit Gefühlen und Bedürfnissen anderer Menschen haben.

Wenn Eltern sich derart zurücknehmen und ihre Persönlichkeit in allen Facetten, die zum Miteinander gehören, nicht zeigen, können Kinder nicht erfahren, dass andere Menschen auch Bedürfnisse und eigene Standpunkte haben. Durch die »Servicehaltung« bleiben Eltern konturlos und nehmen für Kinder keine klare Gestalt an. Kindern fehlt dann ein deutliches Gegenüber, welches das kindliche Verhalten spiegelt und beantwortet. Was fühlen die Eltern von Josephine denn wirklich, wenn sie zum dritten Mal den Platz wechseln? Was denken sie, wenn ein Schwimmbadbesuch endet, ohne dass auch nur einer der drei Familienmitglieder im Wasser gewesen ist? Da sie sich vorgenommen haben, immer freundlich, zurückgenommen und beherrscht zu agieren, bleibt ihre eigentliche Haltung verborgen. Ihre Tochter hat keine klaren Vorbilder, ihr fehlt es an Führung und an Orientierung. Sie bekommt Aufmerksamkeit und Zuwendung, dies jedoch in einem

Übermaß. Und: Sie erhält keine brauchbaren Antworten, weder auf der emotionalen noch auf der Handlungsebene. Für sie ist nicht erkennbar, was ihre Eltern eigentlich wollen und welche Position sie vertreten.

Josephine erlebt so einen Mangel an Geborgenheit und echter Zuwendung, was sie erheblich verunsichert. Diese Verunsicherung zeigt sich für Außenstehende deutlich in der ständigen Unzufriedenheit und der herrischen Art und Weise, die diese Kinder oft an den Tag legen. Was sich für uns als sozial unverträgliches Verhalten zeigt, ist im Grunde ein verzweifelter Versuch dieser Kinder, ihren emotionalen Mangel zu kompensieren und die Grenzen ihrer Eltern zu erfahren.

Auch wenn die Vorstellungen, was »Grenzen« sind und wie man mit ihnen umgeht, in den zuletzt beschriebenen Beispielen völlig unterschiedlich zu sein scheinen, gibt es doch einige Gemeinsamkeiten:

1. In allen Situationen bleiben die Eltern als *Persönlichkeiten unsichtbar.*
2. Sie können deshalb keine *echte Orientierung* für ihre Kinder bieten.
3. In allen drei Szenen werden die Kinder mit ihren *tatsächlichen Gefühlen und Bedürfnissen* nicht ernst genommen.

Dabei sind diese Aspekte so wesentlich für eine gesunde emotionale Entwicklung. Denn: Wie können Kinder unter diesen Bedingungen lernen, sich in andere Menschen einzufühlen, wie können sie bei diesen fehlenden Beziehungserfahrungen zu empathischen, konfliktfähigen und selbstbewussten Menschen heranwachsen? Wie können sie diese so wichtigen Beziehungsqualitäten für sich entwickeln, wenn sie keine konstruktiven Erfahrungen mit Gefühlen wie Wut, Trauer oder Enttäuschung machen dürfen, weil ihnen Erwachsene als Vorbilder und als echtes Gegenüber mit eigenen Grenzen fehlen?

Natürlich können wir weiterhin einfach Kindern unsere Grenzen (vor-)setzen, indem wir Verhaltensregeln aufstellen und dann die Übertretung dieser mit einer Strafe belegen. Was Kinder dann jedoch in diesen Situationen lernen, ist, dass sie gehorsam sein und sich darin üben sollen, das zu tun, was eine Autoritätsperson von ihnen verlangt.

Aber Kinder brauchen doch Grenzen, oder? Das fragen Eltern. Ja, die brauchen sie, allerdings keine von außen gesetzten. »Grenzen« verstehe ich nicht einfach als Verhaltensregeln im Umgang miteinander, sie sind vielmehr etwas, was jeder Mensch für sich selbst setzt. Und zwar nicht, um den anderen einzuschränken oder zu begrenzen, sondern um die eigene Haltung deutlich zu machen.

Die Frage ist aus meiner Sicht deshalb nicht: Wie können wir Kindern Grenzen setzen? Denn es geht nicht darum, dass wir Kinder »eingrenzen«, dass wir Wände aus elterlichen Verboten bauen oder Zäune aus Maßregelungen flechten. Ganz im Gegenteil ist es wichtig, dass wir Erwachsenen uns unserer eigenen Grenzen bewusst werden. Damit wir selbst wissen, was wir wollen, und damit wir das dann auch vertreten können. Die Kinder erleben Grenzen dann dadurch, dass sich Eltern positionieren. So erfahren sie: Der andere hat da eine Grenze! Und weiter: Auch ich habe also Grenzen und darf diese deutlich machen! Die Frage muss also umgekehrt lauten: Wie können Eltern mit ihren eigenen Grenzen sichtbar werden, damit Kinder auch ihre eigenen Grenzen erfahren? Menschen und ihre Grenzen werden für andere durch das Äußern ihrer Gedanken und das Zeigen ihrer Emotionen sichtbar.

Um eine Position vertreten zu können, ist es nötig, dass wir uns auch entsprechend äußern und eventuelle Auseinandersetzungen in Kauf nehmen. Voraussetzung hierfür ist es, »Nein« sagen zu können und den daraus womöglich resultierenden Konflikt nicht zu scheuen. Erwachsenen fällt das berühmte »Nein« eben deshalb so schwer; und viele Missverständnisse in Familien entstehen, weil Eltern, wenn sie »Ja« sagen, eigentlich »Nein« meinen.

Oft stellen wir Eltern rhetorische Fragen wie zum Beispiel: »Wollen wir jetzt mal Abendbrot essen?« oder »Gehen wir dann jetzt Zähneputzen?« Hier ist der Konflikt vorprogrammiert, denn Kinder kennen diese Form von Fragen nicht. Kinder sind sehr hartnäckig und hinterfragen uns und unsere Positionen (anders als Erwachsene) immer wieder, und sie wollen ein »Ja« oder ein »Nein«. Nicht, weil sie uns ärgern, sondern weil sie wissen wollen, was wir denken, und weil sie sich rückversichern, ob das, was wir denken, auch immer noch gilt.

Warum fällt uns ein »Nein« manchmal so schwer? Eine Antwort ist: Wir haben persönliche Erinnerungen aus der Kindheit und verbinden es mit elterlicher Unfreundlichkeit. Dennoch: Ein »Nein« zu umgehen, weil man vermeiden möchte, sich schlecht zu fühlen, führt allenfalls für den Moment zu einer konfliktfreien, oberflächlichen Lösung. Langfristig wird die Auseinandersetzung jedoch nicht zu vermeiden sein.

Mit einem »Nein« machen wir uns unter Umständen bei unserem Kind (in der Regel nur vorübergehend) unbeliebt. Wir *lieben* aber unser Kind und positionieren uns deshalb in dieser Form. Aber natürlich wollen wir *beliebt* bei ihm sein. Der Konflikt ist nun, dass ein »Nein« manchmal quasi aus unserer Liebe zum Kind und der elterlichen Verantwortung notwendig wird, auch wenn wir dadurch in Kauf nehmen, uns unbeliebt zu machen – diesen Konflikt gilt es auszuhalten. Es ist nicht so, dass Kinder uns bei einem »Nein« ernsthaft weniger lieben, auch wenn manch ein Kind seinem Ärger dann lauthals Luft macht: »Du bist doof, Mama! Ich hab dich gar nicht mehr lieb, Papa!« Dies drückt eher den aus Sicht der Kinder berechtigten Ärger aus und zeigt, dass sich die Kinder noch nicht differenziert artikulieren können. Statt: »Ich ärgere mich, dass ich jetzt kein Eis bekomme« sagen sie dann: »Du bist doof!«

Auch wenn wir es oft nicht gut aushalten können: Für die Beziehung zu unseren Kindern sind diese Momente äußerst wichtig. Denn es ist der Qualität der Beziehung zuträglich, wenn wir uns im Kontakt mit den Kindern authentisch mit unseren Grenzen zeigen, wenn wir aus unserer bisherigen Rolle als Mutter oder Vater ein Stück heraustreten und uns als Persönlichkeit zeigen können. Und: Ein »Nein« muss nicht böse und voller Wut und Ärger ausgesprochen werden, sondern kann durchaus auch in liebevollem und fürsorglichem Ton vermittelt werden. So können wir es schaffen, im gleichwertigen Dialog unsere Grenzen zu zeigen, ohne die Integrität, die persönliche Grenze des anderen zu verletzen.

3. Der gleichwertige Dialog: authentisch sein, persönlich werden

Wie können wir mit unseren Kindern in einen gleichwertigen Dialog kommen; was heißt es, authentisch zu sein, und was meint »persönlich« in diesem Zusammenhang?

Verständigung läuft immer auf verschiedenen Ebenen ab, und die jeweilige Form ist davon abhängig, mit wem wir uns austauschen. Die Kommunikation in unserer Gesellschaft ist angefüllt mit Gesprächsfloskeln, die oft einen bestimmten Zweck erfüllen, inhaltlich jedoch eher belanglos sind.

Fragen wir als Einstieg in ein Gespräch einen anderen: »Oh, lange nicht gesehen, wie geht es dir?«, sind wir in der Regel nicht wirklich interessiert daran, wie es unserem Gegenüber geht, wie es in seinem Inneren aussieht und was ihn emotional beschäftigt. Es ist vielmehr der Beginn eines eher formellen Austausches, eine Form der Kontaktaufnahme, die allerdings nicht zu viel Nähe zwischen den Beteiligten aufkommen lassen soll. Wir haben gelernt, dass es höflich ist, sich anderen Menschen so zu nähern, ohne wirklich in eine nahe Beziehung zu treten. Zum einen hängt das mit sozialen Kommunikationsregeln in unserer Gesellschaft zusammen, wie sie zum Beispiel für den Smalltalk gelten. Zum anderen hat es auch damit zu tun, dass wir es nicht gewohnt sind, persönliche Nähe in Beziehungen zu uns nicht allzu vertrauten Menschen zuzulassen. So schützen wir uns durch die Art, wie wir kommunizieren, auch wenn die Gefahr besteht, zu persönlich zu werden, zum Beispiel wenn wir heraushören, dass es dem anderen tatsächlich nicht so gut geht. Sogleich haben wir eine Anzahl von Antworten parat, die verhindern sollen, dass alles zu persönlich, zu nahe wird und zu sehr an uns herankommt:

> Ach, jedem geht es doch mal schlecht!
> Du brauchst nur mal Urlaub!
> Du brauchst nur ein bisschen Abwechslung!
> Das wird schon wieder!
> Kopf hoch und halt die Ohren steif!

Solche Sätze nenne ich »Hintertürchen«-Antworten, weil sie uns die Gelegenheit zum Ausweichen geben. Im gesellschaftlichen Miteinander sind derartige sprachlichen Gepflogenheiten gelegentlich erwünscht und können nützlich und richtig sein.

In der Familie jedoch, wo Menschen eine sehr persönliche Bedeutung für uns haben, spielt Nähe auf allen Ebenen eine wichtige Rolle: Es geht um Liebesbeziehungen. Hier ist es wesentlich, dass wir persönlich werden (können und dürfen), dass wir uns zeigen mit unseren Haltungen und Bedürfnissen und keine »Hintertürchen« nutzen. Nur so können wir unsere Bedürfnisse mit dem anderen abstimmen, Kompromisse suchen und Konflikte lösen. Kinder können eine authentische Form des Dialogs nur »erlernen«, wenn Erwachsene ihnen auf diese Weise begegnen und sie die Möglichkeit haben, mit Menschen, die ihnen nah sind, in einen solchen echten Austausch zu gehen. Das ist manchmal nicht leicht, denn wir Eltern müssen diese Form des Dialogs auch oft erst (wieder) erlernen.

Kinder hinterfragen uns dabei und merken sehr schnell, wenn die sprachlichen und nicht sprachlichen Anteile einer Aussage nicht zusammenpassen. Besser ist es für sie, wenn wir sagen, was wir denken und fühlen, und die Kinder nicht mit Antworten abspeisen, die offensichtlich nicht mit dem übereinstimmen, was wir ausstrahlen. Wenn beispielsweise eine Mutter gerade ein emotionales Telefonat hatte, aufgebracht und wütend ist und dann zu ihrem Kind sagt: »Es ist alles in Ordnung, Mäuschen«, wird das Kind unsicher. Es nimmt durch Gesten, die Mimik und den Tonfall der Mutter wahr, dass etwas nicht stimmt und dass die Botschaft nicht passt. Hier authentisch zu reagieren könnte so aussehen:

»Ich ärgere mich gerade – es hat aber nichts mit dir zu tun!«

Zusätzlich schleichen sich auch oft unbemerkt Kommunikationsmuster ein, die einen echten Dialog verhindern. Diese Muster genauer zu hinterfragen lohnt sich, denn welche Sprache wir in unserer Familie nutzen, ist ganz entscheidend für die Qualität der Beziehung, die wir zueinander haben.

Mutter (kommt ins Zimmer): »Und, Nico? Was habt ihr heute in der Schule gemacht?«
Nico (schaut von seinen Hausaufgaben auf): »Nichts Besonderes.«
Mutter: »Na, irgendwas werdet ihr gemacht haben.«
Nico (schreibt weiter): »Ja, in Mathe haben wir gemeinsam die Hausaufgaben kontrolliert.«
Mutter: »Und? Hattest du alles richtig?«
Nico: »Ja, fast. Eine Aufgabe war falsch.«
Mutter: »Wirklich? Dann musst du doch noch konzentrierter arbeiten. Und sonst noch? Was war in Deutsch?«
Nico (schaut auf): »Mama, lass mich ...«
Mutter: »Ich will nur kurz wissen, was mit Deutsch war.«
Nico (seufzt): »Deutsch war langweilig, wir mussten eine Geschichte lesen.«
Mutter: »Aber das ist doch nicht langweilig. Und Englisch? Habt ihr den Vokabeltest zurück?«
Nico: »Nein, den kriegen wir erst morgen wieder.«

Mutter (geht zur Zimmertür): »Ach so. O.k.«

Nico (genervt): »Kann ich jetzt weitermachen?«

Dieser Dialog zwischen Mutter und Sohn mutet eher an wie eine Befragung im Interviewstil. Eine nahe, persönliche Unterhaltung ist es nicht. Zwar bekommt die Mutter einige Informationen über den Verlauf des Schultags ihres Sohnes, allerdings erfährt sie nichts darüber, wie es Nico geht und was ihn bewegt. Auch bleibt sie selbst mit ihren Anliegen und Gefühlen verborgen, und es bleibt offen, was der eigentliche Grund für ihre Fragen ist. Ist sie tatsächlich besorgt um Nicos Noten und fragt deshalb nach den Leistungen? Oder möchte sie doch wissen, wie es ihrem Sohn geht?

Wenn wir unsere Kinder in diesem Stil »befragen«, entstehen Missverständnisse, wir kommunizieren auf verschiedenen Ebenen, reden deshalb aneinander vorbei und kommen nicht wirklich ins Gespräch. Meiner Erfahrung nach passiert das unbewusst, und obwohl Familien die Schwierigkeiten des Austausches benennen können, bleiben Eltern und Kinder oft frustriert und unglücklich zurück. Die häufig gehörten Sätze von Kindern wie »*Meine Eltern verstehen mich eh nicht!*« und die Klagen von Eltern wie »*Mein Kind hört mir nicht zu*« oder »*Mein Kind erzählt mir sowieso nichts*« zeigen, wie schwierig es ist, im Alltag in ein wirkliches Gespräch zu kommen, in dem alle mit ihren Emotionen und Bedürfnissen gehört werden und sich ernst genommen fühlen.

Was in der alltäglichen Familienkommunikation schon nicht leicht ist, wird in Ausnahmesituationen, bei Konflikten, oft noch schwieriger.

Helene (dreizehn Jahre) kommt wiederholt zu spät nach Hause. Trotz der vielen Ermahnungen verändert sich ihr Verhalten nicht, und ihr Vater möchte nun die letzte Verspätung zum Anlass nehmen, um ernsthaft mit seiner Tochter zu sprechen.

174

Vater: »Wo kommst du jetzt erst her? Du bist viel zu spät! Das Judotraining ist seit über einer Stunde vorbei!«

Helene: »Ich bin später aus der Halle raus und hab den Bus verpasst ...«

Vater: »... das hast du letztes Mal auch schon gesagt. Aber wir haben ausgemacht, dass du direkt nach dem Sport nach Hause kommst.«

Helene starrt mit gesenktem Kopf auf den Tisch vor sich.

Vater: »Wieso kannst du dich nicht an das halten, was wir besprochen haben? Du hättest wenigstens anrufen können, wofür hast du denn das Handy? Ich warte hier jetzt schon ewig und denke, es ist sonst was passiert. Dass du auch immer so unzuverlässig bist! Später kannst du auch nicht einfach zu spät zur Arbeit kommen.«

Helene schaut kurz auf, gleich aber wieder weg.

Vater: »Du wolltest doch auch noch dein Zimmer aufräumen und Hausaufgaben machen. Das kommt wieder alles zu kurz. Na klar, der Sport geht mal wieder vor. Warum kommst du denn immer zu spät?«

Helene: »Ich weiß auch nicht. Sind wir jetzt fertig?«

Vater: »Nein, sind wir nicht! Du musst lernen, dich an Zeiten und Verabredungen zu halten und auch deine Pflichten zu erfüllen.«

Helene: »Ich weiß. Ich muss jetzt noch Hausaufgaben machen.«

Vater: »Also, wirst du das ändern? Ich erwarte, dass du das nächste Mal pünktlich bist.«

Helene: »Ja, ich versuch's! Soll ich dann anrufen?«

Vater: »Du versuchst es? Ja, anrufen wäre ein erstes Zeichen deiner Einsicht! Helene, das geht so nicht! Wir haben jetzt schon so oft darüber gesprochen! Um die Zeit ist es auch schon dunkel, und ein Mädchen in deinem Alter hat da nix mehr auf der Straße verloren.«

Helene: »Ja, o.k., ich hab's verstanden!«

Ist hier ein Gespräch entstanden? Vordergründig mag es vielleicht so aussehen. Schauen wir genauer hin, so können wir feststellen, dass zunächst mal kein Dialog, sondern ein Monolog entstanden ist: Der Vater hat seine Tochter zur Rede gestellt, nachgefragt und ihr mitgeteilt, was er in Zukunft von ihr erwartet. Er hat geredet. Helene hat geschwiegen oder kurz geantwortet. Zwischen den Zeilen jedoch ist noch etwas anderes passiert. Etwas, das häufig dazu führt, dass sich diese Form der Kommunikation im Kreis dreht. Der Vater begegnet seiner Tochter hier fast durchweg mit vorwurfsvoller Haltung/mit vorwurfsvollem Ton, er belehrt und kritisiert sie, was sich für Helene grob und wenig fürsorglich anhört. Das wiederum führt dazu, dass Kinder keine Gespräche mehr führen wollen und Eltern seufzen, dass alles Reden sowieso nichts bringt.

Im ersten Beispiel mit Nico ist ein Dialog in Interviewform entstanden, im zweiten Fall mit Helene ein Monolog voller Vorwürfe, eine belehrende Standpauke. Beide Situationen haben aber eines gemeinsam: Die persönlichen Anteile der Eltern sind jeweils nicht spürbar. Diese unpersönliche Form der Kommunikation hat aber auch noch zur Folge, dass die Erwachsenen über den inneren Zustand, die Gefühle und das Erleben ihrer Kinder nichts erfahren. So bleiben auch die Kinder mit ihren Bedürfnissen, Erlebnissen und Emotionen ungesehen.

Wie aber können wir einen authentischen, wertschätzenden und gleichwertigen Dialog mit unseren Kindern eingehen? Wir gehen in die Situation von Helene und ihrem Vater zurück:

Vater: »Helene, in letzter Zeit habe ich bemerkt, dass du oft viel später als sonst vom Judotraining kommst. Mich interessiert, warum das so ist. Kannst du mir sagen, was der Grund dafür ist?«
Helene: »Ich bin halt später aus der Halle raus und hab den Bus verpasst … ich weiß auch nicht.«
Vater: »Das heißt, jedes Mal, wenn du zu spät kommst, verpasst du den Bus, weil du zu langsam bist?«

Helene (starrt mit gesenktem Kopf auf den Tisch vor sich): »Ja!«

Vater: »Ich bin darüber erstaunt, weil es früher nicht so war. Also, wenn du über eine Stunde später als ausgemacht nach Hause kommst, mache ich mir Sorgen. Was verzögert sich denn so, dass du dann den Bus verpasst?«

Helene (schaut auf): »Ich komm nicht pünktlich zum Umziehen, und dann verpass ich den Bus, dann wird's halt mal später.«

Vater: »Zum einen bin ich besorgt, wenn du nicht kommst, und zum anderen ärgere ich mich. Ich möchte verstehen, woran es liegt, dass du zu spät kommst.«

Helene: »O.k.! Dann bleib ich eben zu Hause. Hab eh keine Lust mehr auf das Training. Kann ich jetzt gehen?«

Vater: »Warte bitte noch. Du willst deinen Sport aufgeben? Warum das denn?«

Helene: »Macht halt keinen Spaß mehr, weiß auch nicht.«

Vater: »Du bist doch sonst so gerne hingegangen?«

Helene: »Früher schon ... jetzt nicht mehr.«

Vater: »Was hat sich denn verändert?«

Helene: »Da sind neue Mädchen dazugekommen ... die sind blöd und nerven.«

Vater: »Wieso nerven die? Nur dich oder auch andere?«

Helene: »Weiß nicht, mich auf jeden Fall.«

Vater: »Was machen die denn?«

Helene: »Die ärgern mich halt – ist doch auch egal.«

Vater: »Mir nicht. Sag mal ein Beispiel, wie sie dich ärgern, damit ich es besser verstehen kann.«

Helene: »Also, zum Beispiel nehmen sie mir nach dem Training meinen Judoanzug und meine Schuhe weg und verstecken sie. Ich kann dann alles absuchen, und die lachen sich kaputt. Heute habe ich alles im Mülleimer wiedergefunden.«

177

Vater: »Das gibt's doch nicht! Hast du denn deinem Trainer Bescheid gesagt?«

Helene: »Nee, das ist mir zu doof. Ich bin ja kein Kleinkind mehr.«

Vater: »Also, jetzt verstehe ich jedenfalls, warum du später nach Hause kommst. Kann ich dir denn irgendwie helfen? Soll ich mal mit dem Trainer reden?«

Helene: »Nein, bloß nicht! Das würde nix bringen, dann würden die mich erst recht ärgern. Ich weiß auch nicht, was ich machen soll.«

Vater: »Es tut mir leid, dich so zu sehen, und es macht mich traurig. Ich will nicht, dass dich jemand so ärgert und Dinge, die dir wichtig sind, in den Mülleimer schmeißt – das macht mich richtig wütend.«

Helene: »Hm... ich muss noch Hausaufgaben machen.«

Vater: »Ja, ich weiß. Aber danke für deine Offenheit und dass du mir das alles erzählt hast. Wenn du glaubst, dass ich dir helfen kann und du meine Unterstützung brauchst, dann sag mir gerne Bescheid.«

Dieser Dialog ist deutlich anders. Es gibt keine Vorwürfe und Belehrungen, und es handelt sich auch nicht um einen Monolog. Der Vater geht engagiert, offen und mit echtem Interesse in das Gespräch mit seiner Tochter. Er bringt seine Überlegungen, Auffassungen und eigenen Gefühle ein, ist jedoch gleichzeitig aufmerksam, an der Meinung seiner Tochter interessiert und nimmt diese ernst. Durch diese Haltung kommt ein gleichwertiger, authentischer Dialog zustande. In diesem Gespräch profitieren beide Teilnehmer vom jeweils anderen. Der Vater erfährt etwas Wesentliches über seine Tochter. Über ihr Leben, ihre Sorgen und Nöte. Und Helene macht die (dann wahrscheinlich wiederholt) gute Erfahrung, dass sie sich ihrem Vater anvertrauen kann und ernst genommen wird.

Nach wie vor ist Helene zwar im Konflikt zu ihren Sportkameradinnen auf sich gestellt, und eine Lösung ist im Moment noch nicht gefunden. Allein jedoch die Tatsache, dass sie in ihrem Konflikt und der Not von ihrem Vater gesehen und verstanden wurde, ist eine Kraftquelle für sie und zeigt die gute Qualität der Beziehung. Durch ein solches Gespräch wird neue Energie auf beiden Seiten freigesetzt, die zu veränderten Einsichten und konkreten Entscheidungen führen kann.

Oft ist es so, dass die Gespräche zunächst deshalb geführt werden, weil ein Verhalten der Kinder nicht eingeordnet werden kann (hier das Zuspätkommen), und durch das Interesse und das Nachfragen werden ganz andere Konflikte der Kinder und Jugendlichen sichtbar (hier das Mobben durch die Sportkameradinnen).

Nur wenn wir achtsam sind, haben wir eine Chance, an der Erlebniswelt der Kinder teilzuhaben.

Wenn Eltern neue Wege ausprobieren wollen, dann können Sie zunächst bei sich selbst mit einer inneren Arbeit beginnen und sich folgende Aspekte konkret überlegen:

- Wo trage ich (elterliche) *Verantwortung* und wo kann mein Kind Eigenverantwortung übernehmen?
- Wo liegen meine eigenen *Grenzen* (»Was möchte ich, was möchte ich nicht«), und wie kann ich achtsam mit den Grenzen meines Kindes umgehen?
- Begegne ich meinem Kind wertschätzend in einem gleichwertigen offenen, interessierten *Dialog* und kann ich meine Bedürfnisse und auch (vermeintlichen) Schwächen zeigen? Und nehme ich die Bedürfnisse meines Kindes wahr?

So kann aus Erziehung eine authentische, konstruktive Beziehung werden, in der sich beide Partner mit ihren Bedürfnissen ernst genommen und wertgeschätzt fühlen.

Die Entstehung von auffälligem Verhalten

Seht ihr den Mond dort stehen?
Er ist nur halb zu sehen,
Und ist doch rund und schön!
So sind wohl manche Sachen,
Die wir getrost belachen,
Weil unsre Augen sie nicht sehn.

Matthias Claudius

Wie entsteht ein Verhalten, das für die Umwelt auffällig ist? Durch genetische Anlagen, oder sind Umwelteinflüsse dafür verantwortlich? Welche Rolle spielt dabei die individuelle Sozialisation, und welchen Einfluss haben Beziehungen auf unsere emotionale und psychische Entwicklung? Schon lange wird darüber diskutiert, ob der Mensch in seinen Anlagen genetisch festgelegt und quasi (vor-)programmiert ist oder ob Kinder vor allem von der Umwelt und den Beziehungen, die sie dort finden, geprägt werden; das Pendel in dieser Debatte schlägt mal in die eine und mal in die andere Richtung aus.

Gerade in meiner pädagogisch-therapeutischen Arbeit mit sogenannten verhaltensauffälligen Kindern stellen sich solche Fragen. Oft wird behauptet, diese Kinder seien in ihrem Verhalten bereits festgelegt und verhielten sich entsprechend ihrem genetischen Programm. Ist das so? Und wenn das so wäre: Welche Chance

181

haben dann Eltern, Erzieher, Lehrer und Pädagogen, überhaupt einen Einfluss auf die Entwicklung von Kindern zu nehmen?

Meine Erfahrung in der Praxis mit Kindern spricht ganz eindeutig gegen diese These. Immer habe ich das für die Umwelt als schwierig wahrgenommene Verhalten der Kinder im entsprechenden Kontext und aus dem Beziehungszusammenhang heraus verstehen, einordnen und deuten können. Immer wieder hat sich mir gezeigt, dass dem jeweiligen Verhalten ein existenzielles Bedürfnis, oft eine große Not des Kindes, zugrunde liegt. So begreife ich grundsätzlich das Verhalten von Kindern als wertvolles Signal und als Hinweis für uns Erwachsene, was in ihrem Inneren vorgeht und wie sie sich fühlen. Kinder geben durch ihr Verhalten wichtige Zeichen und kompetente Rückmeldungen über ihre innerpsychischen Vorgänge. Was sie mit Worten adäquat oft noch nicht ausdrücken können, spiegelt sich deutlich in ihrem Verhalten.

Als Pädagogin und Therapeutin habe ich nicht die Erfahrung gemacht, dass bestimmte Eigenschaften, zum Beispiel Aggressivität oder der Hang zur Gewalttätigkeit, im genetischen Programm bereits vorhanden und somit nicht beeinflussbar sind. Im Gegenteil. Die psychische und emotionale Entwicklung, geistig-moralische Einstellungen, soziale Eigenschaften und insgesamt das Verhalten eines Menschen sind immer im Gesamtzusammenhang mit Sozialisations- und Beziehungserfahrungen in der Umwelt zu sehen. Sie entwickeln sich und entstehen durch bestimmte Erfahrungen innerhalb von Beziehungen, zunächst zu den ersten Bezugspersonen, später kommen Einflüsse weiterer Personen hinzu. Aus diesen Erfahrungen entstehen Beziehungsmuster, die grundlegende Auswirkungen auf die Ausbildung der psychosozialen Entwicklung und der mentalen Gesundheit haben.

So mache ich immer wieder die Erfahrung, dass Kinder, die als verhaltensauffällig eingestuft werden, durch therapeutische Begleitung die Möglichkeit haben, ihre emotionalen Bedürfnisse und existenziellen Nöte zu formulieren. Wenn Kinder – genauso wie im Übrigen auch Erwachsene – mit dieser Botschaft verstanden werden, ist es möglich, ihren Mangel wieder auszugleichen. So kann ein inneres Gleichgewicht wiederhergestellt werden.

Ich gehe davon aus, dass Kinder dann auffälliges Verhalten zeigen, wenn ihr inneres Gleichgewicht zwischen der Sehnsucht nach Verbundenheit (ich bin anerkannt und geliebt, so wie ich bin) und dem Bedürfnis nach Autonomie (ich wachse und darf selbstständig sein) über einen längeren Zeitraum gestört ist. Dies ist der Fall, wenn Kinder *entweder* in ihrer Integrität verletzt oder überfordert werden *oder* wenn sie ihre eigenen Bedürfnisse stets zugunsten der Lösung eines Konflikts mit Erwachsenen zurück stellen und manchmal sogar ganz aufgeben müssen, wenn sie also zu sehr kooperieren.

Tom ist ein kleiner, schmaler Junge. Er ist fünf Jahre alt, und seine Mutter kommt mit ihm zur Familienberatung, weil er nicht zur Schule gehen möchte. Tom wird erst in ein paar Monaten eingeschult, aber er weigert sich jetzt schon, dort hinzugehen. »Ich habe Angst«, sagt Tom leise, als er die Erzählungen seiner Mutter hört. Die Mutter berichtet, dass Tom ihr einziges Kind und dass sie verheiratet sei. Sie lebe mit ihrer Familie in einer kleinen Wohnung. Sie sei viel mit Tom allein. Die berufliche Tätigkeit ihres Mannes erfordere viel Abwesenheit von zu Hause, deshalb sei sie die Hauptbezugsperson. Schon im Kindergarten sei Tom das Einleben sehr schwergefallen, er habe stark unter dem Trennungsschmerz gelitten und sei generell ein ängstlicher, zurückhaltender Junge. Er habe wenig Kontakt zu anderen Kindern und spiele lieber allein. Sie habe schließlich ihre eigene Berufstätigkeit erst reduziert und dann ganz aufgegeben, um immer für Tom da sein zu können. Im Kindergarten sei ihr mehrfach bescheinigt worden, dass Toms Verhalten auffällig und nicht normal sei. Ihr ist deshalb geraten worden, den

Kinderarzt bzw. den Kinder- und Jugendpsychiater aufzu-
suchen, wovor sie aber Angst habe.

Wenn wir Tom und sein Verhalten verstehen wollen, müssen wir uns auf einen längeren Weg einstellen und ergründen, wer er ist, was ihn bewegt und was ihn als Mensch, als Persönlichkeit ausmacht. Umwelt, Eltern und Fachleute konzentrieren sich häufig vor allem auf das vermeintliche Defizit und auf das unangepasste Verhalten, anstatt herauszufinden, was in den Kindern vorgeht, und zu verstehen, wer sie sind. Schauen wir auf Tom: Ist sein Verhalten angeboren, und ist er so ängstlich auf die Welt gekommen? Oder gibt es Umstände, Sozialisationsbedingungen und Beziehungserfahrungen, die dazu führen, dass sich Tom so verhält oder verhalten muss?

Toms Mutter erzählt im Laufe der Beratung weitere Einzelheiten. Tom sei gesund zur Welt gekommen. Er schlafe seit seiner Geburt mit im Zimmer der Eltern. Das eigene Zimmer sei dann »irgendwann abgeschafft« worden. Wenn ihr Mann auch über Nacht unterwegs ist, schlafe Tom im Bett neben ihr und nehme den »Platz des Vaters« ein.

Tom will sich offenbar nicht von seiner Mutter trennen. Das ist – gerade für die Umwelt im Kindergarten – schwer auszuhalten. Er weint und schreit nach der Trennung von seiner Mutter bis zur Erschöpfung, lässt sich kaum beruhigen, und nicht selten muss seine Mutter ihn nach einigen Stunden wieder abholen. Sein Verhalten wird als extrem und auffällig eingestuft. Die Erzieherinnen sind zwar bemüht, aber nach vielen Versuchen, Tom zu integrieren, auch angestrengt. Sie können ihrem Arbeitsauftrag nicht nachkommen: Tom kann an keiner Gruppenaktivität teilnehmen, er kann keine

Freundschaften schließen und auch zu den Betreuungspersonen keine Beziehung aufbauen. Wie kommt dieses Verhalten zustande? Zum einen besteht eine Irritation auf der Bindungsebene zwischen Tom und seiner Mutter.

Bindungstypen

In der Regel unterscheidet man vier Bindungstypen:

1. die sichere Bindung,
2. die unsicher-vermeidende Bindung,
3. die unsicher-ambivalente Bindung,
4. die desorganisierte/desorientierte Bindung.

Grundlage für diese Unterscheidung bilden die Studien der Entwicklungspsychologin Mary Ainsworth aus dem Jahr 1969. Es wurde untersucht, wie Kinder im Alter von elf bis achtzehn Monaten auf die An- und Abwesenheit und auf die Rückkehr der Mutter reagieren.

Sichere Bindung
Kinder mit einer sicheren Bindung verfügen über ein großes Vertrauen in ihre Bezugsperson. In unbekannten Situationen, in fremder Umgebung oder bei Abwesenheit der Bezugsperson kann es zwar vorkommen, dass sie weinen; sie vertrauen aber darauf, dass die Bezugsperson wiederkommen wird.
Grundlage für eine sichere Bindung sind Eltern, die auf die Signale ihres Kindes reagieren, diese richtig interpretieren und so die kindlichen Bedürfnisse befriedigen und dem Kind Sicherheit vermitteln können.

Unsicher-vermeidende Bindung
Kinder dieses Bindungstyps zeigen eine vermeintliche Unab-

hängigkeit von der Bezugsperson. Sie wenden sich bei deren Abwesenheit scheinbar unberührt davon dem Spielzeug zu und versuchen auf diese Weise, den Stress durch die Trennung von der Bezugsperson zu kompensieren, ohne ihren wahren Gefühlen dabei offen Ausdruck zu verleihen. Auch bei der Rückkehr der Bezugsperson zeigen diese Kinder kaum sichtbare Reaktionen oder neigen gar zu ablehnendem Verhalten. Kinder mit diesem Bindungsverhalten haben immer wieder die Erfahrung gemacht, dass ihre Wünsche nach Bindung und Nähe nicht erfüllt werden. Um diese immer wiederkehrende, schmerzhafte Enttäuschung zu verhindern, werden diese Kinder selbst zu denjenigen, die eine Beziehung vermeiden.

Unsicher-ambivalente Bindung

Kinder dieses Bindungstyps sind äußerst ängstlich und extrem von ihrer Bezugsperson abhängig. Von ihr kurzfristig getrennt zu sein ist für diese Kinder äußerst belastend, und sie reagieren auf eine fremde Umgebung selbst dann ängstlich, wenn die Bezugsperson noch anwesend ist. Diese Angst ist eine Reaktion auf eine Bezugsperson, deren Verhalten für das Kind nicht einzuschätzen und nicht nachvollziehbar ist.

Desorganisierte/desorientierte Bindung

Kinder dieses Bindungstyps zeigen widersprüchliche, nicht erwartbare Verhaltensweisen. Möglich ist etwa, dass Kinder dieses Bindungstyps weinen, wenn ihre Bezugsperson den Raum verlässt, auf deren Rückkehr aber mit Aggression oder Vermeidungsstrategien reagieren. Nicht selten treten bei diesen Kindern Verhaltensweisen wie körperliches Erstarren oder Hin- und Herschaukeln oder ähnliche stereotype Bewegungsmuster auf. Auslöser für ein solches Bindungsverhalten sind Eltern, die einerseits Bezugsperson, zugleich aber diejenigen sind, vor denen das Kind Schutz suchen muss.

Aus dem Verhalten von Tom lässt sich schließen, dass er (zumindest teilweise) eine unsicher-ambivalente Bindung zu seiner Mutter entwickelt hat. Bei genauerem Hinsehen gibt er deutliche Signale, und sein Verhalten ist, betrachtet man es im Entstehungskontext, nachvollziehbar. Tom ist nicht als (über-)ängstlicher Junge zur Welt gekommen. Vielmehr ist er in eine Umwelt hineingeboren worden, in der zwar seine Sehnsucht nach Verbundenheit gestillt, sein Bedürfnis nach Autonomie jedoch nicht befriedigt wurde. Zwischen diesen beiden Urbedürfnissen ist im Laufe seiner Entwicklung ein großes Ungleichgewicht entstanden. Warum?

Die Verbundenheit, nach der sich Tom sehnt, wird von seiner Mutter in hohem Maß überbeantwortet: Sie hat ihren Beruf aufgegeben, verbringt alle Zeit, die sie hat, mit ihm, sogar nachts liegen sie nebeneinander in einem Bett. Fast ist es so, als wären sie vollständig miteinander verschmolzen, als sei Tom noch gar nicht in diese Welt hineingeboren.

Das andere Bedürfnis von Tom, nämlich zu wachsen, autonom und selbstständig zu werden, in die Welt hinauszugehen und auch eigene Erfahrungen machen zu dürfen, bleibt unerfüllt. Es wird ihm durch die Übersättigung mit Verbundenheit, die sich in einer unguten Bindung zwischen Mutter und Sohn manifestiert, verwehrt. So gerät Tom in einen inneren Konflikt, ausgelöst durch seine Mutter, die ihm konstant folgende Grundbotschaften schickt:

– Ich möchte nicht, dass du weggehst.
– Bleib bei mir, sonst geht es mir schlecht.

Tom löst diesen Konflikt mit seiner Mutter, indem er sein eigenes Bedürfnis, nämlich selbstständig und autonom zu werden, zunächst zurückstellt, später ganz aufgibt. Er kooperiert mit seiner Mutter, indem er sich nun entsprechend diesen Botschaften verhält und dem Wunsch seiner Mutter nach Nähe nachkommt. Auch übernimmt er Verantwortung, die ihn allerdings überfordert: Sein Vater ist nur selten da, seine Mutter ist häufig allein. Er setzt deshalb alles daran, immer bei seiner Mutter zu sein. Er sorgt sich um sie, hat Angst, dass es ihr schlecht geht und dass er dafür verantwortlich sein könnte. Und so ignoriert er schließlich sein natürliches Bedürfnis, selbstständig zu werden, eigene Erfahrungen zu machen und neugierig in die Welt zu gehen. Er weicht seiner Mutter nicht von der Seite. Hierdurch entsteht bei ihm jedoch ein emotionaler Mangelzustand. Tom kann auf diese Weise nicht unabhängig werden, ihm fehlen eigene wichtige Erfahrungen auf allen Entwicklungsebenen. So ist er unsicher, traut sich nicht viel zu, hat kaum Kontakte zu Gleichaltrigen und ist stark fixiert auf seine Mutter. Diese Fixierung verhindert eine autonome Entwicklung.

In den ersten Jahren sind dieses Beziehungsmuster und das daraus resultierende Verhalten nicht besonders aufgefallen. Vielleicht hat Tom auf dem Spielplatz weniger mit anderen Kindern gespielt, war zurückhaltender. Mit Eintritt in den Kindergarten jedoch – wo er über einen längeren Zeitraum von der Mutter getrennt ist – wurde erstmals deutlich, wie sehr Mutter und Sohn miteinander verwoben sind und wie sehr dieses Beziehungsmuster Tom letztlich auf allen Ebenen seiner Entwicklung einschränkt und behindert. Die anstehende Einschulung erscheint nun fast unmöglich, da sich Tom nicht nur über mehrere Stunden am Tag von der Mutter lösen muss, sondern auch, weil er auf diesen weiteren Schritt der Autonomieentwicklung, den das schulische Lernen darstellt, aufgrund fehlender eigener Autonomieerfahrungen nicht vorbereitet ist.

Toms Mutter konnte die Signale ihres Sohnes nur teilweise deuten und seine tiefe existenzielle Not nicht erkennen. So bemerkte sie zwar, dass ihm etwas fehlt, interpretierte jedoch sein Verhalten als Sehnsucht nach ihr als Mutter. Dieser Interpretation liegt wiederum ihre eigene Beziehungserfahrung zugrunde, da sie selbst in ihrer Kindheit die eigene Mutter aus verschiedenen Gründen sehr vermisst hat.

Nachdem Toms Mutter seine Signale besser einordnen und verstehen konnte, wurde in weiteren Gesprächen gemeinsam überlegt, was Tom nun braucht, um die bisher nicht gemachten Erfahrungen nachzuerleben. Tom braucht die Erfahrung, dass seine Mutter sich für ihn freut, wenn er Freunde hat und eigene Erfahrungen macht. Er braucht die Botschaften:

- Ich freue mich für dich, wenn du weggehst und eigene Erfahrungen machst.
- Mach dir um mich keine Sorgen, mir geht es auch gut, wenn du nicht da bist.

Es braucht nun ein wenig Zeit, bis bei Tom diese neuen Botschaften der Mutter ankommen und er Vertrauen in sich, seine Mutter und die gesamte Situation fassen kann. Es wird auch Zeit brauchen, bis sich Tom traut, seine Selbstständigkeit auszuprobieren. Um ihm diese Zeit zu geben, hat sich seine Mutter dafür entschieden, die Einschulung zurückzustellen. In dieser Zeit hat Tom nun die Möglichkeit, bestimmte Erfahrungen neu zu machen, wichtige Entwicklungen nachzuerleben, Verpasstes nachzuholen. So kann er verschiedene emotionale Entwicklungsschritte aufholen. Sein inneres Gleichgewicht zwischen der Verbundenheit zu seiner Mutter und dem Bedürfnis, Autonomie zu erlangen, kann so wiederhergestellt werden.

Das auffällige Verhalten von Tom resultierte vorwiegend aus einer Überkooperation mit seiner Mutter. Eine zweite Ursache für die Entstehung von auffälligem Verhalten ist die Verletzung der Integrität von Kindern.

Ein Elternpaar, das verzweifelt wegen ihrer achtjährigen Tochter Rat suchte, fällt mir hierzu ein: Die mittlere Tochter wurde zunehmend aggressiv, schlug ihre Geschwister, zwei Jungs, und beschimpfte ihre Eltern. Im Gespräch mit den Eltern wurde deutlich, dass sie mit ihrer Tochter insgesamt unzufrieden waren. Sie hatten das Gefühl, als Eltern nicht klar genug durchzugreifen. »Wenn wir sie ermahnen oder zurechtweisen, dann schaut sie uns nicht mal an!«, erzählte die Mutter. Der Vater beklagte sich darüber, dass sie »nie zuhören« könne: »Ich unterbreche sie dann und sage ihr, dass sie still sein soll, wenn ich als ihr Vater rede.«

Die Achtjährige wird in dieser und ähnlichen Situationen – so wie alle Kinder es tun – bestimmt deutlich gezeigt haben, dass sie sich gekränkt fühlt. Doch der Vater schneidet ihr daraufhin das Wort ab. So schweigt das Mädchen schließlich. Allein ihre Körperhaltung zeigt jedoch, dass sie verletzt ist: Sie senkt den Kopf und lässt die Schultern hängen.

Zu einer solchen Kränkung der Integrität kommt es, wenn wir Kindern ständig ihr angebliches Versagen und Fehlverhalten vorwerfen. Immer senden Kinder deutliche Zeichen und weisen damit auf die Verletzung ihrer eigenen Grenzen hin. Allerdings interpretieren Erwachsene diese Hinweise oft falsch oder übergehen sie schlichtweg.

Wenn sie in ihrer Persönlichkeit gekränkt werden und Erwachsene ihre persönlichen Grenzen verletzen, entwickeln Kinder auffälliges Verhalten. Meist äußert es sich darin, dass sie aufhören, mit uns im Team zu arbeiten. Sie kündigen ihre Kooperation mit uns auf, verweigern sich – und erst diese Symptome fallen uns Eltern dann auf.

ADHS: genetisch festgelegt oder durch Umwelteinflüsse erworben?

Die heute am häufigsten diagnostizierte Verhaltensauffälligkeit bei Kindern und Jugendlichen ist ADHS. Aber was steckt hinter dieser in den vergangenen Jahren geradezu zum Modewort avancierten Abkürzung für »Aufmerksamkeitsdefizit-/Hyperaktivitätsstörung«? Gefasst werden unter dieses Stichwort verschiedene Symptome: Konzentrationsschwierigkeiten, mangelnde Aufmerksamkeit, Hyperaktivität, Impulsivität, motorische Unruhe. Die Ursachen dieses Phänomens sind nicht abschließend geklärt. Es gibt nicht nur eine Ursache – multifaktoriell nennt man das in der Fachsprache; denn man geht von verschiedenen Einzelfaktoren aus, die zu dem Verhalten führen.

Auch hier stellt sich die Frage: Sind die ADHS zugeordneten Symptome angeboren oder durch Umwelteinflüsse und bestimmte Beziehungsmuster erworben? Wenn man die auch von vielen Medizinern nicht weiter hinterfragte Erklärung einfach akzeptiert, dass ADHS auf genetische Ursachen zurückzuführen ist, kann man sich leicht auf eine unbeteiligte Position zurückziehen. Denn dann liegt die Verantwortung für die Entstehung der Symptome nicht mehr bei uns, wir sind machtlos – das Kind ist erkrankt, und das aufgrund einer genetischen Disposition.

Die Zahl der ADHS-Diagnosen ist in den letzten Jahrzehnten explosionsartig angestiegen, allein zwischen 1989 und 2001 um 400 Prozent, immer mehr Medikamente wurden verschrieben. 1993 waren es in Deutschland noch 34 Kilogramm Methylphenidat (dem Wirkstoff von Ritalin und anderen Medikamenten), 2010 bereits 1,19 Tonnen – also die 35-fache Menge. Hinzu kommt, dass sich die individuellen Dosierungen erhöht haben. Klarer Profiteur ist hier vor allem die Pharmaindustrie, deren Umsätze nicht zuletzt dank Ritalin und anderer handelsüblicher Methylphenidatpräparate in die Höhe schnellen. Auf dem deutschen Markt sind Medikamente mit dem Wirkstoff Methylphenidat unter verschiedenen Markennamen bei sechs Unternehmen erhältlich. Führend auf dem Methylphenidat-Markt ist der Schweizer Konzern Novartis (Ritalin).

Dabei ist unter Ärzten umstritten, ob der Anstieg der Fallzahlen nicht auch auf Fehldiagnosen zurückzuführen ist. »Denn«, so kritisierte Professor Hubertus von Voss, der langjährige Leiter des Kinderzentrums in München, »nicht alle Ärzte halten die Richtlinien der Fachgesellschaften ein.« Auch bestätigte die Arzneimittelkommission der Apotheker im Jahr 2011, dass die Forschung für die Arzneisicherheit bei Kindern noch in den Anfängen stecke, was das gesundheitliche Risiko für die entsprechenden Kinder zusätzlich erhöhe.

Vor allem Jungen scheinen von der Inflation der ADHS-Diagnosen betroffen. Die Frage, mit der sich Eltern von betroffenen Kindern zwangsläufig auseinandersetzen müssen: Wie gehen sie mit dieser Diagnose um? Und: Stimmen sie einer Medikamentierung zu, wie sie von fast allen Kinderärzten und -psychiatern empfohlen wird?

Tobias (sechs Jahre, zweite Klasse)

Tobias' Mutter kommt in die Elternberatung und stellt ihren Sohn vor. Bei ihm sei vor einem halben Jahr die ADHS-Störung diagnostiziert worden. Er sei sehr lebendig, habe eine große innere Unruhe, könne sich sehr schlecht konzentrieren und nicht lange bei einer Sache bleiben. Ständig sei er in Bewegung. Er werde schnell laut und auch ungeduldig, wenn ihm etwas nicht gelinge. Oft sprenge er mit seiner Unruhe beziehungsweise seinem gesamten Verhalten die Stunde, so berichten die Lehrer. Das Spielen in Gruppen sei ihm manchmal auch schon im Kindergarten schwergefallen, die Konzentrationsstörung jedoch sei erst in der Schule aufgetreten. Wegen seiner schlechten Noten ist der Zweitklässler nun zurückgestuft worden. Seine Mutter wirkt besorgt: »Wenn das so weitergeht, dann gerät er noch auf die schiefe Bahn.« Tobias' Mutter stellt sich die Frage, ob sie nun – jetzt, wo Tobias die erste Klasse wiederholt – nicht doch Medikamente geben solle. Die Schule rät dazu – und sie ist verunsichert.

Ich kann die Unsicherheit von Tobias' Mutter gut nachvollziehen. Sie steht unter Druck, und die Aussicht, dass sich das Verhalten von Tobias durch die Einnahme von Medikamenten positiv verändert (er also nicht mehr stört), die Schulnoten sich verbessern und er so nach langer Zeit auch wieder Erfolgserlebnisse haben kann, lässt sie die Möglichkeit einer Ritalingabe in Betracht ziehen.

Viele Eltern befinden sich in demselben Dilemma wie Tobias' Mutter, und viele entscheiden sich – auf Anraten der Ärzte und häufig auch auf Druck der Schule – für die Verabreichung von Ritalin. Allerdings sollten sich Eltern bewusst sein, dass sie die Verantwortung dafür tragen, was dieses Medikament mit ihren Kindern macht. Die Nebenwirkungen von Ritalin nämlich sind vielfältig: Schlafstörungen, Essstörungen, Bluthochdruck und vermindertes Wachstum sind nur die mittlerweile bekanntesten.

Und Verantwortung tragen müssen Eltern auch dafür, dass sie mit Ritalin nur eine oberflächliche Lösung finden, weil nur die Symptome behandelt werden. Zwar wird vordergründig »Ruhe« hergestellt, oft verbessern sich sogar die Leistungen in der Schule – die eigentlichen Ursachen aber, die zu den Verhaltensauffälligkeiten eines Kindes geführt haben, bleiben unbeachtet und deshalb auch weiter bestehen.

Wie kommt es überhaupt dazu, dass wir ADHS als Krankheit diagnostizieren? In den späten sechziger Jahren begann es: Kinder mit störendem Verhalten und schwacher Konzentration fielen in den Schulklassen immer mehr auf. Die Fachwelt wurde aufmerksam und nahm das bislang nur als »Zappelphilipp-Syndrom« bekannte Verhalten genauer unter die Lupe. Auch der US-amerikanische Psychiater Leon Eisenberg setzte sich mit den Symptomen auseinander und identifizierte schließlich das ADHS-Syndrom, dem er genetische Ursachen zuschrieb. Erst 1987 (!) wurde diese Diagnose überhaupt in das US-amerikanische »Diagnostische und Statistische Handbuch für Psychische Störungen (DSM-III-R)« aufgenommen. Was in diesem Zusammenhang auffällt, ist, dass zu diesem Zeitpunkt schließlich eine Krankheit formell bestätigt wird, deren Symptome es schon lange gibt und die bislang nicht als krankhaft eingeordnet wurden. Mit dieser Klassifikation als Krankheit jedoch erlangen die Symptome nun ungeahnte Bedeutung.

Gerade weil die Zahl der Diagnosen von ADHS in den vergangenen Jahren so sehr angestiegen ist, hat sich Misstrauen breitgemacht. Kann es sein, dass – wie bei einem Virus – plötzlich immer mehr Kinder infiziert werden? Die Direktorin der Kinderkinik für Kinder- und Jugendpsychiatrie und Psychotherapie an der Berliner Charité, Ulrike Lehmkuhl, hat einen inflationären Anstieg von ADHS-Diagnosen seit dem Jahr 2001 beobachtet. Nur bei einem von zehn Kindern, welches mit einer ADHS-Diagnose zu ihr überwiesen wird, findet sie tatsächlich alle Merkmale für eine amtlich festgelegte ADHS-Diagnose vor. Bei 90 Prozent dieser jungen Patienten diagnostiziert sie hingegen eine andere Verhaltensstörung oder psychische Erkrankung.

Eine Studie der Universitäten Bochum und Basel kommt zu einem ähnlichen Ergebnis. Sylvia Schneider, Professorin für Klinische Kinder- und Jugendpsychologie in Bochum, die das Projekt geleitet hat, erklärt sich dieses hohe Maß an Fehldiagnosen damit, dass die Ärzte insbesondere bei Jungen häufig nach prototypischen Symptomen entscheiden – also nach solchen Symptomen, die sie als typisch für ADHS ansehen –, offensichtlich ohne sich an die gültigen Diagnosekriterien zu halten. Es unterbleibt oft der kritische Blick auf den einzelnen Fall beziehungsweise das einzelne Kind, und die »Diagnose« erschöpft sich in der Bestätigung eines Vorurteils.

Ich habe ähnliche Erfahrungen in der Familienberatung und in der Arbeit mit Kindern gemacht. Viel zu schnell werden Kinder zu Ärzten geschickt, von dort zum Facharzt weitervermittelt, und viel zu schnell ist eine ADHS-Diagnose dann gestellt, ohne die genauen Zusammenhänge zu hinterfragen und sich individuell mit dem Kind und den Anforderungen, die das Umfeld an es stellt, zu beschäftigen.

Bemerkenswert ist, dass selbst der inzwischen verstorbene »Entdecker« von ADHS als genetischer Krankheit, der Psychiater Leon Eisenberg, kurz vor seinem Tod noch eingeräumt hat, dass ihm bei seiner Arbeit ein folgenschwerer Irrtum unterlaufen ist. Ein Irrtum noch dazu, ein banaler Lapsus, der jedem hätte auffallen können, der sich näher mit Eisenbergs Forschungen beschäftigt hat. Eisenberg hatte Kindern, denen er das »Zappelphilipp«-Syndrom attestierte, Ritalin gegeben und festgestellt, dass diese Kinder in der Folge ruhiger wurden. Sein Fazit: Wenn die Kinder durch die Medikamentengabe ruhiger werden, muss eine genetische Ursache für die Störung vorgelegen haben. Eisenberg hatte allerdings versäumt, auch in seinen Augen genetisch gesunden Kindern Ritalin zu verabreichen. Hätte er das getan, hätte er festgestellt, dass sie genauso auf die Tabletten reagieren wie die als genetisch erkrankt eingestuften Kinder – und damit wäre seine Beweisführung hinfällig gewesen.

Eisenberg hatte in seinen letzten Lebensjahren einen grundsätzlichen Sinneswandel durchgemacht und die These vertreten, dass ADHS keine genetische Ursache habe, sondern eine durch die Umwelt geformte Ausprägung des kindlichen Temperaments sei. Er hielt es nun für einen Kurzschluss, die Problematik mithilfe von Medikamenten lösen zu wollen. Stattdessen müsse man nach psychosozialen Faktoren für die Symptome suchen. In einem Gespräch zum Massenphänomen ADHS, das er kurz vor seinem Tod mit dem *Spiegel* geführt hat, distanzierte sich Eisenberg von seiner »Jugendsünde«, zeigte sich regelrecht bestürzt darüber, welche fatalen Folgen sein falsches Forschungsergebnis hatte und bezeichnete ADHS als »Paradebeispiel für eine fabrizierte Erkrankung«. Nun machte sich Eisenberg dafür stark, vor allem das soziale Umfeld und dessen Auswirkungen in die Behandlung einzubeziehen.

Während Eisenbergs »Entdeckung« von ADHS auf so viele offene Ohren gestoßen ist, hat sein Umdenken nicht zu nachhaltigen Reaktionen geführt. Zwar gibt es in jüngster Zeit immer wieder Stimmen, die sich kritisch gegenüber dem Phänomen ADHS zeigen und die die entsprechenden Symptome nicht auf eine genetische Determinante zurückführen, sondern als gesellschaftliches Phänomen betrachten. Aber auch sie kommen mitunter zu sehr unbefriedigenden, ich würde sogar sagen: kontraproduktiven Schlussfolgerungen. Christoph Türcke etwa, der in Leipzig Philosophie lehrt, schlägt in seinem Buch »Hyperaktiv! Kinder in der Aufmerksamkeitsdefizitkultur« ein neues Schulfach vor. »Ritualkunde« nennt er es, und der Name ist Programm. Die Kinder sollen laut Türcke, den verschiedenen Lernstufen entsprechend, in Ritualen und Wiederholungen geschult werden. Prinzip ist das sture Auswendiglernen, durch das Türcke glaubt, dem universellen Konzentrationsverlust der digitalen Gesellschaft entgegensteuern zu können – er spricht davon, dass wir beständig zwanghaft damit beschäftigt seien, uns zu zerstreuen. Und diese permanente Zerstreuung produziere Stress. Kein genetischer Defekt also, sondern eine »Kulturstörung«, wie Türcke es nennt.

Türcke schlägt damit in dieselbe Kerbe wie der Hirnforscher Manfred Spitzer, der mit seinem Buch »Digitale Demenz« 2012 für einigen Diskussionsstoff gesorgt hat. Auch Spitzer meint, dass sich durch medial bedingtes Multitasking im Hirn zwangsläufig eine Aufmerksamkeitsstörung einstellen müsse. Und weil auch Kinder schon viel zu lange Zeit zwischen Bildschirmen und Handys verbringen, habe sich die Zahl der aufmerksamkeitsgestörten Kinder so drastisch erhöht.

Aus meiner Sicht greifen solche monokausalen Erklärungen viel zu kurz und auch daneben. Medienkonsum und Zerstreuung sind sicherlich Aspekte unserer vielfältiger werdenden Welt. Doch liegt die Ursache etwas tiefer und sind Aufmerksamkeitsstörungen nicht allein darauf zurückzuführen, dass Kinder viel Zeit mit technischen Geräten verbringen. Vielmehr ist es so, dass Kindern häufig eine stabile Beziehung oder auch die Verbundenheit in einer Beziehung fehlt; und vor allem in Beziehungen zu anderen Menschen entwickeln Kinder ihre sozialen, emotionalen und kognitiven Fähigkeiten.

Natürlich können wir uns gegenseitig sagen, dass die neuen Medien für die Symptome der Zerstreuung verantwortlich sind. Und ganz sicher ist es auch eine Herausforderung, Kinder an unsere beschleunigte Welt heranzuführen. Verantwortung für die Begleitung der Kinder auch beim Umgang mit Medien tragen wir Erwachsenen ebenso wie für die Qualität der Beziehung zu unseren Kindern. Die Frage ist also: Was tun die Kinder sonst noch und wie viel Zeit nehmen wir uns für die Beziehung zu ihnen? Denn Kinder brauchen Zeit mit ihren Eltern. Der Austausch, unsere Rückmeldungen, Reaktionen, unsere Haltung und unsere Positionierungen sind wesentlich für Kinder – sie hinterlassen Eindruck und geben ihnen insgesamt Orientierung. Wenn das fehlt, verarmen Kinder emotional. Die Frage ist, ob wir bereit sind, diese Verantwortung zu tragen und uns ihr mit allen Konsequenzen zu stellen.

Jedes »ADHS-Kind«, das ich kennengelernt habe, hatte einen Grund für sein Verhalten. Wenn ich mir das Umfeld und das Beziehungsgeflecht der Kinder und ihrer Familien angeschaut hatte, konnte ich immer nachvollziehen und verstehen, warum sie sich so verhalten, wie sie sich verhalten.

 Fortsetzung: Tobias (sechs Jahre, zweite Klasse)
Tobias' Mutter macht weitere Angaben zur Situation in der Schule: Ihr Sohn sei bereits mit fünf Jahren eingeschult worden. Das Einleben sei ihm schwergefallen, er mag die Schule nicht. Er sei eigentlich gut in die Klassengemeinschaft integriert. Allerdings habe es jetzt Ärger in der Klasse gegeben, weil Tobias einem Jungen, der ihn nicht zu seinem Geburtstag eingeladen hatte, vor die Brust gestoßen und übel beschimpft habe. Danach habe es sogar eine Klassenkonferenz gegeben. Tobias beschwere sich oft, dass es zu laut in der Klasse sei und dass er so lange still sitzen müsse – er wolle lieber toben. Er liebe die Bewegung und sei ein quirliger,

zierlicher, eigentlich freundlicher Junge. Sport sei sein Lieb-
lingsfach. Zweimal wöchentlich gehe er in einen Turnver-
ein, wo er seinen Bewegungsdrang ausleben könne.

Tobias' Mutter erzählt von ihrer familiären Situation: Sie
sei verheiratet, jedoch seit einem Jahr von ihrem Mann ge-
trennt. Es habe immer lauten Streit gegeben. Tobias habe
davon viel mitbekommen. Sie habe Schuldgefühle deshalb.
Sie kenne ihren Sohn als sehr lebendig, manchmal sei er
auch ungeduldig und hektisch. Er sei der Älteste von drei
Geschwistern und der Mutter zu Hause, trotz seiner Unge-
duld, eine große Stütze. Tobias habe die Trennung nicht gut
verkraftet und leide sehr darunter. Zunächst habe es große
Auseinandersetzungen über den Verbleib der Kinder gege-
ben, und einige Monate sei es unklar gewesen, wo Tobias
zukünftig leben würde. Tobias selbst habe mal zum Vater,
mal zu ihr gewollt. Schließlich habe man sich doch geeinigt:
Tobias lebe nun dauerhaft bei ihr. Sie sei darüber sehr froh
und habe den Eindruck, auch Tobias sei erleichtert. Ande-
rerseits hänge er auch sehr am Vater, mit dem noch keine
regelmäßigen Besuchszeiten verabredet seien, sodass Tobias
irgendwie »zwischen den Stühlen sitze«.

≪

Weiterhin sind bei Tobias Symptome wie motorische und innere
Unruhe, Konzentrationsstörungen und auch Impulsdurchbrüche
festgestellt worden, worauf er vor einem halben Jahr die Diagnose
ADHS erhielt. Allerdings erscheinen seine Verhaltensweisen im
Kontext seiner Gesamtsituation durchaus in einem anderen Licht:
Tobias ist sehr früh eingeschult worden. Mit fünf Jahren wurde
für ihn mehrstündiges Stillsitzen zum Alltag. Die überfüllte Klasse,
das Lernen in kleinen Räumen und die plötzliche Anforderung,
leise und konzentriert zu arbeiten, überforderten ihn offensichtlich und widersprachen seinem entwicklungsgerechten Bedürfnis,
sich körperlich viel zu bewegen. Dieser Umstand allein jedoch ist

nur ein Puzzleteil von mehreren. Bezieht man auch den familiären Beziehungshintergrund mit ein, so ist gleichzeitig zum Schuleintritt auch zu Hause eine völlig veränderte Situation entstanden. Tobias' Eltern haben sich getrennt, was ihn vor die Bewältigung neuer Aufgaben stellt.

Trennungskinder

Wenn sich Eltern trennen, stürzt für Kinder oft ihre Welt zusammen. Eine Trennung bedeutet einen tiefen Einschnitt; die feste Familienstruktur, in der sie Geborgenheit gefunden hatten, bricht auseinander. Kinder werden deshalb immer gegen die Trennung ihrer Eltern sein, selbst wenn die Streitigkeiten, die der Trennung vorausgegangen sind, sie sehr belastet haben. Kinder werden in dieser Zeit mit vielen Ängsten konfrontiert, die sie oft nicht auszusprechen wagen. So haben sie Angst, einen Elternteil zu verlieren. Auch fürchten sie, dass sie selbst womöglich der Grund für die Trennung der Eltern sein könnten. Dass Kinder in diesen Phasen ein auffälliges Verhalten zeigen, ist keine Seltenheit. Manche ziehen sich zurück, sitzen stundenlang in ihrem Zimmer, die Eltern kommen nur noch schwer an sie heran. Andere begegnen der inneren Orientierungslosigkeit, der sie ausgeliefert sind, mit aggressivem Verhalten. Je verletzender die Eltern miteinander umgehen, desto stärker fällt in der Regel die Aggressivität der Kinder aus.

Im Eltern-Kind-Verhältnis muss sich nun die Beziehung neu justieren, Grenzen müssen verschoben und neu bestimmt werden. Die Grenzen sind zunächst unklar, was bei den Kindern Unsicherheit auslösen kann. Häufig haben Eltern aufgrund der eigenen Trennung auch wenig Kraft, die damit einhergehenden Schuldgefühle zu verarbeiten, und setzen – das verunsichert alle Beteiligten zusätzlich – bisher geltende Grenzen anders. So passiert es immer wieder, dass Elternteile, die nun allein sind, ihr Kind als eine Art neuen Partner ansehen oder zumindest als Gesprächspartner nutzen und mit ihm ihre eigenen Sorgen und Verletzungen teilen. Parentifizierung nennt man dieses Phänomen, wenn die eigentlich gute Bindung zwischen Eltern und Kind extrem gestört und durch die Eltern in eine ungute Bindung überführt wird, was das Kind wiederum überfordert. Bei ihm entsteht ein Spannungsverhältnis zwischen dem Verantwortungsgefühl für den Elternteil und dem gleichzeitigen Mangelzustand auf emotionaler Ebene. Wichtige emotionale Bedürfnisse des Kindes treten in den Hintergrund.

Wenn wir nun das Gesamtbild betrachten, dann sehen wir einen extrem verunsicherten, verzweifelten Jungen, der von einer großen inneren Unruhe getrieben wird und große Schwierigkeiten hat, den Anforderungen im Alltag gerecht zu werden. So kann er sich schlecht konzentrieren, ist ungeduldig und wird schnell laut. Aus dem Beziehungszusammenhang heraus erscheint sein Verhalten jedoch durchaus nachvollziehbar. Er hat eine seiner wichtigsten Bezugspersonen verloren, sein Vater ist ausgezogen. Tobias ist verzweifelt und trauert. Und es quälen ihn Schuldgefühle und zahlreiche Fragen, die ihn offensichtlich kaum zur Ruhe kommen lassen:

Warum haben sich meine Eltern immerzu gestritten? Warum haben sie sich jetzt auf einmal nicht mehr lieb? Warum wohnt Papa nicht mehr bei uns? Habe ich dazu beigetragen oder bin ich gar der Grund dafür und vielleicht selbst schuld an allem? Wenn ja, wie hätte ich das verhindern können, und wie kann ich es jetzt wiedergutmachen? Sind meine Eltern mir böse? Wann sehe ich Papa wieder?

Wenn er Mama nun nicht mehr lieb hat, vielleicht hat er mich auch nicht mehr lieb? Und hat Mama mich noch lieb?

Solche und ähnliche Gedanken beschäftigen Tobias und belasten seine kindliche Seele. Er ist verwirrt, durch die Trennung schwer erschüttert und verliert an emotionaler Sicherheit. Die tiefe Verbundenheit zum Vater, aber auch die zu seiner Mutter ist auf eine harte Probe gestellt. Nicht die Trennung an sich ist zunächst das Problem – schwierig ist für ihn, wie seine Eltern mit ihrer Trennung umgehen. Sie streiten für Tobias wahrnehmbar um den Verbleib der Kinder, und es ist lange unklar, wo Tobias leben soll. Führen wir uns diese Situation bildlich vor Augen, so sehen wir zwei Erwachsene, die – der eine rechts, der andere links – jeweils an einem Arm ihres Sohnes ziehen.

Dass sich bei Tobias unter diesen Umständen auf emotionaler Ebene eine tiefe Zerrissenheit einstellt, ist aus meiner Sicht nachvollziehbar. Dies könnte die innere Unruhe erklären. Auch die Impulsivität erscheint in diesem Zusammenhang verständlich. Tobias braucht ein Ventil, um den in seinem Inneren aufgebauten Druck ablassen zu können. Und der Druck, den er empfindet, ist groß. Er übernimmt eine unterstützende Rolle für seine Mutter, was ihn überfordert. Kinder sind ihren Eltern gegenüber bedingungslos kooperativ und hochloyal. So bringt die gesamte Situation Tobias in ein Dilemma: Er liebt beide Elternteile und möchte es beiden recht machen. Positioniert er sich zum Vater, kränkt er (in seinem Verständnis) seine Mutter. Stellt er sich zu ihr, kränkt er den Vater. Wie sich Tobias auch entscheidet, die Entscheidung kann aus seiner Sicht nur »falsch« sein.

Die Beziehungsgeflechte von Familien sind vielfältig – keine Situation ist so wie die andere. Deshalb ist eine individuelle Analyse des Kontextes immer von großer Bedeutung, wenn wir die Symptome von Kindern verstehen und deuten wollen. Irgendwo in diesen Beziehungszusammenhängen ist das Gleichgewicht zwischen der Sehnsucht nach Verbundenheit und dem Streben nach Autonomie in eine Schieflage geraten, und immer sind die Verhaltensweisen von Kindern als entsprechende Kompensationshandlungen zu verstehen. Das heißt, Kinder versuchen oft verzweifelt, dieses Gleichgewicht wiederherzustellen oder zumindest eines dieser beiden Urbedürfnisse zu befriedigen.

Da Tobias dies zu Hause nur unzureichend gelingt, ist ihm das Dazugehören im Klassenverband sehr wichtig. Wird er etwa nicht zum Geburtstag des Schulkameraden eingeladen, gehen seine Gefühle mit ihm durch. Die Verbundenheit ist in seiner Familie infrage gestellt, in seiner zweiten Lebensumwelt Schule soll ihm das nicht passieren. Durch die Gesamtheit der Situation also entstehen dann die Symptome, die wir als auffällig wahrnehmen und die zur Diagnose ADHS führen. Nehmen wir uns die Zeit, auf das spezifische familiäre Beziehungsgeflecht und auf weitere soziale Zusammenhänge und Hintergründe zu schauen, können wir das Verhalten von Kindern viel differenzierter deuten und ihnen sehr wahrscheinlich helfen, ihr Gleichgewicht wiederherzustellen.

Unterstützend in einer solchen Situation kann die Botschaft sein: *Wir nehmen dich so an, wie du bist!* Der größte Leidensdruck für Kinder entsteht häufig vor allem durch das Gefühl, dass sie in ihrer Umgebung stören, dass sie nicht passen, dass sie den Anforderungen, die wir an sie stellen, nicht genügen. Dies führt meiner Erfahrung nach dazu, dass die Verunsicherung noch größer wird und die Symptome sich eher verstärken. Wenn Kinder permanent die Botschaft empfangen, dass sie eigentlich anders sein sollten, als sie sind (und gerade sein können), dann verstärkt das nur noch einmal mehr ihre innere Unruhe und kann auch zu weiteren Symptomen wie zum Beispiel Aggressivität oder Rückzug führen.

So ist die Botschaft *Du störst hier* destruktiv und führt zu noch tieferer Verunsicherung. Sinnvoll wäre die Frage: *Was brauchst du, damit es dir hier besser geht?*

In einem gemeinsamen Gespräch mit Tobias, seinen Eltern und der Lehrerin kann sich Tobias auf Nachfragen sehr klar artikulieren. Er selbst ist es, der uns auf einmal erzählen kann, wie schwer es ihm fällt, sich auf ein Arbeitsblatt zu konzentrieren und alle Umgebungsgeräusche der anderen Kinder auszublenden:
»Ich denke immer, jemand will was von mir, das macht mich ganz verrückt. Dann sag ich mir: Jetzt musst du aber weitermachen. Aber das bringt nix. Das ist fast so wie beim Einschlafen am Abend. Wenn ich muss, dann kann ich erst recht nicht.«
Als Möglichkeit, trotzdem zur Ruhe zu kommen, schlägt Tobias selbst vor, Ohrstöpsel mit in die Schule zu nehmen, die er bei Bedarf nutzen kann, um die Geräuschkulisse, auf die er besonders sensibel reagiert, zu reduzieren.

Tobias befindet sich in einer besonderen Situation, die grundsätzlich nicht zu ändern ist. Seine Eltern werden voraussichtlich nicht wieder zusammenkommen. Es bleibt nur, die Situation so zu nehmen, wie sie ist, und mit ihr möglichst gut umzugehen. Tobias befindet sich in einer Art dauerhaftem Ausnahmezustand. Das führt bei ihm zu seelischen (und erst einmal nicht sichtbaren) Verletzungen. Auf diese müsste die Umwelt eingehen und Rücksicht nehmen. Mehr noch. Sie sollte unterstützend wirken. Hätte sich Tobias sichtbare Verletzungen zugezogen und sich etwa bei einem Fahrradunfall ein Bein gebrochen und die rechte Hand gestaucht, bekäme er in der Klasse vermutlich einen zweiten Stuhl zum Hochlegen für sein Bein, und ein Mitschüler würde eventuell Arbeitsblätter mit ihm gemeinsam ausfüllen, weil er seine rechte Hand nicht benutzen kann. Seelisch-emotional ist Tobias genauso verletzt, nur dass man eine Seele nicht gipsen oder bandagieren kann. Wenn wir um die Verletzungen und den inneren Zustand der Kinder jedoch wissen, können wir diese genauso ernst nehmen wie einen körperlichen Schaden. Mit unserer *Rücksichtnahme* und unserem *Verständnis*, die als Bandage für die Seele dienen können, vermögen wir unseren Kindern bei emotionalen Belastungen ebenso gut zu helfen wie bei körperlichen Schmerzen.

Natürlich zeigen Kinder Symptome und auffälliges, für die Umwelt herausforderndes Verhalten, das bestreite ich nicht. Für mich stellt sich allerdings die Frage, wie Erwachsene damit umgehen. Wir geben Pillen! Aber nur weil wir die Zusammenhänge zwischen Symptom und Ursache beim ersten Hinsehen oft nicht deuten können und nur, weil wir einfach ein für uns störendes Verhalten abstellen wollen, nur weil es uns zu mühselig erscheint und wir die Zeit nicht aufbringen wollen oder können, uns damit zu beschäftigen, wie es dem Kind tatsächlich geht und wer das Kind wirklich ist, kurz: weil wir es uns zu leicht machen – deshalb bewerten, kategorisieren und diagnostizieren und im schlimmsten Fall medikamentieren wir. Wir ordnen nach Symptomen, klassifizieren Verhaltensmerkmale und diagnostizieren Störungen. Und das immer mit der Überzeugung, dass wir dann endlich bei genauer Diagnose die Methode (er-)finden, das Kind so zu behandeln, dass es möglichst schnell wieder passgerecht für unsere Welt wird. Dafür nehmen wir sogar in Kauf, dass gesunde Kinder krank werden.

Es ist aus meiner Sicht ein Skandal: Wir geben Kindern Medikamente und manipulieren so natürliche kindliche Impulse. Viel zu schnell geben wir auf und behandeln ausschließlich die Symptome, die uns am Kind stören, die eine ganze Gesellschaft stören! Was nicht passt, wird passend gemacht!

Ich weiß, wie schwer es für Eltern sein kann! Dennoch: Sie sollten sich nicht unter Druck setzen lassen, nicht von der Schule, nicht von Ärzten – sie dürfen sich hinter ihre Kinder stellen, denn sie haben ganz besondere Kinder, die sich vielleicht nicht gut anpassen lassen und trotzdem – oder genau deshalb – eine gute, liebevolle Begleitung von zu Hause brauchen.

Die Beiträge der Hirnforschung zur Pädagogik

Auf den Neurobiologen Prof. Dr. Gerald Hüther bin ich aufmerksam geworden, weil er aus naturwissenschaftlicher Sicht zu neuen Erkenntnissen im Bereich der Hirnforschung bei Kindern gekommen ist, die auch für meine pädagogische Arbeit von großer Relevanz sind. So sehe ich einiges, was ich in der Praxis an Erfahrungen gemacht habe, durch diese neuen Erkenntnisse aus der Hirnforschung bestätigt und ergänzt und kann verschiedene Phänomene noch besser einordnen und verstehen. Die Naturwissenschaft liefert hilfreiche grundlegende hirnorganische und physiologische Informationen, die von Fachleuten (Pädagogen, Psychologen, Psychiatern, Kinderärzten, Lehrern, Erziehern) für die pädagogisch-therapeutische Arbeit, die ärztliche Versorgung und insgesamt für den Umgang mit Kindern und Jugendlichen in den unterschiedlichsten Bereichen genutzt werden können. Gerade deshalb empfinde ich es als wichtig, dass sich die unterschiedlichen wissenschaftlichen Disziplinen gegenseitig vernetzen und dass durch diese Verknüpfung ein fruchtbarer Dialog und ein Austausch im Sinne des Forschungsgegenstandes, also der Kinder, entstehen können. So kann die Pädagogik von den Erkenntnissen der Hirnforschung direkt profitieren und wichtige Schlüsse für die praktische Arbeit ziehen.

Gerald Hüther wird nicht müde, die modernen Erkenntnisse der Hirnforschung einer breiten Öffentlichkeit bekannt zu machen und sie auch direkt in die Praxis zu tragen. So vertritt er die für viele Menschen erst einmal provokante These: Jedes Kind ist hochbegabt! Nicht die Gene entscheiden über Intelligenz, Dummheit oder Faulheit, sondern entscheidend sei, welche Möglichkeiten aus dem riesigen Überschuss an Vernetzungsoptionen im Gehirn durch uns Erwachsene »bedient« werden. Hüther hat neue Erkenntnisse gewonnen über die Reifung der emotionalen Zentren im Gehirn und spricht davon, dass physiologische Vernetzungen im Gehirn als Antwort auf die gemachten Beziehungserfahrungen zu verstehen sind.

Da ich seit Jahren in der praktischen therapeutischen Arbeit mit Menschen die Beziehung in den Mittelpunkt gestellt habe und der Überzeugung bin, dass es vor allem unsere Beziehungserfahrungen sind, die uns Menschen zu dem machen, was wir sind, empfinde ich diese naturwissenschaftlichen Erkenntnisse als regelrecht bahnbrechend und richtungsweisend. Die sich auf Fakten und physiologische Prozesse stützende Naturwissenschaft kann etwas sichtbar machen, was der Pädagogik nicht möglich ist. Beziehung findet statt – sie ist spürbar, aber nicht greifbar. Dass nun neuronale Verbindungen im Hirn als Reaktion auf gemachte Beziehungserfahrungen nachweisbar sind, ist eine zwingende Begründung dafür, den Beziehungserfahrungen bei der Sozialisation von Kindern eine noch größere Bedeutung beizumessen.

Ich habe Gerald Hüther zu einem interdisziplinären Austausch getroffen, um seine Erkenntnisse aus der Hirnforschung mit denen aus der Pädagogik und Therapie zu verknüpfen und mit ihm über Fragen der Bedeutung von Beziehung für Kinder aus naturwissenschaftlicher Sicht zu diskutieren.

Wir wissen doch eigentlich, was zu tun wäre, warum tun wir es nicht?

Ein Gespräch mit dem Neurobiologen und Hirnforscher Prof. Dr. Gerald Hüther

Allgemeine Entwicklung des Gehirns

Katharina Saalfrank: Das Gehirn wird oft als Ort rationaler Entscheidungen gesehen. Sie sagen jedoch, das Gehirn sei ein »soziales Organ«. Was genau meinen Sie damit?

Gerald Hüther: Das Gehirn ist zunächst ein Körperteil. Ein Körperteil, dem wir besondere Bedeutung zuschreiben, auf das wir auch zum Teil ein bisschen stolz sind und von dem wir nun meinen, dass dort alles säße, worauf es im Leben ankommt.

Wir haben eine Zeit lang geglaubt, dass sich die Vernetzungen im Gehirn, also der innere Aufbau dieses Organs, im Wesentlichen durch die Wirkung genetischer Programme herausgeformt haben. Und deshalb haben wir auch geglaubt, dass die so entstandenen Vernetzungen der Nervenzellen später nicht mehr zu verändern seien und dass man zeitlebens mit diesem Hirn herumlaufen müsse, das man durch seine genetischen Programme bekommen hat. Und wir haben auch lange geglaubt, dass es Menschen mit besseren und mit schlechteren Programmen gebe und dass Kinder mit besseren oder schlechteren Vernetzungen im Hirn ausgestattet seien. Die einen wären dann begabter und die anderen weniger begabt – das war zumindest unsere Überzeugung.

Katharina Saalfrank: Ich kenne diese Thesen auch – das ist alles noch nicht so lange her.

Gerald Hüther: Nein, das ist noch nicht so lange her. Das habe ich als Hirnforscher ja auch selbst alles noch so gelernt. Und deshalb bin ich sozusagen Zeitzeuge dieses Transformationsprozesses, der sich innerhalb der Hirnforschung – zum Teil auch zum Erstaunen der Hirnforscher selbst – vollzogen hat.

Katharina Saalfrank: Was genau hat sich verändert?

Gerald Hüther: Es hat sich ein Paradigmenwechsel vollzogen, der in seinen Auswirkungen, glaube ich, gar nicht hoch genug einzuschätzen ist. Die neue Botschaft heißt jetzt: Genetische Programme steuern nicht die Herausbildung ganz bestimmter Vernetzungen im Gehirn, sondern sie sorgen dafür, dass zunächst Überschüsse bereitgestellt werden. Deutlich *mehr* Nervenzellen, als später erhalten bleiben, werden schon vor der Geburt im Gehirn erzeugt. Etwa ein Drittel davon wird dann wieder abgebaut, weil diese Nervenzellen nicht in funktionale Netzwerke eingebaut werden.

Genauso funktioniert es auch mit den Vernetzungen. Auch hier sorgen die genetischen Programme dafür, dass zunächst ein Überschuss an Vernetzungsoptionen bereitgestellt wird. In den verschiedenen Hirnregionen wird dann sozusagen gewartet, welche Beziehungsmuster zwischen den Nervenzellen aktiviert werden, und die Aktivitätsmuster, die immer wieder und regelmäßig auftauchen, stabilisieren dann die dabei genutzten Verschaltungsmuster, und alle anderen werden wieder abgebaut.

Im Frontalhirn beispielsweise, wo es besonders komplex zugeht, haben wir die gleiche Situation. Ein sechsjähriges Kind hat hier etwa ein Drittel mehr Vernetzungsangebote, als dann nach Abschluss der Pubertät noch übrig sind. Im Durchschnitt jedenfalls, bei manchen Kindern bleibt etwas mehr davon erhalten, bei anderen noch weniger, je nachdem, wie und wofür sie ihr Frontalhirn nutzen. Aber am Anfang ist immer mehr da. Das kindliche Gehirn strukturiert sich aus der Fülle heraus und nicht programmgesteuert.

Katharina Saalfrank: Das ist doch erst mal sehr beruhigend.

Gerald Hüther: Ja, es wird von der Natur, von diesen genetischen Programmen, dafür gesorgt, dass dieses Kind mit einem riesigen Überschuss an Verknüpfungsmöglichkeiten in seinem Hirn ins Leben geschickt wird. Das nenne ich Potenzial. Das heißt, jedes Kind bringt viel mehr mit, als es da draußen in der Familie, in der es aufwächst, und in dem Kulturkreis, in der Stadt, wo es groß wird, und bei den Menschen, mit denen es zusammenlebt, tatsächlich braucht. Man könnte deshalb auch ironisch sagen: Weil es ja unmöglich ist, überall gleichzeitig aufzuwachsen und alle nur möglichen Erfahrungen zu machen, ist unser Gehirn, wenn wir erwachsen geworden sind, immer nur eine Kümmerversion dessen, was daraus hätte werden können.

Daraus ergibt sich eine ziemlich dramatische Schlussfolgerung, die heißt nämlich: Jedes Kind ist hochbegabt.

Katharina Saalfrank: Ich sehe in der Pädagogik eine Parallele. Die Entwicklungspsychologie hat in den letzten Jahrzehnten intensiv geforscht, und so wissen wir heute, dass Kinder nicht als »halb fertige« Menschen zur Welt kommen, wie man das früher dachte, sondern dass sie mit vielen Kompetenzen und einer Fülle von Fähigkeiten ausgestattet sind. Das heißt, die These, dass Kinder Erziehung brauchen, weil sie erst dadurch zum Menschen werden, ist obsolet.

Gerald Hüther: Ich verwende den Begriff Kompetenzen etwas anders. Kompetenzen sind etwas, das man schon hat. Aus meiner Sicht kommen Kinder mit ganz vielen *Entwicklungsmöglichkeiten* zur Welt. Und was dann daraus wird und welche *Kompetenzen* ein Kind dann tatsächlich ausbildet, das hängt eben immer davon ab, welche Erfahrungen es macht.

Katharina Saalfrank: Das heißt also, dass es beides gibt. Bereits erworbene Kompetenzen und auch eine Fülle von Entwicklungsmöglichkeiten, aus denen auch noch bestimmte Fähigkeiten werden könnten. Früher hat man ja gedacht, ein Säugling sei passiv und habe noch gar keine Fähigkeiten. Heute wissen wir, dass Kinder auch in diesem Alter schon sehr aktiv ihre Umwelt wahrnehmen und beispielsweise auch Stimme und Gesicht der Mutter bereits nach kurzer Zeit verknüpfen können. Mit Kompetenzen meine ich zum Beispiel auch eine bestimmte Feinfühligkeit für Stimmungen, die Säuglinge bereits haben, eben die Fähigkeit, bestimmte Reize anders wahrzunehmen als wir Erwachsene, die wir diese Differenzierung sozusagen nicht mehr vornehmen im täglichen Leben.

Gerald Hüther: Ja, und auch diese angeborene Entdeckerfreude, die angeborene Neugier, diese angeborene Offenheit und diese angeborene Vorurteilslosigkeit, die dazu führt, dass Kinder sich gewissermaßen auf alles einlassen können, was es in dieser Welt gibt. Und es ist ja auch gut so, dass das so ist, weil sie auf diese Weise auch vorurteilsfrei in der Lage sind, sich ihrer Bezugsperson hinzugeben, die sie auf ihrem weiteren Weg begleitet. Wir Erwachsene können uns das gar nicht mehr so recht vorstellen, dass man so vorurteilsfrei jemanden lieben kann, wie das ein kleines Kind kann.

Katharina Saalfrank: Meine Erfahrung als Pädagogin, Therapeutin und auch als Mutter ist, dass uns Erwachsenen einige Kompetenzen abhandengekommen sind. Dass wir oft nicht mehr diese Feinfühligkeit besitzen, nicht diese unheimlich feinen Antennen haben, dass wir auch ein Stück der Empathie verlieren, die Kinder haben. Dass wir so die Freude an dem Kleinen verloren haben und uns oft die Begeisterung, die man bei kleinen Kindern sieht, abhandengekommen ist. Das sind alles Dinge, die Kinder wieder in uns wecken und durch die wir auch von den Kindern profitieren können.

Gerald Hüther: Wir haben ja selbst auch diesen Sozialisationsprozess durchlaufen, der dazu führt, dass Kinder vieles von dem, was sie an besonderen Talenten, Begabungen und Potenzialen mitbringen, nicht entfalten können.

Katharina Saalfrank: Aber warum ist das aus der Sicht des Hirnforschers so? Baut das Hirn diese Fähigkeiten einfach wieder ab?

Gerald Hüther: Nein, das passiert nicht automatisch. Das ist die Folge der Tatsache, dass ein Kind in eine Welt hineinwächst, in der ihm signalisiert wird, dass es so, wie es ist, nicht »richtig« ist.

Katharina Saalfrank: Das heißt ja, dass die Umwelt tatsächlich der maßgebliche Faktor dafür ist, wenn Kinder diese ihnen angeborenen Potenziale und Fähigkeiten nicht weiterentwickeln können oder gar vollständig verlieren. Aus pädagogischer Sicht würde ich sagen: Kinder brauchen das unbedingte Gefühl: Du bist o.k., so wie du bist – und nicht den Druck der Umwelt: Du bist o.k., so wie ich will! Letzteres erzeugt Druck und hemmt die Entfaltung und Weiterentwicklung der kindlichen Potenziale. Was sagt der Hirnforscher?

Gerald Hüther: Ja, das passiert immer dann, wenn Erwachsene versuchen, aus dem Kind etwas zu machen, das sie selbst als Vorstellung im Kopf haben. Dann fühlt sich das Kind nicht gesehen, dann fühlt es sich in seinen Impulsen nicht wahrgenommen und in seiner Entdeckungsfreude und Gestaltungslust gehemmt und gesteuert. Man muss sich das so vorstellen, als ob ein Gärtner einen Obstbaum zu einer Art »Spalierobst« zurechtschneidet, so wie es ihm gefällt und wie er vermutet, dass es ihm später die größten Erträge bringt. Aber das wird natürlich nicht unbedingt ein gesunder Baum. Und es bleibt am Ende, wenn dieses »Spalierobst« von dem Gärtner so zugerichtet worden ist, wenn man es nicht unter dem Gesichtspunkt des Ertrages, sondern unter dem Gesichtspunkt der Gesundheit sieht, nicht viel übrig. So ein Kind hat dann viel verloren an Lebensfreude, an Glück und an der Fähigkeit, seine Bedürfnisse in dieser Welt zu stillen und mutig und zuversichtlich in diese Welt hineinzugehen.

Katharina Saalfrank: Als Pädagogin und Therapeutin arbeite ich vorwiegend auf der Beziehungsebene, mir geht es nicht in erster Linie um Verhaltensänderungen. Oft geht es im Beratungsprozess auch darum, eigene überdeckte Gefühle wieder neu zu spüren und zu benennen. Durch die herkömmliche Erziehung werden Menschen oft in frühen Jahren die Fähigkeiten »abtrainiert«, sich selbst wahrzunehmen und Gefühle zu erkennen und auch als Signale ernst zu nehmen. Das Gehirn gilt ja als das Organ, wo die Ratio verankert ist. Was sagt denn die Gehirnforschung zu Gefühlen?

Gerald Hüther: Ohne Gefühl geht gar nichts. Man kann nichts wahrnehmen, ohne etwas zu fühlen. Man kann auch nichts tun, ohne dabei irgendein Gefühl zu haben. Und man kann auch nichts denken und sagen, ohne dass man Gefühle dabei hat. Das heißt, neurobiologisch ist an all diese neuronalen Verarbeitungsprozesse, wenn sie denn einigermaßen bedeutsam sind, immer ein Gefühl gekoppelt. Im Grunde genommen sind sogar die Gefühle das, was die Dinge erst bedeutsam machen. Aber Kinder können in einem ganz schwierigen Lernprozess dazu gebracht werden, ihre Gefühle vom Denken abzutrennen.

Katharina Saalfrank: Wo genau sind die Gefühle denn verankert, und wie ist es möglich, dass im Gehirn solche Prozesse ablaufen?

Gerald Hüther: Gefühle entstehen dadurch, dass im Hirn noch ein zweites System zugeschaltet wird, das zum Beispiel bei einer bestimmten Wahrnehmung deutlich macht, dass es jetzt ernst wird. Erst mithilfe dieser Gefühle, dieser »emotionalen Aufladung«, ist man in der Lage, Wichtiges von Unwichtigem zu unterscheiden und aus der Vielzahl der Wahrnehmungen einzelne Aspekte herauszugreifen, sich diesen zuzuwenden und dann auch Entscheidungen zu treffen.

Katharina Saalfrank: Das klingt doch eigentlich gut, und Kinder brauchen deshalb Erwachsene, an denen sie sich orientieren können. Menschen, die authentisch sind, über ihre Gefühle sprechen und auch die Rückmeldungen von Kindern und deren Emotionen ernst nehmen. Oft ziehen sich Erwachsene jedoch auf eine Rolle zurück und zeigen ihre wahren Gefühle gar nicht. Was bedeutet das dann für die Entwicklung des Gehirns?

Gerald Hüther: Kinder lernen dadurch natürlich irgendwann auch, ihre Gefühle immer effektiver abzukoppeln. Und eigentlich lernen sie dann noch mehr: Gefühle vorzuspielen und in dem anderen, dem Gegenüber, bewusst Gefühle auszulösen, um bestimmte Ziele zu erreichen.

Katharina Saalfrank: Kinder brauchen die Gewissheit, dass sie einerseits aufs Tiefste verbunden sind und andererseits zugleich wachsen und autonom werden können. Also eine Beziehung, in der man verbunden und gleichzeitig auch frei ist. Wenn Kinder zu Hause eine solche Gewissheit nicht erleben – fehlt ihnen dann grundsätzlich diese Erfahrung als Anlage im Gehirn?

Gerald Hüther: Nein, sie fehlt auch solchen Kindern nicht. Denn die Erfahrung, dass man verbunden ist und dass man jeden Tag ein Stück über sich hinauswächst, ist die Grunderfahrung aller Kinder während der gesamten Schwangerschaft. Das heißt, in unserem Gehirn sind schon vorgeburtlich Nervenzellverknüpfungen entstanden, und jedes Kind kommt deshalb mit diesen hirnorganischen Anlagen und dem Wissen auf die Welt, dass es möglich ist, gleichzeitig verbunden und frei zu sein.

Katharina Saalfrank: Man könnte also sagen, jeder Mensch hat durch diese vorgeburtlichen Erfahrungen schon die erste grundlegende Beziehungserfahrung gemacht, die uns Menschen dann zu sozialen Wesen macht und uns mit der Sehnsucht nach genau dieser Beziehung ins Leben gehen lässt. Der Suche einerseits nach dem Gefühl dazuzugehören und dem Bedürfnis andererseits, auch eigenständig zu sein, frei zu sein und autonom zu werden – ohne die Verbundenheit zu verlieren.

Gerald Hüther: Durch diese Erfahrungen sind bestimmte Vernetzungen im Gehirn stabilisiert worden, die die physische Grundlage dieser Erwartungshaltung sind. Weil wir erfahren haben, dass es möglich ist, eine Beziehung zu führen, in der man gleichzeitig verbunden ist und gesehen wird in seiner Einzigartigkeit.

Katharina Saalfrank: Ich frage mal ganz einfach: Sind denn Beziehungserfahrungen im Gehirn sichtbar?

Gerald Hüther: Was wir nachweisen können ist Folgendes: Wenn dieses große Netzwerk, sprich das Gehirn, bereitgestellt und man in einer Welt groß wird, in der man sich als Kind aus eigenem Antrieb auf ganz vieles einlassen kann, dann macht man ganz viele Beziehungserfahrungen und man bekommt ein komplexeres Gehirn mit mehr Vernetzungen. Man bekommt dann auch einen dickeren Kortex – und das kann man messen.

Das heißt, an diesem Umstand ist biologisch nicht zu rütteln: Es ist wichtig, dass Kinder vielfältige Beziehungserfahrungen machen, weil sich diese dann in Form von neuronalen Beziehungsmustern strukturell verankern. Die allererste Beziehungserfahrung ist immer eine Erfahrung mit sich selbst. Das heißt, das Erste, was ein Kind kennenlernen muss, ist es selbst. Und das tun Kinder auch automatisch, das ist auch das, was sie vorgeburtlich schon gemacht haben. Man denkt immer, die Beziehung zur Mutter sei das Entscheidende. Nein! Die allerersten Erregungsmuster, anhand deren sich die ersten Netzwerke im kindlichen Hirn strukturieren, kommen aus dem eigenen Körper. Man könnte es auch ein wenig prosaisch ausdrücken: Das kindliche Hirn lernt allmählich, dass da unten ein Körper dranhängt.

Schule und Lernen

Katharina Saalfrank: Die Schule möchte den Kindern alle Möglichkeiten geben, sich aufs Leben vorzubereiten. Sie sollen gebildet werden durch Fördern und Fordern. Ist das denn aus Sicht der Hirnforschung sinnvoll?

Gerald Hüther: Aus der Perspektive der Hirnforschung haben die Engländer ihren besseren Begriff für das, was wir mit »Erziehung« meinen. Kinder sind doch keine Obstbäume, die nach den Vorstellungen eines Gärtners so zurechtgestutzt werden können, dass sie den höchsten Ertrag bringen. Ich erziehe dich, ich bilde dich ... das sind schon sehr sonderbare Sprachbilder. Im Englischen heißt das »Education«, das kommt aus dem Lateinischen und leitet sich von einem Verb ab, das »führen, anleiten« bedeutet. Wer so unterwegs ist, als Begleiter also, hat verstanden, was die Hirnforscher inzwischen auch herausgefunden haben: Man kann Kinder nicht erziehen, man kann sie nicht bilden, man kann nur Bedingungen schaffen, innerhalb deren das Kind diesen Selbstbildungsprozess, diesen Selbsterziehungsprozess als etwas versteht, das ihm selbst wichtig ist und an dem es selbst arbeitet. Kinder bauen ihr Wissen und ihre Fähigkeiten durch einen eigenen konstruktiven Prozess im Gehirn auf. Dazu kann man sie nicht zwingen. Dazu kann man nur einladen, ermutigen und inspirieren. Das sind dann auch die drei Worte, die zu dem Begriff Potenzialentfaltung gehören. Zur Ressourcennutzung hingegen gehören Unterricht, Erziehung, Vorschreiben, dazu gehören all diese Dressurmethoden, die wir aus dem letzten Jahrhundert mitgebracht haben, um Menschen dazu zu bringen, dass sie sich auf eine bestimmte Art und Weise verhalten, dass sie möglichst gut funktionieren.

Diese Einsichten sind bisher bestenfalls bei drei Prozent der Bevölkerung angekommen. Das heißt aber nicht, dass sie falsch wären. Das heißt nur, dass sich die meisten Menschen diese Modelle, diese Vorstellungen und diese Denkmuster aus dem letzten Jahrhundert, mit denen sie ja selbst noch »erzogen« worden sind, zu eigen gemacht haben. Und dann weiß man aus der Hirnforschung, dass solche Muster prägend sind, weil diese Erfahrungen damals ja auch eng emotional gekoppelt waren. Und so ist es dann auch heute: Wo es emotional wird, wo eine starke persönliche emotionale Arbeit stattfindet, wo Beziehungsarbeit notwendig ist, dort wird es dann schwierig, diese alten Vorstellungen abzulegen.

Katharina Saalfrank: Eine intensive Beziehungsarbeit ist also notwendig in Familien, aber auch in den Kindertagesstätten und Schulen. Dann geht es um Eltern, Erzieher und Lehrer?

Gerald Hüther: Ja. In Familien oder auch in Institutionen, wenn es Konflikte gibt. Da, wo es sehr unter die Haut geht, da fallen Menschen in ihre alten physiologisch vorhandenen Muster zurück, die damals auch in einer strengen und starken emotionalen Kopplung im Gehirn entstanden sind.

Katharina Saalfrank: Andererseits erlebe ich Menschen, die Verantwortung übernehmen und durch eine Form der inneren Arbeit diese alten Muster auch verlassen können. Bedeutet das, dass das Gehirn auch später noch so dynamisch ist und Gehirnstrukturen sich verändern lassen? Man ist nicht – so wie man früher dachte – »programmiert«, und bestimmte Sachen gehen dann eben nicht mehr, lassen sich nicht mehr verändern, sondern man kann in dem Augenblick, in dem man sich selbst erkennt und andere Erfahrungen macht, auch neue Verknüpfungen im Gehirn herstellen?

Gerald Hüther: Ja, das kann man – aber das ist eben anstrengend! Und da muss man Verantwortung übernehmen und kann nicht mehr so weiterleben wie bisher. Und deshalb will das keiner, und deshalb ist es schöner, an die Theorie zu glauben, dass sich das eben nicht mehr ändern lässt.

Katharina Saalfrank: Dann gibt man lieber Verantwortung ab.

Gerald Hüther: Genau, deshalb begrüßen die meisten Menschen auch angebliche Erkenntnisse aus der Hirnforschung, die ihnen erzählen, man könne nichts dafür, man sei eben festgelegt.

Katharina Saalfrank: Ich empfinde das, was Sie als Paradigmenwechsel in der Hirnforschung beschreiben, als entlastend – gerade auch für die Arbeit mit Kindern und Eltern. Zum einen die Botschaft, dass wir nicht genetisch »programmiert« sind, zum anderen aber auch die Erkenntnis, dass wir die Köpfe von Kindern eben nicht beliebig mit Wissen vollstopfen können. Meine Erfahrung ist, dass Kinder dann ohnehin irgendwann abschalten und nichts mehr aufnehmen. Dennoch will Schule immer mehr Wissen in immer kürzerer Zeit vermitteln. Ist das für das Gehirn konstruktiv?

Gerald Hüther: Das Entscheidende, was ein Kind lernt, ist nicht das Wissen, das ihm angeboten wird. Sondern das Wichtigste für das Gehirn sind die Erfahrungen, die man am eigenen Leib macht. Daraus entstehen die neuronalen Verknüpfungen im Gehirn. Die Hirnforschung wird keinen Beitrag dazu leisten können, dass wir ein »besseres Hirn« bekommen. Das ist die Vorstellung aus dem vorherigen Jahrhundert, als man noch geglaubt hat, Gehirne seien wie Computer oder Maschinen und ließen sich optimieren. Manche essen ja heute noch irgendwelche Pillen und nennen das Hirndoping, damit sie noch bessere Leistungen erzielen. Das Einzige, was die Hirnforschung wirklich kann, ist, uns vor Augen zu führen, welche Voraussetzungen von uns selbst geschaffen werden müssten, damit diese Potenziale, die in uns und vor allem in den Kindern angelegt sind, auch tatsächlich entfaltet werden können. Selbsterkenntnis! Das ist es.

ADHS – aus der Sicht eines Neurobiologen

Katharina Saalfrank: In meiner Praxis bekomme ich auch immer wieder sogenannte ADHS-Kinder vorgestellt. Diesen Kindern fällt es oft schwer, ihre Impulse zu kontrollieren. So werden sie von ihrer Umwelt als ungeduldig, aufbrausend und aggressiv wahrgenommen. Ich erlebe diese Kinder meist als tief verunsichert, voller innerer Unruhe, auf der ständigen Suche nach dem Gefühl, so anerkannt und angenommen zu werden, wie sie sind, und auf der Suche nach konstruktiven Beziehungserfahrungen. Ich bin sehr skeptisch, wenn Mediziner postulieren, dass diese Symptome aus einer genetischen Veranlagung resultieren. Was können Sie als Neurobiologe dazu sagen?

Gerald Hüther: Es gibt in den tieferen Bereichen des Hirns motivationale Systeme, die nach oben drücken: Hunger, Durst, Bewegungsdrang, Schlaf, sich weit wegträumen. Das sind alles Dinge, die kommen von unten als Impulse, als Affekte. Und oben drüber liegt – salopp gesagt – das Kontrollsystem, die Affektkontrolle. Das sind die sogenannten exekutiven Frontalhirnfunktionen. Dazu gehört, dass man in der Lage ist, Handlungen zu planen, die Folgen von Handlungen abzuschätzen, Impulse zu kontrollieren, Frust auszuhalten, sich in andere Menschen hineinzuversetzen. Das sind alles Erfahrungen, die man im Laufe seines Lebens macht. Diese Metakompetenzen, wie sie heißen, werden im Frontalhirn verankert. Wichtig ist zu wissen: Das geschieht nicht automatisch, es gibt *keine* genetische Disposition für Handlungsplanung oder Folgenabschätzung oder Impulskontrolle. Das muss erworben werden.

Katharina Saalfrank: Das heißt also aus neurobiologischer Sicht, dass diese Kinder keinen genetischen Defekt haben und nicht »krank« sind, sondern dass das Kind an dieser Stelle noch nicht ausreichend eigene Beziehungserfahrungen gemacht und so noch nicht die Fähigkeit erlangt hat, zum Beispiel aufkommende Impulse gut zu kontrollieren.

Gerald Hüther: Ganz richtig. Diese Erfahrung ist noch nicht ausreichend gemacht und deshalb im Gehirn noch nicht genügend verankert und im System verknüpft. Das Kind braucht also Beziehungserfahrungen, zum Beispiel wie schön es ist, wenn man sich selbst kontrolliert, wie schön es ist, wenn man eine Handlung plant, dass es sehr beglückend sein kann, wenn man sich in einen anderen Menschen hineinversetzt, und dass es ein ganz tolles Gefühl sein kann, wenn man einen Impuls, der in einem hochkommt, kontrolliert. Diese Fähigkeiten können Menschen besonders gut erwerben, wenn sie mit anderen gemeinsam wirken.

Katharina Saalfrank: Also machen etwa fünf Jungs, die gemeinsam ein Baumhaus bauen, in diesem Prozess eine Menge wichtiger Erfahrungen: einen Plan zu machen, Werkzeug zu besorgen, zu schauen, wer am besten klettern und wer am besten tragen kann, und so weiter.

Gerald Hüther: Ja, und dabei erwerben sie dann alle diese wunderbaren Metakompetenzen, diese exekutiven Frontalhirnfunktionen. Und weil sie diese Fähigkeiten als beglückend erleben, werden sie deshalb auch fest in ihrem Frontalhirn verankert; sonst würden sie das gemeinsame Werk – also das Baumhaus – auch nicht zu Ende kriegen.

Katharina Saalfrank: Wenn Kinder diese Fähigkeiten und Meta-kompetenzen (noch) nicht erworben haben, ist zu beobachten, dass es ihnen oft besonders schwerfällt, sich auf eine neue Umgebung, auf ein neues Umfeld einzustellen. Oft sprengen diese Kinder dann auch Gruppensituationen. Also, ein anderes Beispiel: Wenn fünf Kinder miteinander beschäftigt sind und einen Turm bauen, jeder legt einen Stein drauf, jeder trägt etwas dazu bei.

Gerald Hüther: ... und dann kommt Julius. Aber er kennt das überhaupt nicht, dass man gemeinsam etwas Drittes macht oder sich gemeinsam um etwas Drittes kümmert. Und er hat diese Meta-kompetenzen noch nicht entwickelt. Aber: Er hat natürlich auch diese Sehnsucht nach Verbundenheit, kennt jedoch nur eine Erfahrung, wie man Verbundenheit erreicht: indem man sehr aktiv wird und zu einem der Kinder sagt: »Hallo, hallo, hier bin ich, Julius heiße ich.« Und damit behindert und unterbricht er das gemeinsame Turmbauen.

Und wenn dann eines der Kinder sagt »Hau ab, du störst«, dann weiß er nicht mehr weiter, er hat zu wenig Erfahrungen damit gemacht, seine Affekte zu kontrollieren, und dann macht er das mit dem zweiten Kind. Das sagt dann auch »Hau ab«, und bald sagt die ganze Gruppe »Hau ab, du störst, du kannst hier nicht mitmachen.«

Katharina Saalfrank: Und dann wird es kritisch. Julius hat jetzt kaum noch eine Möglichkeit zu reagieren und fühlt sich ausgeschlossen.

Gerald Hüther: Gerade einem Jungen, der viel Antrieb hat und womöglich auch schon häufiger die Erfahrung gemacht hat, dass man aktiv sein muss, passiert dann oft Folgendes: Er geht da rein und macht den Turm kaputt. Und das nennen wir dann ADS mit Hyperaktivität.

Katharina Saalfrank: Der Junge löst sein Problem mit den Möglichkeiten, die ihm zur Verfügung stehen, indem er das gemeinsame Projekt kaputt macht. In der Schule wäre das gemeinsame Projekt der Unterricht. Und das alles nur, weil er irgendwie versucht, dazuzugehören und Verbundenheit herzustellen. Aus dieser Sicht nun ist sein Verhalten sehr nachvollziehbar.

Gerald Hüther: Ja, völlig! Ganz logisch und richtig. Er hat eine für sich gute Lösung gefunden. Und wenn es eher ein zurückhaltendes Kind ist, dann stellt es sich in einer vergleichbaren Situation ans Fenster und träumt sich weg aus dieser »furchtbaren Welt«. Und das ist ADS ohne Hyperaktivität.

Katharina Saalfrank: Das fällt dann häufig erst mal nicht ganz so stark auf. Es stört ja auch nicht massiv.

Gerald Hüther: Das stimmt. Aber es hat in dem einen wie im anderen Fall die gleiche Folge: Das Kind kann der gemeinsamen Aktivität, die wir Unterricht nennen, nicht mehr folgen.

Katharina Saalfrank: Aus meiner Erfahrung geraten diese Kinder dann in einen Teufelskreis. Denn durch das ständige Erleben, ausgeschlossen zu sein oder auch negativ aufzufallen, bemühen sich diese Kinder doppelt, dabei zu sein, in Gruppen hineinzukommen und sich anzupassen – das misslingt, und dann beginnt die Spirale. Diese Kinder erzählen von ihrem Gefühl, wie schwierig es in ihrer Lebenswelt oft sei, dass sie nie so sein dürften, wie sie eigentlich seien. Dass sie eben immer das Gefühl hätten, sie seien nicht o.k., so wie sie sind.

Wenn ein Kind zu Hause oder auch in der Schule immer das Gefühl hat, es kann machen, was es will, es bekommt trotzdem keine Hinwendung, keine Zuneigung, keine Wertschätzung, keine Anerkennung und es entspricht nie den Erwartungen der Umwelt, dann sieht man irgendwann auch diesen Kampf um Bedürfnisbefriedigung deutlich. Bei diesen Kindern entsteht eine permanente innere Unruhe. Sie sind oft misstrauisch und immer auf der Hut, haben Angst, etwas zu verpassen, wollen alles gleichzeitig machen – immer mit dem Ziel, irgendwo (vor allem: emotional) anzukommen, Anerkennung zu bekommen und so zur Ruhe zu kommen. Bei dieser Unruhe entstehen dann natürlich eine Menge Störungen für die Umwelt, und die ohnehin schon schlechten Erfahrungen potenzieren sich dann schnell. Die Chance, dann noch gute Erfahrungen zu machen und die fehlenden Erfahrungen in Fähigkeiten umzusetzen, ist verschwindend gering. Das ist aus meiner Sicht das eigentliche Drama.

Und wenn dann die Krankheit ADHS diagnostiziert wird, ist das oft für alle eine passende Erklärung, und die Erleichterung ist groß: »Ach, so! Es ist krank, das Kind.« Und somit ist die Verantwortung, auf sich selbst zu schauen und die eigene Beziehung in Zusammenhang mit dem Verhalten des Kindes zu reflektieren, abgegeben. Es scheint ja auch gar nicht mehr nötig. Weil das Verhalten des Kindes ja biologische, nicht beeinflussbare Ursachen zu haben scheint.

Ich bin keine Medizinerin, aber aufgrund meiner beruflichen Erfahrung meine ich sagen zu können, dass ADHS eine Diagnose ist, die inflationär ist.

Gerald Hüther: Ja, weil sie bequem ist. Und viele Eltern, Erzieher und Lehrer haben den Nutzen dieser Diagnose erlebt.

Katharina Saalfrank: Dabei habe ich bei allen Symptomen, die ich bei Kindern gesehen habe, immer wieder auch nachvollziehbare Erklärungen aus dem Beziehungsgeflecht gefunden, warum die Kinder so sind, wie sie sind! So habe ich das Verhalten des Kindes immer als einen ganz wichtigen Hinweis darauf gesehen, was in den Beziehungssystemen zu Hause oder auch in der Schule los ist.

Aber um eine Verbesserung der Gesamtsituation zu erzielen, bekommen dann in der Praxis viele Kinder Medikamente. Einige Eltern scheuen sich, viele greifen unter dem Druck der Situation aber auch zur Pille. Oft auch ohne zu wissen, welche Auswirkungen das hat. Meist wird Methylphenidat verordnet. Wie genau wirkt das im Gehirn?

Gerald Hüther: Diese sogenannten Psychostimulanzien führen dazu, dass die Impulse, die von dem inneren Antriebssystem ausgehen – dem sogenannten dopaminergen System, das dazu da ist, die inneren Impulse in Handlungen zu übersetzen –, gehemmt werden. Wenn man also ein Bedürfnis hat, dann wird automatisch das dopaminerge System aktiviert, und dann befriedigt man das Bedürfnis. Methylphenidat wird oral verabreicht, in niedriger Dosierung. Und man weiß aus Tierversuchen, dass es zu einer Hemmung der impulsgetriggerten Dopaminfreisetzung führt. Das kann ich an dieser Stelle nicht bis ins letzte Detail erklären. Aber was da passiert, wenn man es oral einnimmt: Man schaltet dadurch das dopaminerge System, dieses Antriebs- und Verstärkersystem, ab. Es wirkt nicht mehr. Da kann ein innerer Impuls kommen, es wird kein Dopamin freigesetzt, und deshalb wird auch keine Handlung ausgelöst. Man ist dann jemand, der seine inneren Impulse nicht mehr umsetzt.

Katharina Saalfrank: Das heißt, dass das Kind, das einen bestimmten Impuls hat, diesen nicht mehr umsetzt und dadurch besser »funktioniert«.

Gerald Hüther: Lassen Sie uns noch kurz bei Menschen bleiben, die diese Stoffe nicht wegen ADHS einnehmen, sondern als Gehirndoping, wie sie selbst sagen: Die nehmen Ritalin, Psychostimulanzien, Amphetamine, Kokain in niedrigen Dosierungen oral ein und schaffen eine Situation in ihrem Hirn, wo sie zum Beispiel die ganze Nacht extrem leistungsfähig durcharbeiten können. Aber sie können das nur deshalb, weil sie keinen inneren Impuls mehr haben. Ihr Körper ruft, ich will schlafen gehen – nein, sie arbeiten durch! Ihre Frau steht dreimal an der Tür und sagt »Komm doch schlafen« – nein, ich arbeite! So können sie also scheinbar Hochleistungen vollbringen. Und das – glauben wir – sei ein Zeichen dafür, dass das Hirn gedopt ist. In Wirklichkeit werden aber eigentlich nur die inneren Impulse abgestellt.

Und genau in dieser Weise nehmen diese Kinder die Substanzen ein, das heißt, die erleben plötzlich einen Zustand, in dem es beispielsweise Julius nicht mehr wehtut und es ihm nichts mehr ausmacht, dass er nicht dazugehört. Der Impuls, diesen Schmerz zu entladen, indem er den Schulunterricht kaputt macht, der kommt gar nicht mehr hoch. Und der Impuls, sich wegzuträumen, weil das alles so ein Elend ist, was sie da erleben, der kommt bei Kindern, die Ritalin genommen haben, auch nicht mehr durch. Auch der Impuls zu essen, wenn man Hunger hat, wird dann nicht mehr so richtig umgesetzt. Deshalb essen diese Kinder schlecht. Und der Impuls, ins Bett zu gehen, wenn man müde ist, kommt auch nicht mehr so richtig durch. Deshalb schlafen diese Kinder auch nicht mehr so gut. Eltern verabreichen also Pillen, die die inneren Antriebssysteme der Kinder hemmen.

Katharina Saalfrank: Also eine absolute Symptombehandlung.

Gerald Hüther: Da kann man nun dafür oder dagegen sein. Das ist eine Entscheidung, die Eltern wohl verantwortlich selbst treffen müssen. Aber das Entscheidende ist: Man muss die Eltern aufklären, sonst können sie nichts entscheiden und auch die Verantwortung nicht übernehmen. Was sie wissen müssen, ist, dass ihrem Kind durch Ritalin das innere Impulssystem und damit auch das Verhaltenssteuerungssystem abgeschaltet werden.

Das Problem auf neurobiologischer Ebene ist dabei: Man braucht dieses System, damit man etwas lernen kann. Wenn man das dopaminerge System abgeschaltet hat, kann man auch nichts nachhaltig im Hirn verankern. Das heißt, man verhindert durch Ritalin, dass diese Kinder lernen, wie sie ihr Verhalten besser steuern können. Dadurch, dass man die Kinder beziehungsweise das kindliche Hirn in eine Situation bringt, in der ein Pharmakon, ein Medikament, die Impulskontrolle lenkt, hat das Kind gar keine Veranlassung mehr, es selbst zu lenken.

Katharina Saalfrank: Das heißt, das Kind hat rein hirnorganisch, physiologisch gesehen, gar keine Möglichkeiten mehr, überhaupt wichtige Erfahrungen zu machen?

Gerald Hüther: Man beraubt das Kind gewissermaßen der Möglichkeit, diese wesentlichen Erfahrungen zu machen, die ohnehin schon fehlen. Nämlich, wie schön es wäre, wenn man einen Impuls hemmen könnte, denn es gibt ja gar keinen Impuls mehr.

Das geben auch alle Psychiater zu, dass die medikamentöse Behandlung eine reine Symptomunterdrückung zur Verhaltensanpassung ist. Aber vordergründig im Verhalten in der Schule sieht es so aus, als ob das Kind besser ist. Und das stimmt ja auch – sie machen dann gute Zensuren, sie absolvieren dann häufig auch das Abitur, und manchmal haben sie auch das Glück, dass sie in der Pubertät selbst diese Medikamente absetzen, und dann kommen die Impulse wieder.

Katharina Saalfrank: Das heißt, sie sind dann in ihrem Selbst nicht mehr so verunsichert und auch autonomer, wie noch zu früheren Zeiten?

Gerald Hüther: Genau. Dann sind sie sicherer, auch eigenständiger und können diese exekutiven Frontalhirnfunktionen relativ schnell selbst lernen. Dann wollen sie das aber auch. Deshalb setzen sie dann auch diese Pillen ab. Dann wollen sie eine Freundin haben, und damit haben sie plötzlich ein »neues Projekt«, und dann sind sie bereit, der Freundin zuliebe zum Beispiel pünktlich zu sein und Handlungen zu planen.

Katharina Saalfrank: Und erfahren das Fehlende quasi nach.

Gerald Hüther: Dann erfahren sie es nach, ja! Aber die Chance ist nicht immer so groß, dass das passiert. Wenn diese Kinder selbst der Meinung sind, dass das ein genetischer Defekt sei mit einer Stoffwechselstörung und dass sie die Pillen brauchen, so wie man Insulin braucht bei Pankreasinsuffizienz, dann gibt es für viele gar keine Chance, dass die dann irgendwann noch mal die Kurve kriegen. Aber die Pubertät wäre eine gute Chance.

Katharina Saalfrank: Die Pubertät wäre eine gute Chance – oder aber: Ich sehe auch beim Schuleintritt eine Chance, wenn da ein Lehrer ist, der sensibel ist und darum weiß und in dieser Gruppe Räume dafür bereitstellt, in denen auch ein Nachholen solcher Lernerfahrungen möglich ist; dann ist es auch möglich, diese Kinder zu integrieren mit ihrem Verhalten.

Gerald Hüther: Das wäre jedenfalls eine Möglichkeit. Aber natürlich wenden sich die Lehrer auf der Suche nach Aufklärung an Weiterbildungsangebote, Bücher und Ratgeber. Und diejenigen, die dann diese Bücher, Ratgeber und Weiterbildungsangebote liefern, sind häufig eben diejenigen, die ihnen erzählen, das sei ein genetischer Defekt, da komme es darauf an, dass der möglichst schnell diagnostiziert werde – und dann kommt es zur Ritalin-Verabreichung. Damit ist der Kreis geschlossen. Deshalb fällt vielen Lehrern in einer Situation, in der sie solche Kinder in die Klasse bekommen, häufig nichts anderes ein, als den Eltern zu sagen: Geht zum Arzt! Und meist sagen sie dann auch noch: Der muss zum Arzt, der hat ADHS, und der braucht Ritalin, sonst schafft er die Klasse nicht. Und dann rennen die Eltern so lange von einem Doktor zum anderen, bis ihnen irgendeiner Ritalin verschreibt.

Katharina Saalfrank: Wenn Eltern ihren Kindern also Ritalin verabreichen, dann sollten sie genau wissen, wie das wirkt, und auch die volle Verantwortung übernehmen. Und heute kann sich auch keiner mehr darauf zurückziehen, auch die Gesellschaft nicht, dass man sagt: »Ach, das hab ich ja gar nicht gewusst!« Die Informationen sind doch eigentlich alle da. Die liegen alle auf dem Tisch.

Gerald Hüther: Ja, das stimmt! Und sie kriegen auch diese ganzen Befunde nicht wieder runter vom Tisch. Sie haben vielleicht im vorherigen Jahrhundert noch viele sehr richtige Erkenntnisse aus der Psychologie und der Pädagogik mit einer Handbewegung vom Tisch wischen können, aber das geht heute nicht mehr. Denn jetzt steht auf einmal die Hirnforschung mit ihren objektiven Befunden und ihrer Reputation als Naturwissenschaft dahinter, und diese Erkenntnisse lassen sich nicht so einfach vom Tisch wischen, denn die müssten sie erst widerlegen.

Und damit ist nun auch Schluss mit der alten Ausrede, wir könnten angeblich nicht anders. Hier beginnt der eigentliche Aufbruch in unserer Gesellschaft. Und da geht es nicht um Bildungssysteme, es geht auch nicht um Erziehungssysteme. Es geht um die Transformation einer ganzen Gesellschaft. Wir sind dabei, im 21. Jahrhundert anzukommen.

Schule als Ort der Begegnung

Das Gras wächst nicht schneller,
wenn man daran zieht.

Afrikanisches Sprichwort

Bei allem, was ich in den vergangenen Jahren in Deutschland im Zusammenhang mit der Institution Schule nach vielen Gesprächen mit Kindern, Eltern und Lehrern einerseits und dem Lernen und Arbeiten andererseits an Erfahrungen gesammelt habe, bin ich davon überzeugt, dass wir das »System Schule« als Ort der Begegnungen für alle Beteiligten neu begreifen und beim Lehren in Schulen grundsätzlich anders, nämlich vom Kind aus, denken müssen. Auch braucht Schule viel stärker als bisher Raum für Sozialisations- und Beziehungserfahrungen.

Zwar sehen wir die Schule heute nicht mehr nur als reinen Lernort, und wir sind uns weitgehend darüber einig, dass sie als erweiterter Lebensraum eine große Bedeutung für das Aufwachsen von Kindern hat. Wie dieser Ort jedoch sinnvoll für grundlegende Sozialisationserfahrungen der Kinder genutzt werden kann, ist aus meiner Sicht noch weitgehend offen. So verändern sich die Schulformen zwar vereinzelt, eine grundsätzliche Veränderung des Systems findet jedoch nicht statt. Offen ist meines Erachtens auch, ob eine solche Veränderung gesamtgesellschaftlich überhaupt erwünscht ist. Denn immer wieder erscheint »die alte Schule« in »neuem Gewand«, und eine Veränderung ist nur an der Oberfläche spürbar.

229

Warum werden aktuelle wissenschaftliche Erkenntnisse darüber, welche Voraussetzungen Kinder zum guten Lernen benötigen, weitgehend ignoriert? Nach diesen Erkenntnissen sollte die alte »angstbesetzte« Schule abgelöst werden und Schule heute Kindern einen optimalen Sozialisationsraum und die Möglichkeit bieten, in einer unterstützenden Lehrer-Schüler-Beziehung angstfrei zu lernen, Erfahrungen zu sammeln und ohne Druck die eigenen Fähigkeiten weiterzuentwickeln und Potenziale bestmöglich zu entfalten. Das Ziel von Schule sollte es sein, möglichst selbstständig vielfältige Problemlösestrategien zu finden, zu erproben und erfolgreich anzuwenden. Neben dem rein fachbezogenen Wissen sind auch emotionale und soziale Fähigkeiten wie Selbstständigkeit, Verantwortungsbewusstsein, Empathie und Teamfähigkeit zu grundlegenden Entwicklungszielen geworden. Darüber ist sich die Fachwelt einig.

In der Realität allerdings gehen viele Kinder mit Angst in die Schule, können dort auf keine Beziehung vertrauen, sind verunsichert, stehen unter Druck, sind entmutigt, geben auf. Sie verbinden Schule mit negativen Erfahrungen.

Auch in der Ausbildung der Lehrer findet der Beziehungsaspekt bisher kaum Berücksichtigung. So hat eine Umfrage unter jungen Lehrern ergeben, dass sich fast jeder zweite unzureichend auf seinen Beruf vorbereitet fühlt: »40 Prozent der Junglehrer, die ihre Ausbildung bemängeln, geben an, dass sie sich unzureichend auf den Umgang mit Schülern und Eltern vorbereitet fühlen.«

Wir sollten uns von den Resultaten der Pisa-Studie nicht blenden und auch nicht erschrecken lassen. Pisa bewertet nicht die Fähigkeiten unserer Kinder! Das ist ein Trugschluss! Im Gegenteil: Pisa ist eine Momentaufnahme dessen, was die Qualität in unserem Schulsystem ausmacht, und sagt etwas darüber aus, in welchem Maße Schüler ihre Stärken und Potenziale in einem bestimmten System nutzen können. Aber über die Stärken und Fähigkeiten unserer Kinder selbst, unabhängig von diesem System, sagt Pisa nichts aus. Warum also nutzen wir nicht das Wissen, das wir darüber haben, wie Kinder erfolgreich lernen – anstatt sie permanent einem System anpassen zu wollen, das natürliche menschliche Vielfalt in ein Schema presst und so Kindern in ihrer Verschiedenartigkeit nicht entspricht? Wie sollen denn die Kinder lernen *wollen*, wenn schon die Lehrer lehren *müssen*? Druck erzeugt Gegendruck und ist keine gute Basis zum Lernen.

Um es gleich zu sagen: Das liegt nicht in erster Linie an den Lehrern, die häufig auch daran verzweifeln, dass es ihnen im vorgegebenen Rahmen schwerfällt, ihrem Arbeitsauftrag gerecht zu werden. Das Problem liegt im System selbst – einem System, das gutes Lernen im oben beschriebenen Sinne für Kinder (und Lehrer) enorm erschwert, an vielen Stellen sogar verhindert:

1. Das Schulsystem schaut vor allem defizitorientiert auf unsere Schüler und nimmt sich damit selbst die Möglichkeit, ein Umfeld bereitzustellen, in dem alle Fähigkeiten und Potenziale der Kinder zur Entwicklung kommen können.
2. Es fehlt die Zeit für eine gute Lehrer-Schüler-Beziehung. Eine Beziehung, in der Kinder mit ihren Stärken und Ideen, aber auch mit ihren Fragen und Ängsten ernst genommen werden. Eine Beziehung, die von Vertrauen und Wertschätzung gekennzeichnet ist.
3. Das System Schule ist nach wie vor auf Prinzipien wie Macht und Gehorsam aufgebaut und bietet deshalb auch keinen Raum für wertschätzenden Dialog, Kommunikation und die Beachtung der Individualität des Schülers.

Trotz vereinzelter Reformansätze fehlt letztendlich in der Schule schlicht die Zeit für einen fruchtbaren Dialog mit Kindern. Deshalb wird viel zu wenig darauf geschaut, welche Vielfalt, welche Fertigkeiten und Kompetenzen Kinder zu bieten haben. *Zeit* und *Dialog* gelten in der pädagogischen und bildungspolitischen Diskussion als Reizwörter – und ich weiß, in welch angreifbare Rolle ich mich begebe, doch es hilft nichts: Diese Faktoren entscheiden, ob Schule gelingt. Damit Kinder gut lernen können, brauchen sie eine vertrauensvolle Beziehung zum jeweiligen Lehrer. Oder anders: Kinder sind in der Schule immer nur so erfolgreich, wie es ihr Lehrer ist. Nur in einem wertschätzenden Dialog ist es möglich, Kinder zu ermutigen, sich etwas zuzutrauen, sich auszuprobieren und sich neuen Herausforderungen zu stellen.

Stattdessen wird der Fokus in der Regel auf »Defizite« und »Versagen« gelegt, und diejenigen Schüler, die die vorgesehenen Normen und Leistungsansprüche *nicht* erfüllen können, werden dann an genau diesen Stellen belehrt, »repariert« und sanktioniert: durch Bewertung, durch entsprechende Noten, durch Kritik, durch verstärktes Einüben eben der Normen und Vorgaben, denen der Schüler nicht genügte – und das betrifft Lernziele genauso wie Verhaltensregeln, zum Beispiel das Stillsitzen.

So steht das vorherrschende Schulsystem dem kindlichen Lernen, den natürlichen Bedürfnissen und Entwicklungsmöglichkeiten von Kindern oft entgegen: Kinder sind von Natur aus Forscher, Entdecker, und genau durch dieses Forschen, durch das permanente Sichausprobieren und -erproben, angetrieben von ihrer natürlichen Neugier, lernen sie und entwickeln ihre Kompetenzen weiter.

Säuglinge lernen dadurch, dass sie nach ihrer Umwelt greifen, sie förmlich *be*greifen und vor allem, indem sie ständig eigene Erfahrungen machen – sie betasten alles, stecken alles in den Mund. Sie wollen schmecken, riechen, fühlen, alles anschauen und ausprobieren. Sie sind kleine Forscher, die immerzu kleine Experimente in Gang setzen und beobachten, was passiert, wenn sie eine bestimmte Sache tun: einen Löffel auf den Boden fallen lassen, den Ball rollen, mit Essen herummatschen, die Eltern anlächeln. Die Kopplung von Handlung und Wahrnehmung ist die natürliche und notwendige Voraussetzung dafür, dass Kinder kausales Denken und damit auch intendiertes Handeln lernen.

Wenn Kinder älter werden, wird dieses Experimentieren komplexer und gezielter. In den Schulen jedoch passiert dann etwas Merkwürdiges: Mit dem Eintritt in diese Institution werden Gestaltungslust und Experimentier- und Lernfreude immer wieder so enttäuscht, dass Kinder erst frustriert werden und dann diese Fähigkeiten schnell verlieren. Kinder, aber auch Eltern erzählen mir häufig, dass schon in den ersten Wochen nach der Einschulung Neugierde und Motivation abnähmen.

Warum ist das so? Ein wesentlicher Grund ist, dass es im Unterricht kaum Spielraum für ergebnisoffenes Arbeiten gibt. Vieles ist vorgegeben und in seinen Resultaten erwartbar. Das echte eigene Experimentieren hat ein Ende. So gibt es nur wenige Möglichkeiten, wirklich selbst Erfahrungen zu machen und damit auch Interesse am Prozess des Experimentierens zu entwickeln. Die Stärken und Potenziale des einzelnen Kindes werden so weder erkannt noch berücksichtigt oder gar voll ausgeschöpft.

Ich halte das für fahrlässig. In unserer modernen Gesellschaft können wir uns das schlicht nicht leisten. Die Fähigkeiten unserer Kinder sind ein kostbares Gut, das wir verschleudern, indem wir Kindern das Wissen oft schon fertig »präsentieren«. Das Kind als Entdecker und Forscher ist im Lernprozess der Schule kaum gefragt. Die angeborene Gestaltungslust und die natürliche Neugier der Kinder kommen nicht zum Tragen, werden sogar gebremst oder entwickeln sich zurück. Zudem werden Kinder ständig bewertet und kritisiert – also permanenten Kränkungen ausgesetzt, was die Frustration verstärkt und die Motivation zum Lernen nimmt, mit der sie ursprünglich in die Schule eingetreten sind. Diese Mechanismen führen bei einem Großteil der Kinder zwangsläufig dazu, dass sie sich nichts mehr zutrauen, bei manchen sogar dazu, dass sie sich aufgeben.

Und so hängt, ob ein Kind in der Schule »besteht«, vor allem davon ab, wie gut sich ein Kind im System anpassen (lässt) und innerhalb der vorgegebenen Normen vorgegebene Ziele erreichen kann. Das System kann nur mit den systemeigenen Maßstäben messen und macht sich so für alles andere blind. Kinder geraten deshalb häufig in einen grundsätzlichen Konflikt mit sich selbst, aus dem sie oft tief getroffen und in ihrem Selbst verletzt hervorgehen.

Meist können die Kinder diesen Konflikt erst einmal nicht benennen. Sie reagieren nur darauf. Gerade in den Grundschulen wird dies deutlich. Die Kinder zeigen Symptome: Manche Kinder ziehen sich in sich zurück. Manche werden zur Belastung für das System, wandeln ihre Frustrationen und Verletzungen in Aggression nach außen um. Wenn man auf die Ursachen schaut, ist das eine nur verständliche und ganz natürliche Reaktion der Kinder. Das Verhalten ist symptomatisch für die Mechanismen, die im deutschen Schulsystem vorherrschen.

Und so passiert es dann, dass auf den Gymnasien die Schüler angenommen werden, die in der Grundschule innerhalb des Systems am besten »funktioniert« haben. Über die Fähigkeiten der restlichen Schüler sagt eine nicht erhaltene Gymnasialempfehlung jedoch nichts aus. Sie bescheinigt nur, dass sich das Kind mit seinen Fähigkeiten im System Schule nicht so gut zurechtgefunden hat wie ein anderes – vielleicht sogar mit seinem Potenzial, das im System nicht von Nutzen war, übersehen wurde.

Sie meinen, ich würde übertreiben und zu sehr schwarzmalen? Ich denke nicht. Die Zahlen sprechen für sich. »Jedes zweite Kind in Therapie« titelt der *Focus* und beruft sich dabei auf eine Forsa-Umfrage, die ergeben hat, dass mittlerweile jeder zweite Schüler bereits eine Therapie hinter sich hat. Das ist eine absolute Katastrophe! Die eigentlichen Bedürfnisse der Kinder werden dabei überhaupt nicht berücksichtigt. Meine Erfahrung ist, dass 90 Prozent dieser Kinder keine Therapie, sondern Hinwendung und eine stabile Beziehung brauchen.

Warum die Gefühle beim Lernen wichtig sind

Gefühlen wird zwar heute schon eine andere Bedeutung zuge-schrieben als noch vor einem halben Jahrhundert, und wir wissen, dass es wichtig ist, über Gefühle zu sprechen, sie zuzulassen und benennen zu können. Dennoch überwiegt die Tendenz, Gefühle in bestimmten Prozessen als störend anzusehen, als etwas, was man tunlichst überwinden sollte, wenn man erfolgreich sein und etwas erreichen will.

Auch die Schule scheint ein Ort zu sein, wo Gefühle kaum Platz finden. Dabei – das hat Gerald Hüther anschaulich belegt – belegt die Wissenschaft: Ohne Gefühle geht gar nichts. Denn sie sind eng an unsere Handlungen und (Lern-)Erfahrungen gekop-pelt. Das Gefühl, welches uns beim Lernen begleitet, ist also maß-geblich dafür, wie wir das Gelernte wahrnehmen und ob und wie lange wir uns die Inhalte merken können. Nach den Erkenntnis-sen der Hirnforschung ist jede Handlung, jede Erfahrung auch an Emotionen gekoppelt. Hirnforscher erklären das mit den soge-nannten somatischen Markern, also den den Körper betreffenden Wahrnehmungen, die dafür sorgen, dass jede Handlung, jede Er-fahrung im Gehirn mit einem Gefühl verbunden ist. Wenn nun im Unterricht Lehrstoff vermittelt wird, dann wird im Hirn ein bestimmtes Netzwerk aktiviert. Zugleich hat man bestimmte Kör-perwahrnehmungen, bestimmte Gefühle während der Mathe-stunde, und dadurch wird ein weiteres Netzwerk aktiviert. Die Grundregel, die die Hirnforschung nun daraus ableitet, lautet, dass sich das, was im Gehirn gleichzeitig aktiviert wird, verbindet, miteinander verkoppelt; und auf die Weise entsteht ein neues, ge-koppeltes Netzwerk. Das heißt, dass im Gehirn später, wenn wir uns wieder mit Mathematik beschäftigen, die gleichen Gefühle (mit-)aufgerufen werden, die wir zum Zeitpunkt der Kopplung empfunden hatten. Die Hirnregion, in der dies geschieht, ist die präfrontale Rinde. Hier werden äußere Reize verarbeitet und mit

Gedächtnisinhalten und emotionalen Bewertungen verbunden. Auf dieser Basis trifft der Mensch dann seine Handlungsentscheidungen. Das heißt, dass immer ein kognitiver *und* ein emotionaler Anteil zusammenkommen, wenn wir etwas erleben oder darüber entscheiden müssen, wie wir auf dieses Erlebte reagieren.

Die Schlüsse, die man aus pädagogischer Sicht aus diesen physiologischen Vorgängen ziehen kann, sind genauso einleuchtend wie im Grunde einfach: Wenn Schüler den Lernstoff – aus welchen Gründen auch immer – überwiegend mit negativen Gefühlen verbinden, dann wird sich das Gelernte genau mit diesen Gefühlen koppeln. Natürlich ist es nicht möglich, dass alle Kinder stets von allen Inhalten begeistert sind und positive Gefühle mit dem Stoff verbinden. Viel gewonnen wäre aber schon, wenn zumindest negative Gefühle wie Enttäuschung, Kränkung oder das Empfinden, abgewertet zu werden, weitgehend vermieden würden. Und hierbei ist die persönliche Beziehung zum Lehrer entscheidend.

Wie Abwertung und Kränkung im Lernprozess wirken

Wenn Kinder beim Lernen Abwertung und Kränkung erfahren, dann sind sie – aufgrund dieser Erfahrung – permanent in Erwartung einer neuen Abwertung. Die Kinder befinden sich durch diese Erwartungsangst in emotionaler Not; die negative Erwartungshaltung setzt das Gehirn unter Dauerstress. Wenn kein Erwachsener – zum Beispiel der Lehrer – die Kinder aus dieser Stresssituation, dieser inneren Not befreit, dann behilft sich das Gehirn selbst, indem es bemüht ist, das Gleichgewicht wiederherzustellen und dem Dauerstress zu entgehen. Die Kinder beginnen sich deshalb mit den Kränkungen und Abwertungen zu identifizieren. Das Selbstwertgefühl nimmt ab, die Kinder glauben selbst, dass sie alles falsch machen und nicht fähig sind, die gestellten Aufgaben zu bewältigen. Dieser

physiologische Schutzvorgang entlastet das Gehirn vom Dauerstress, indem das eigene Denken und Fühlen an die Reaktionen der Außenwelt angeglichen werden. Dadurch wird die
akute Not, der akute Schmerz zwar rein physiologisch gelin-
dert, das Selbstwertgefühl jedoch leidet enorm.

Es ist schwer, Kinder aus dieser Abwertungsspirale zu befreien
und ihnen wieder die nötige Selbstsicherheit zu vermitteln.
Wenn das Selbstwertgefühl stark beeinträchtigt ist, haben sich
die Erfahrungen mit der Umwelt als physiologische Antwort
im Gehirn bereits seelisch tief verankert. Häufig werden Kinder dann zu »Lerninvaliden« – sie trauen sich nichts mehr zu
und sind auf allen Ebenen für das Lernen blockiert. Um in diesem Sinne wieder »heil« und »lerngesund« zu werden, um Interesse und Neugier zu entwickeln und die innere Triebfeder zu
aktivieren, braucht es einen Lehrer, der Zeit in die Beziehungsarbeit mit seinem Schüler investieren kann.

Warum Kinder zum Lernen eine gute Beziehung zum Lehrer brauchen – oder: gemeinsam statt gegeneinander

Wenn ich mit Lehrern arbeite, wird immer wieder deutlich, wie
schwierig die Situationen oft sind, in die sie geraten: Lehrer haben in ihrem Arbeitsalltag oft das Gefühl, dass ihre persönlichen
Bemühungen angesichts zu starrer Rahmenbedingungen und zu
verschiedenartiger Anforderungen zum Scheitern verurteilt sind.
Ihr schulischer Arbeitsauftrag und ihre eigentliche Berufung, ihre
Motivation – der Grund, weshalb sie diesen Beruf gewählt haben –, werden oft in den Hintergrund gedrängt. Auch verkürzte
Schulzeiten bei gleichbleibend vollem Lehrplan lassen Lehrer häu-

fig enorm unter Druck geraten. Schüler spüren diesen Druck, der auch auf sie Auswirkungen hat. Missverständnisse entstehen, Unzufriedenheit macht sich breit. Die Kinder reagieren ebenfalls mit Schulfrust. Auch Eltern fühlen sich überfordert – sie wollen, dass ihre Kinder die bestmöglichen Chancen haben, sehen Bildung als entscheidenden Schlüssel für Erfolg im späteren Leben, fühlen sich selbst für diesen Erfolg verantwortlich und erhöhen deshalb noch mal den Druck auf ihre Kinder. Sie verfallen dann einerseits häufig in blinden Aktivismus – bezahlen etwa teuren Nachhilfeunterricht –, sehen sich andererseits nicht selten dem Vorwurf ausgesetzt, sie hätten nicht genug Sorge dafür getragen, dass Hausaufgaben erledigt werden.

>>

Sehr geehrte(r) Frau/Herr . . . . *!*

. . . . *hat die Hausaufgaben im Fach*
. . . . *gar nicht oder nur unvollständig*
vorzeigen können.

Wegen der Bedeutsamkeit der Hausaufgaben für den selbstständigen Umgang mit den Unterrichtsinhalten (und damit auch für die Leistungsbeurteilung) bitte ich Sie, Ihr Kind auf die Wichtigkeit der regelmäßigen und vollständigen Erledigung der Hausarbeiten hinzuweisen.

Bitte geben Sie den unteren Teil dieser Mitteilung unterschrieben an mich zurück.

Mit freundlichen Grüßen

Eine solche Mitteilung der Schule an die Eltern ist nichts anderes als ein Verwaltungsvorgang. Dieser amtliche Vorgang

1. sichert einerseits den Lehrer ab und erfüllt die »Informationspflicht« der Schule über einen »Sachverhalt«,
2. übergeht jedoch den eigentlichen Adressaten, nämlich das Kind,
3. und ersetzt so die persönliche Beziehung zu Eltern und Kindern.

Ein Verwaltungsakt statt Beziehung. Schule verwaltet – und das oft an Stellen, wo eine persönliche Beziehung unbedingt notwendig wäre. Deshalb ist die so wesentliche Dreiecksbeziehung Schule–Eltern–Kinder in unserer Gesellschaft oft extrem gestört. Das Thema Hausaufgaben beispielsweise sollte dort besprochen und gelöst werden, wo es hingehört, nämlich zunächst in die Beziehung zwischen Schüler und Lehrer. Es sollte uns im Sinne unserer Kinder darum gehen, eine Möglichkeit für einen persönlichen Dialog zu finden und insgesamt eine neue Atmosphäre, einen »neuen Geist« an Schulen zu schaffen. Wenn Lehrer und Schüler miteinander Verabredungen treffen, die für beide Seiten konstruktiv sind, löst die offizielle Mitteilung der Schule bei Nichterledigung der Hausaufgaben keinen Druck mehr aus, sondern informiert lediglich über einen Zustand oder lädt zum Dialog ein.

An dieser Stelle wird der eine oder andere Leser die Frage stellen: Wie kann ein Lehrer überhaupt allen Kindern gerecht werden? Manche Lehrer finden individuelle Wege; sie räumen zusätzliche Zeit für den Dialog ein. An den meisten Schulen allerdings – so meine Erfahrung – ist dies kaum möglich, selbst wenn die Lehrer guten Willens sind. Zu knapp ist die Zeit, und auch die Kommunikation und der offene Dialog im Lehrerkollegium ist oft auf ein Minimum beschränkt. So bleiben auch Lehrer in ihrer Rolle und Verantwortung oft frustriert zurück.

Das System Schule »funktioniert« über das Prinzip der Sanktionierung. Zur Rolle des Lehrers gehört es zu sanktionieren, zur Rolle des Schülers, sanktioniert zu werden. Ständige Sanktionen lösen vor allem eines aus: Angst! Sie mögen vielleicht denken, dass ich hier übertreibe oder einem Umstand mehr Gewicht verleihe als nötig. Mitnichten: Der Leiter der Klinikschule der Kinder- und Jugendpsychiatrie in Köln spricht sogar von »einer beginnenden Epidemie«. Über 30 Prozent der Kinder im Alter zwischen neun und vierzehn Jahren gehen mit Angst zur Schule. Auf Gymnasien leiden einer Studie zufolge 80 Prozent aller Schüler unter Schulangst. Um zu wissen, dass Angst Denken und Kreativität hemmt, muss man nicht in der Hirnforschung bewandert sein. Aber wer sichergehen will, kann es dort noch einmal nachlesen. Es ist erstaunlich, dass ausgerechnet dieser Sachverhalt übersehen wird in einer Gesellschaft, in der es allenthalben um Effizienz und Optimierung geht.

Wenn wir Schule als einen Ort für Kinder denken, an dem Beziehungen stattfinden und sich vielfältige Potenziale entfalten sollen, dann müssen wir uns neben den reinen (Lern-)Inhalten auch und vor allem um die Frage kümmern, wie gelehrt wird und welche Atmosphäre und welche Haltung zu Kindern notwendig ist, um Kreativität, Individualität, die kindliche Neugier und den angeborenen Entdeckerdrang zu erhalten und so die Voraussetzungen für die Entfaltung von Potenzialen unserer Kinder überhaupt zu schaffen. Um gut lernen zu können, braucht ein Kind eine angstfreie Atmosphäre. Es braucht Ermutigung und Bestärkung und das Vertrauen in seine Versuche und eigenen Ansätze, Aufgaben selbstständig zu lösen. Das Kind braucht eine konstruktive und von ihm als positiv wahrgenommene Beziehung zu seinem Lehrer, in der es eigenständig agieren und wachsen kann, zugleich aber auch Sicherheit und Anerkennung erfährt.

Ich habe vor allen Menschen, die sich jeden Tag der Herausforderung stellen, Kinder zu unterrichten, große Hochachtung. Es gibt viele Schulen, in denen sich Lehrer engagiert bemühen, eine lernfreundliche Atmosphäre im Klassenzimmer zu schaffen und sich Zeit für Beziehungsarbeit zu nehmen. Vielen von ihnen begegne ich bei meiner Arbeit.

Ich begegne aber auch Verantwortlichen, die dem bürokratischen Schulalltag verhaftet sind und sich auf keine Veränderung einlassen können (oder wollen). Verantwortliche, die sanktionieren, Verantwortung auf andere abwälzen und wesentliche Veränderungsprozesse nicht zulassen oder verlangsamen, sich den Argumenten von Forschung und Wissenschaft verschließen und so Innovationspotenziale gar nicht sehen. Dabei leuchtet vielen Verantwortlichen – beschäftigen sie sich einmal mit den Argumenten – die Tatsache ein, dass Zeit für Beziehung und die Qualität der Beziehung ausschlaggebend für den Lernerfolg der Kinder und (eigentlich) die notwendige Voraussetzung für gutes Lernen sind. Und doch kommt von diesen Verantwortlichen im staatlichen Schulapparat oder auch einzelnen Lehrern immer ein Haupteinwand, der jede Konstruktivität mit Wucht zerschlägt: Es seien keine Rahmenbedingungen geschaffen für ein solches System, welches eine so intensiv gestaltete Beziehung, eine derartige Atmosphäre des Vertrauens, der Inspiration und des Dialogs und eine solche Haltung des Miteinanders, des Ausprobierens und des Dialogs im Schulalltag zulasse, es fehlten überdies die Voraussetzungen, um in diesem Sinne umsteuern zu können. Außerdem gingen derartige Überlegungen und Reformansätze gänzlich an der Realität an den Schulen vorbei, die sich als gesellschaftlicher Reparaturbetrieb missbraucht fühlten und wo sich Lehrer beständig Angriffen von aggressiven Schülern ausgesetzt sähen. Lernen und Wissensvermittlung scheinen nach solchen Darstellungen erschöpfter Lehrer vielerorts kaum mehr möglich; die Beziehung zwischen Lehrern und Schülern erscheint nur noch beschreibbar in einem dem Krieg entlehnten Vokabular: »Fronten«, »Angriffe«, »Kollateralschaden« – immer mal wieder werden die Konflikte sichtbar, wenn »Brandbriefe« verfasst werden und die Gesellschaft um Unterstützung gebeten wird. Was in diesem Schulalltag zu sehen ist und was von Burn-out bedrohte Lehrer beschreiben, ist das Ende der oben beschriebenen Abwertungsspirale.

Solche Missstände an unseren Schulen sind mit keinem Geld der Welt zu beheben, sondern nur mit einer gesamtgesellschaftlichen Haltungsänderung und der Übernahme von Verantwortung im jeweils eigenen Bereich. Haltung und Eigenverantwortung kosten kein Geld. Wohl aber Kraft, und jeder Einzelne steht hier vor der Entscheidung, ob er sie aufbringen kann und will. Es lohnt sich auch, eine Kosten-Nutzen-Rechnung aufzumachen. Denn die tatsächlichen gesellschaftlichen Kosten gescheiterter Schullaufbahnen sind enorm. Sie tauchen später nur nicht im Bildungsetat, sondern in anderen staatlichen Haushalten auf.

Eine konstruktive Lehrer-Schüler-Beziehung

Eine gute Beziehung zwischen Lehrer und Schüler ist Grundvoraussetzung dafür, dass sich alle Beteiligten wohlfühlen und eine konstruktive Atmosphäre entstehen kann, in der Lehrer mit weniger Druck unterrichten und Schüler ohne Angst lernen können. Die Lehrer-Schüler-Beziehung beeinflusst maßgeblich die Lernbereitschaft und das Sozialverhalten von Schülern.

Da traditionelle Autoritätsmodelle heute insgesamt hinterfragt werden, haben wir auch in der Schule die Chance, Neues auszuprobieren. An der Stelle des alten Gehorsamkeitsprinzips könnte sich ein gleichwertiger Dialog etablieren. Hierfür ist ein neues Rollenverständnis nötig.

Basis für eine gute Lehrer-Schüler-Beziehung ist neben der gegenseitigen Wertschätzung vor allem beiderseitiges persönliches Vertrauen: Vertrauen seitens des Lehrers in die Fähigkeiten und die Entwicklung des Kindes, das die natürliche Lust mitbringt, die Komplexität der Welt erfahren, sie erforschen und begreifen zu wollen. Und das Vertrauen des Schülers, dass er in seiner Persönlichkeit geachtet und sein schulisches Lernen und Arbeiten nicht durch machtvolle Auseinandersetzungen und persönliche Kränkungen beeinträchtigt wird. Wenn ein Lehrer einen ohnehin (leistungs-)schwachen Schüler zum Vorrechnen einer Mathematikaufgabe an die Tafel ruft (vordergründig aus didaktischen Gründen immer begründbar) und (in Wirklichkeit) damit aber in Kauf nimmt, die Unkenntnis des Schülers vor der Klasse zu demonstrieren, wird kein Vertrauen entstehen können. Ebenso wenig wird ein Schüler, der im Deutschunterricht seinen schlecht bewerteten Aufsatz vor der Klasse vorgelesen bekommt, laut und mit Betonung der Fehler, Vertrauen in seine Lehrerin fassen können. Hier geht es nicht darum, Lehrern zu unterstellen, sie würden absichtlich und bewusst ihre Schüler gängeln (auch das gibt es). Wichtig ist vor allem, die alltäglichen Mechanismen zu sehen und zu verstehen, wie sie sich auf die Qualität der Beziehung auswirken.

Im Rahmen der pädagogischen Beratung einer Grundschule traf ich auf eine junge Lehrerin, die sehr aufgeregt über eine Situation war, die sie erst am Tag zuvor mit einem siebenjährigen Jungen erlebt hatte. Am Anfang des Unterrichts fordere sie die Klasse immer dazu auf, alle Lernmaterialien auf den Tisch zu legen. Normalerweise müsse sie das nur einmal sagen, am Vortag sei es jedoch so gewesen, dass ein Junge ihrer Aufforderung nicht nachgekommen sei.

Sie berichtet weiter: »Ich war ungeduldig, weil ich es ja schon einmal gesagt hatte, und sprach ihn direkt an: ›Keine Extrawürste! Alle legen ihre Sachen auf den Tisch, auch du!‹ Der Junge schaute mich nicht mal an, auch das ärgerte mich. Dann antwortete er: ›Warum denn?‹ Ich wurde noch ärgerlicher und entgegnete ihm, dass wir mit dem Unterricht anfangen wollen und er mit seinem Verhalten alles blockiere. Was antwortete er mir? ›Nö, ich leg nix raus!‹ Ich fragte ungeduldig: ›Warum nicht?‹ Er daraufhin: Er finde, dass wir auch anfangen können, ohne dass seine Sachen auf dem Tisch liegen. Diese Verweigerungshaltung wollte ich nicht akzeptieren und sagte ihm: ›Immer musst du aus der Reihe tanzen, ich kann dir auch einen Eintrag ins Klassenbuch geben!‹ Ich hab wirklich alles probiert, und ja, natürlich war ich auch laut und aufgebracht. Aber es nutzte alles nichts und wurde nur schlimmer. Das Ergebnis war dann, dass der Junge irgendwann weinte und unter den Tisch kroch. Er kam die gesamte Stunde nicht mehr hervor. Und jetzt? Mir bleibt nichts anderes übrig, als die Eltern zum Gespräch zu bitten; vielleicht ist er ja zu Hause auch auffällig?«

Was ist hier passiert? Schüler und Lehrer sind über einen Konflikt in einen Machtkampf geraten. Als dieser zu eskalieren drohte, hat der Junge ein deutliches Signal gesendet und ist auf seine Weise dem »Kampf« ausgewichen, indem er unter den Tisch gekrochen ist. Ein solcher Machtkampf entsteht vor allem, wenn beide Seiten (!) Angst vor Beschämung haben, unsicher werden und sich nicht anerkannt, sondern persönlich abgewertet fühlen. Die Lehrerin berichtete im Beratungsgespräch eindrücklich davon, wie sehr sie an ihrer Aufforderung festgehalten hat, weil sie die Verweigerungshaltung des Jungen erst geärgert und dann auch zunehmend verunsichert habe:

»Ich habe mich gar nicht ernst genommen gefühlt, eher abgewertet und angegriffen. Das Schlimmste aber waren die Hilflosigkeit und die Ohnmacht. Er hat einfach nicht das gemacht, was ich wollte.«

Wir wissen nicht, was den Jungen ursprünglich dazu bewogen hat, sich der Aufforderung seiner Lehrerin zu verweigern. Vielleicht hatte er das Material vergessen und sich geschämt, vielleicht wollte er zunächst sehen, wie die Lehrerin reagiert, und konnte sich dann der Situation nicht mehr entziehen? Konzentrieren wir uns hier auf die emotionale Ebene, können wir jedoch davon ausgehen, dass sich in dem dann entstandenen Machtkampf bei dem Jungen genau die gleichen Gefühle entwickelt haben wie bei seiner Lehrerin: Er fühlte sich vorgeführt, abgewertet und persönlich angegriffen. Daraus ist Scham und Hilflosigkeit, später dann Ohnmacht geworden, die ihn unter den Tisch getrieben hat.

Überall, wo Menschen zusammen sind, entstehen Konflikte und Auseinandersetzungen. Immer! Das gehört dazu und ist gut und auch notwendig. Konflikte entstehen, wenn gegensätzliche Interessen vorliegen. Um eine Lösung beziehungsweise einen Kompromiss finden zu können, muss ein Austausch stattfinden. Die Frage ist: Welche Form von Austausch ist möglich? Das Problem ist hier also nicht der Konflikt an sich, sondern die Art und Weise, wie mit dem Konflikt umgegangen wird. Für die junge Lehrerin war die Erkenntnis, dass der Junge sich im Grunde genauso fühlt wie sie selbst, dass beide emotional tatsächlich »im selben Boot« sitzen, ein wichtiger Schritt, um zu verstehen, dass es im Wesentlichen nicht um die Verweigerung des Jungen ging, sondern um die Form dessen, wie sie als Lehrerin versucht hat, machtvoll an ihren Interessen festzuhalten und sich damit durchzusetzen. Die Eltern des Jungen hat sie dann nicht zum Gespräch gebeten. Aber bei der nächsten Gelegenheit konnte sie mit ihrem neu gewonnenen Verständnis in einen Dialog mit ihm gehen und die Situation noch mal besprechen.

Von sich selbst sprechen und Ich-Botschaften senden

Ein persönlicher Dialog kann vor allem dann gelingen, wenn die Gesprächspartner wirklich persönlich werden und von sich selbst und ihren Empfindungen sprechen. Dafür ist es wesentlich, dass wir in den Formulierungen achtsam sind und eigene Wahrnehmungen, Bedürfnisse, Wünsche und Empfindungen in sogenannten Ich-Botschaften formulieren. Diese zeichnen sich dadurch aus, dass Aussagen über das eigene »Ich« gemacht werden, sodass kein verbaler Angriff auf den Gesprächspartner entsteht. Die Gesprächspartner werden so in ihrer

Gesamtpersönlichkeit, mit ihren Stärken und Schwächen sichtbar – was insbesondere im schulischen Kontext eine große Herausforderung darstellt. Dem Empfänger wird so keine Verantwortung für den Inhalt des Gesagten zugeschoben.

Eine Ich-Botschaft lässt sich in drei Teile untergliedern:

- Sachaussage,
- Gefühlsaussage,
- Aussage über die eigenen Bedürfnisse und gegebenenfalls damit verbundenen Wünsche.

Die Lehrerin könnte also sagen: »Dass es so schwierig zwischen uns beiden ist (Sachaussage), macht mich traurig, und ich habe mich auch geärgert (Gefühlsaussage), weil ich gerne meinen Unterricht machen möchte und auch will, dass du dabei bist (Aussage über die eigenen Bedürfnisse). Ich würde mich freuen, wenn wir eine gemeinsame Lösung finden und es schaffen könnten, dass wir uns besser verstehen und unseren Ärger besprechen (Aussage über den damit verbundenen Wunsch).«

Dem gegenüber steht die Du-Botschaft: »Du hast hier den Unterricht gesprengt; du störst, und das darf nicht sein. Du musst dich anpassen oder den Unterricht verlassen.« Diese Aussage hat einen vorwurfsvollen Charakter und birgt Konfliktpotenzial und eine Eskalationsgefahr. Ich-Botschaften hingegen wirken *deeskalierend* und *einladend*.

Die Verantwortung für das Zustandekommen und Fortbestehen einer vertrauensvollen Lehrer-Schüler-Beziehung tragen die Erwachsenen. In unserem Beispiel konnte die Lehrerin diese Verantwortung übernehmen und verstehen: Ihr Verhalten und ihre Haltung sind ausschlaggebend dafür, ob eine konstruktive Beziehung zum Schüler auch langfristig gelingt. Was nicht automatisch heißt, dass es keine Konflikte mehr gibt.

Neben der *Form* sind noch weitere Faktoren für eine gelingende Kommunikation maßgeblich. Einer davon ist *Authentizität.* Je transparenter die Lehrerin ihre eigenen Gefühle kommuniziert und je klarer sie persönliche Grenzen benennt, desto weniger wird der Junge das Gefühl der (und auch die Angst vor) Willkür haben und desto mehr verlässliche Orientierung wird er zukünftig in der Begegnung mit seiner Lehrerin bekommen – nicht nur in ihrer schulischen Rolle, sondern auch als Mensch, als der sie sichtbar und dadurch glaubwürdig wird, wenn sie authentisch ist und handelt.

Weitere Parameter, die zu einer konstruktiven Lehrer-Schüler-Beziehung führen, sind *Aufrichtigkeit, Wertschätzung* und *Rücksichtnahme.* Wertschätzung meint eine Haltung, die von Interesse, Wohlwollen und Respekt dem Schüler gegenüber geprägt ist. Es geht nicht darum, einzelne Leistungen in einem Bewertungskontext von gut oder schlecht, richtig oder falsch zu sehen, sondern vielmehr dem Schüler in seiner gesamten Persönlichkeit zugetan und wohlmeinend zu begegnen.

Ein letzter wesentlicher Parameter ist *Empathie.* Wenn Schüler spüren, dass ihr Lehrer sie auch mit ihren Bedürfnissen spürt und die Fähigkeit hat, sich in ihre Empfindungen einzufühlen, gibt ihnen das Sicherheit, und Vertrauen kann entstehen. Hierdurch ist der Boden für eine konstruktive Beziehung bereitet – eine Beziehung, von der beide Seiten profitieren können.

Die schulische Triade Schüler – Lehrer – Eltern

Wenn ich über Schule und die Beziehung zwischen Eltern, LehrerInnen und SchülerInnen schreibe, möchte ich auch Themen ansprechen, die als tabu gelten. Dabei möchte ich nicht angreifen, abwerten oder Vorwürfe machen. Das hielte ich für destruktiv. Nicht zuletzt aufgrund meiner intensiven beruflichen (und auch privaten) Begegnungen mit LehrerInnen sympathisiere ich mit dem Beruf des Lehrers und habe Hochachtung vor der päda gogischen Arbeit, die an Schulen geleistet wird. Gerade deshalb möchte ich klare Einschätzungen aus meiner Sicht äußern.

Die Rolle des Lehrers

Im Zuge der öffentlichen Debatten über die Form des Lehrens und des Lernens stehen Lehrer immer wieder in der Kritik. Manche von ihnen haben es satt, sich im täglichen (Schul-)Kampf weiterhin öffentlicher »Lehrerschelte« auszusetzen, andere bemühen sich weiter und lassen sich nicht zerreiben zwischen der schulischen Realität und ihrer Freude am Beruf. Aus der supervisorischen Arbeit mit LehrerInnen kenne ich viele Facetten des Schulbetriebs, höre ich immer wieder Geschichten von Lehrern, die ausgebrannt sind, erlebe solche, die Kränkungen von Kindern und Eltern erfahren (umgekehrt kränken Lehrer auch zurück) und sich schließlich entmutigt und oft auch hilflos dem tagtäglichen Schulbetrieb ausgesetzt sehen. Oft fühlen sie sich – gerade im Kontakt mit Eltern – nicht anerkannt in ihren Bemühungen und abgewertet. Oft genug wird ihnen mit Vorwürfen begegnet, fühlen sie sich angegriffen und werden ihnen Pauschalargumente vorgehalten, zu denen sie sich positionieren sollen. So finden sich Lehrer in Gesprächen mit Eltern häufig (auch unfreiwillig) in einer Verteidigungsposition wieder. Persönliche Angriffe von beiden Seiten sind im Schulalltag keine Seltenheit. Die Schultriade Eltern–Lehrer–Schüler ist oft deutlich gestört, was vor allem Auswirkungen auf die Schüler hat. Wie kann Druck aus diesem Dreieck weichen?

Mich erinnert die Arbeit in der Schule oft an meine Arbeit mit Familien: In der Familienberatung mit Eltern geht es letztendlich darum, die Situation für die Kinder positiv zu verändern. Diese Veränderung kann nur im Kontakt zu den Eltern stattfinden. Es ist für mich immer wieder ein berührender Moment im Beratungsprozess, wenn es erschöpften und ratlosen Eltern besser geht und sie sich entlastet haben, wenn sie hören können, dass sie gute Fähigkeiten im Kontakt mit ihren Kindern haben, wenn sie sich ermutigt und bestärkt und in ihrer Rolle als Eltern neu geachtet fühlen. Mit diesem (neuen) Gefühl können sie dann wieder Kraft für den Familienalltag aufbringen und die gewonnene Stärke und den Mut in ihre Beziehungsarbeit zu ihren Kindern neu hineingeben. Die Wertschätzung, mit der sie sich in ihrer neu gewonnen Rolle nun selbst betrachten können, hat Einfluss auf die Beziehung zu ihren Kindern. So werden sie sensibler für deren Bedürfnisse, was die Voraussetzung dafür ist, dass es den Kindern besser geht. Kurz gesagt: Wenn es den Eltern gut geht, geht es auch den Kindern besser!

Analog gilt für unsere Schultriade: Wenn wir wollen, dass es unseren Schülern gut geht, dann müssen wir Voraussetzungen dafür schaffen, dass sich auch Lehrer anerkannt und in ihrer Rolle geachtet fühlen. Hierzu können nicht nur Eltern beitragen, gefragt ist auch die Politik, die mit immer neuen Verordnungen dazu beiträgt, dass Lehrer oft an den Rand der Überforderung geraten. Letztendlich jedoch sind wir alle als Gesellschaft gefragt, Voraussetzungen für ein Bildungssystem zu schaffen, in dem sich die, die Verantwortung tragen, auch wohlfühlen.

Eigenverantwortung

In der Beratung mit LehrerInnen ist das Thema Eigenverantwortlichkeit immer wieder ein wunder Punkt. Schnell ist in den Diskussionsrunden von den »Grenzen des Systems« die Rede; gemeint sind die Schulbürokratie und deren Vorgaben, die Lehrer als Korsett empfinden, welches Eigeninitiative abschnürt, sowie ganz allgemein »die Realität« an den Schulen. Und so kann es passieren, dass LehrerInnen Verantwortung abgeben und andere verantwortlich machen.

Entweder ist das System verantwortlich:

- Unser Schulsystem lässt uns keine andere Wahl.
- Es ist einfach nicht möglich, in dieser kurzen Zeit den Stoff zu vermitteln und auch noch zu schauen, dass es jedem Schüler gut geht.
- Wir lehren nach dem Leistungsprinzip – da müssen Kinder durch.
- Wir haben schlicht keine Zeit, um individuell auf Kinder einzugehen.
- Wir können uns nicht auch noch mit Gruppendynamik beschäftigen.

Oder Kinder und Jugendliche sind die Verantwortlichen:

- Die Kinder kommen doch schon mit Störungen zu uns in die Schule.
- Die Kinder sind gar nicht mehr fähig, dem Unterricht zu folgen.
- Kinder sind eben manchmal grausam untereinander. Da gibt es Konflikte. Da müssen die Kinder selbst durch. Wir haben keine Zeit.
- Oft ist ein richtiger Unterricht gar nicht möglich, weil viel zu viele Kinder in einer Klasse sind.

Oder auch die Eltern:

- Eltern erziehen ihre Kinder gar nicht mehr »richtig«.
- Bei Eltern sind wir Lehrer immer die »Buhmänner«.
- Eltern müssen auch mitarbeiten.
- Gerade diese Eltern waren noch nie zu einer Sprechstunde da.
- Die Elternabende sind nicht gut besucht – Eltern haben oft gar kein Interesse, und wir als Lehrer sollen dann alles in der Schule auffangen.

Es geht nun nicht darum zu werten, wer hier recht oder unrecht hat, wer Schuld trägt oder nicht. Diese Kategorien werden der Komplexität des Themas nicht gerecht. Viele dieser Aussagen entsprechen dem Zustand des Systems und sind nachvollziehbar: Es sind oft viel zu viele Kinder in den Klassen! Wie soll da guter Unterricht stattfinden? Wie soll ich als Lehrer allen und allem gerecht werden? Überforderung mit Ansage sozusagen! Diese Fragen zu stellen ist legitim. Innerhalb des bestehenden Schulsystems jedoch kann nur jeder Einzelne sie konkret für sich beantworten – und persönlich Verantwortung übernehmen:

- Es ist mein Leben.
- Es ist mein Beruf.
- Es ist mein Unterricht, den ich gestalte.
- Es ist mein Klassenraum, in dem ich die Tür hinter mir zumache.
- Es ist meine Beziehung zu jedem Einzelnen.

Dafür übernehme ich als Mensch jetzt selbst Verantwortung!

In dem schulischen Dreieck Schüler – Lehrer – Eltern darf die Verantwortung nicht länger (auf dem Rücken der Kinder) hin- und hergeschoben werden. Auch die Eltern sind hier gefragt. Oft ist es für eigenverantwortliche LehrerInnen schwierig, wenn Eltern »dazwischenfunken« und »mitmischen«, wenn so die Beziehung zum Schüler verkompliziert und es spürbar wird, dass das Vertrauen in die Persönlichkeit des Lehrers fehlt. Nur wenn Eltern loslassen und darauf vertrauen können, dass Lehrer in einer wertschätzenden Beziehung zum Kind Konflikte klären (können), können alle Beteiligten zum Wohle der Kinder zusammenwirken.

Probleme lösen und Strategien entwickeln

Im staatlichen Schulsystem sind bestimmte (Lern-)Methoden und Lösungsstrategien durch den Lehrer bereits vorgegeben. Das heißt, meist ist der Unterricht so angelegt, dass sich der Schüler (lediglich) diese bereits erprobten Strategien aneignet, um die gestellten Aufgaben zu lösen. Was wäre, wenn Schüler ihre eigenen Wege finden, ihre eigenen Strategien und Problemlösungsverfahren erproben könnten? Was, wenn Schüler wirklich experimentieren, ausprobieren, verwerfen und wieder neu überlegen dürften? Was, wenn Schule ein Ort zum Experimentieren und Ausprobieren wäre? Warum eigentlich nicht? Warum ist es nicht möglich, dass sich Schüler in einem eigenständigen Prozess selbstverantwortlich Informationen erarbeiten und so selbstständig Strategien finden, um die gestellten Probleme zu lösen?

Beim Lernen geht es doch nicht nur darum, *was* wir lernen, sondern vor allem darum, *wie* wir uns Wissen aneignen. Das Wissen ist unter Umständen Jahre später nicht mehr vorhanden. Wir haben vergessen, wie die Formel lautete, wir haben vergessen, wie der »richtige« Rechenweg nun war. Die Fähigkeit jedoch, dann trotzdem eine Strategie zu finden, mit dem Problem umzugehen, das ist die entscheidende Lernerfahrung. Um nichts anderes geht es doch später im Leben: Wir brauchen Strategien, um die an uns gestellten (Lebens-)Aufgaben bewältigen zu können.

Wir aber glauben, dass es in der Schule der effektivere Weg ist, (Lern-)Prozesse abzukürzen und den Kindern bereits fertig gedachte Wege und Strategien vorzusetzen, statt ihnen zu vertrauen, dass sie diese selbst finden und entwickeln können.

Kann ich bitte ein Problem haben?

Es ist längst kein Geheimnis mehr, dass Kinder intensiver lernen und ihre Fähigkeiten besser ausbilden können, wenn sie selbst Strategien entwickeln und eigene Erfahrungen machen dürfen, anstatt lediglich einem vorgeschriebenen Weg zu folgen. Es ist vor allem ein physiologischer Vorgang, um den man schon seit mehr als sechs Jahrzehnten weiß – oder wissen könnte.

Der Neurobiologe Gerald Hüther hat diese Erkenntnisse eindrücklich mit einer Untersuchung aus der Tierwelt untermauert: So hat man in den fünfziger Jahren in Südamerika zwei Gruppen von Eseln untersucht und ihre Hirne vermessen. Die einen waren Hausesel, die bestimmte, täglich wiederkehrende Aufgaben zu erfüllen hatten, zum Beispiel Säcke schleppen oder Karren ziehen. Dabei wurden sie von den Bauern regelmäßig gefüttert und versorgt. Die zweite Gruppe waren Wildesel, die in der freien Natur lebten, ihre Nahrung selbst finden und ihre Ohren dafür benutzen mussten, herannahende Feinde auszumachen, die ständig Strategien finden und auf die Probleme, die sich ihnen in freier Wildbahn stellten, reagieren mussten.

Das Ergebnis der Vermessung war frappierend: Die Gehirne der Wildesel waren im Durchschnitt doppelt so groß wie die ihrer domestizierten Artgenossen, denn sie hatten sich aufgrund des komplexeren »Gebrauchs« auch auf sehr viel komplexere Weise strukturiert und vernetzt.

Das Gehirn ist offenbar mit Auswendiglernen und der Reproduktion von Fakten nicht ausgelastet. Vielmehr scheint es sich dann besonders gut zu entwickeln, wenn es ständig verschiedenartige

Herausforderungen zu bewältigen hat. Wollen wir, dass unsere Kinder in einer standardisierten und durchorganisierten Welt aufwachsen? Oder dürfen unsere Kinder eigene Erfahrungen machen, sich selbst Strategien aneignen und somit autonom und selbstständig werden, damit sie in einer immer komplexer werdenden Gesellschaft ein selbstbestimmtes, verantwortungsvolles Leben führen und sich den immer neuen Herausforderungen stellen und diese bewältigen können?

Aber ist es in unserer leistungsorientierten und auf Effizienz angewiesenen Gesellschaft überhaupt sinnvoll und »zielführend«, jedem Kind selbstbestimmtes, autonomes Lernen zu ermöglichen? Sind traditionelle, leistungsorientierte Lernmethoden, die sich an der unterschiedlichen Begabung der Kinder orientieren, nicht doch effektiver im Sinne der Gesellschaft? Ich frage mich, ob solche Zweifel nicht nur vorgeschoben sind. Vielleicht haben wir auch Angst davor, Macht zu verlieren? Angst davor, hierarchische gesellschaftliche Machtstrukturen aufzugeben?

Mit Eltern und Lehrern über diese Fragen zu diskutieren ist spannend. Viele sehen in der Veränderung neue Chancen, manche lassen sich auch verunsichern und halten lieber an Altem fest. Die Frage ist: Haben wir Mut? Trauen wir uns zu, eine neue Form von Lernen auszuprobieren? Vom zuhörenden, nachahmenden und reproduzierenden Lernen hin zum aktiven, selbstständigen und autonomen Lernen. Vom »Beibringen und Belehren« hin zum »Begleiten beim Erfahrungslernen«. Oder trauen wir unseren eigenen wissenschaftlichen Erkenntnissen in Bezug auf das Lernen selbst (noch) nicht? Warum übernehmen wir hier nicht Verantwortung und verändern ein schwerfälliges, überholtes Modell von Schule und Lernen?

Statt uns diese Fragen wirklich zu stellen und Innovationspotenziale zu nutzen, weichen die Verantwortlichen im Moment lieber aus und schrauben höchstens hier und da mit regionalen Schulreformen am System. Und das meist, ohne die Lehrer inhaltlich mitzunehmen und darauf vorzubereiten. So ist in Berlin vor einigen Jahren beschlossen worden, dass Kinder statt mit sechs nun schon mit fünf Jahren eingeschult werden sollen. Das klingt vielleicht nicht nach einer großen Veränderung. Entwicklungspsychologisch gesehen ist es jedoch genau das. Die Lehrer sind auf die jüngeren Kinder nicht vorbereitet worden – auch Weiterbildungen gab es nicht. Eine auf diese Weise durchgeführte Reform nutzt keinem. Da findet vermeintliche Innovation auf dem Rücken der Lehrer und auf Kosten der Kinder statt. Die Erkenntnisse liegen auf dem Tisch – jetzt gilt es, sie zu nutzen und ein neues (Lern-)Klima für unsere Kinder zu schaffen.

Wie es auch gehen kann: das Konzept des Autonomen Lernens

Viele Eltern sind mit dem staatlichen Schulsystem nicht zufrieden, der Zulauf auf private Schulen ist enorm. Häufig geht einem Schulwechsel ein entmutigtes und frustriertes Kind voraus, das Schwierigkeiten entweder im Umgang mit den Lehrern oder in Bezug auf die Bewältigung des Unterrichtsstoffs hatte. Nicht selten hängt beides zusammen: Es gibt zu wenig Zeit für eine tragende Beziehung zwischen Lehrer und Schüler, und wegen der normierten Unterrichtskonzepte fallen viele Kinder durch das staatliche System. Dabei gibt es in Deutschland immer wieder neue Konzepte, die sich bewähren und die die Beziehung zwischen Lehrern und Schülern in den Vordergrund stellen und damit erfolgreich sind. Die Robert Bosch Stiftung zeichnet jedes Jahr einige dieser Schulen mit dem Deutschen Schulpreis aus.

Zwar nicht mit einem Preis ausgezeichnet, aber dennoch bemerkenswert empfinde ich das beziehungsorientierte Konzept des Autonomen Lernens, das der Schweizer Peter Fratton begründet hat. Er ist Lehrer und Schulleiter gewesen und hat schließlich – aus Unzufriedenheit mit dem staatlichen System – das Konzept des Autonomen Lernens entwickelt und dann auch darauf aufbauende Schulen gegründet.

Das Erste, was auffällt, ist, dass beim Autonomen Lernen großer Wert auf die Lernumgebung gelegt wird. Es ist von der »gestalteten Umgebung« die Rede; der Raum mit seiner Wirkung auf die Gesamtatmosphäre wird in diesem Fall zum »dritten Pädagogen«. Das hat auch der Architekt Peter Hübner erkannt und die Wirkung herkömmlicher Schularchitektur mit diesen Worten beschrieben:

> »Man muss als Schülerin nicht eine nackte Betonwand berühren, um zu erkennen, dass man sie nicht mag. Oder man muss als Schüler den viel zu langen geraden Flur nicht durchschreiten, um zu wissen: langweilig, übersichtlich, kein Abenteuer, aber auch kein Entrinnen. Lieber nicht betreten.«

Das Konzept des Autonomen Lernens scheint mir ein eindrucksvolles Beispiel für die Umsetzung dieser Erkenntnis zu sein. Statt Klassenräumen gibt es große Lernateliers, die mit hellen Möbeln und Lernmaterialien ausgestattet sind; in der Bibliothek wird geflüstert, um die anderen nicht zu stören, große Sitzmöbel dämpfen die Gespräche zusätzlich.

Das Konzept gründet zudem auf vier Urbitten. Peter Fratton hat sie gemeinsam mit der Psychologin und Begründerin der Themenzentrierten Interaktion Ruth Cohn entwickelt. Diese Urbitten lauten wie folgt:

> »Bringe mir nichts bei, aber lass mich teilhaben.«
> »Erkläre mir nicht, aber gib mir bitte Zeit, es zu erfahren.«
> »Erziehe mich nicht, aber bitte begleite mich.«
> »Motiviere mich nicht, aber dich.«

Was an diesen Urbitten unmittelbar auffällt, ist, dass sie nicht aus der Perspektive der Erwachsenen oder einer Institution formuliert sind, sondern aus der Perspektive der Kinder. Sie drücken außerdem genau das Gegenteil dessen aus, was wir üblicherweise über den Umgang mit Kindern denken, nämlich:

»Wir müssen Kindern etwas beibringen.«
»Wir müssen Kindern alles erklären.«
»Wir müssen Kinder erziehen.«
»Wir müssen Kinder motivieren.«

Es geht bei den Urbitten um eine völlig neue Haltung zu Kindern. Und weil man eine Haltung nicht verordnen kann, sind sie eben als Bitten formuliert.

Auch der Lehrer nimmt nach diesem Konzept eine veränderte Rolle ein. Es ist nicht seine Aufgabe, die Schüler mit allen Mitteln zu einem bestimmten Lernziel zu bringen. Er begleitet sie nur auf ihrem Weg, Erfahrungen zu machen und selbst Lösungen zu finden, um vereinbarte Ziele zu erreichen. Es kann sein, dass es auf diese Weise auch mal länger dauert, bis ein Kind Wege findet und ein Ziel erreicht. Aber wenn es das auf eigenen Wegen, mit eigenen Mitteln, mit eigenen Ideen getan hat, dann hat das Kind eine gute Erfahrung gemacht. Und diese Erfahrung, eine Lösung eigenständig zu finden, wird bleiben und nicht wieder vergessen werden.

Beim autonomen, vom Lehrer begleiteten Lernen ist die traditionelle pädagogische Hierarchie aufgehoben. Der Lehrer steht hier nicht vor einer Klasse und soll dreißig vollkommen unterschiedliche Schüler dazu bringen, im gleichen Tempo dasselbe mit denselben Methoden zu lernen (wodurch er notwendigerweise in Stress gerät, sodass ein Druck entsteht, der sich im ungünstigsten Fall auf die Schüler überträgt). Stattdessen stehen die Lehrer den Schülern als Ansprechpartner zur Verfügung, die hier »Lernbegleiter« genannt werden, so wie die Schüler »Lernpartner« heißen.

Die Lernbegleiter treffen mit den Lernpartnern Bildungsvereinbarungen, in denen sie sich über die Erreichung von Lernzielen verständigen, die den staatlichen Vorgaben entsprechen. Das Entscheidende ist, dass die Leistungsmöglichkeiten und -geschwindigkeiten und die individuellen Fähigkeiten eines jeden Schülers dabei berücksichtigt werden. Jeder Schüler bekommt einmal in der Woche einen »Leistungsauszug«, aus dem er ersehen kann, was er geschafft hat und ob er die Ziele, die er sich vorgenommen hat, erreicht hat. Auch werden Noten vergeben. Es geht also durchaus auch um Leistung und darum, die Leistung zu bewerten. Die Haltung zu Kindern und zum Lernen markiert hier deutlich den Unterschied zum staatlichen System.

Ich habe schon einige Gespräche mit Peter Fratton geführt und bin immer wieder fasziniert von seinen Ideen und Erfahrungen. Eines dieser Gespräche soll Eingang in dieses Buch finden.

Ein Gespräch mit Peter Fratton über das Konzept des Autonomen Lernens

Katharina Saalfrank: Ich habe manchmal das Gefühl, dass Kinder komplett untergehen in dieser Welt. Es geht bei uns oft nur noch um Organisation und kaum noch um die Frage: Wie geht es den Kindern, und wie lernen sie eigentlich am besten?

Peter Fratton: Das sehe ich genauso. Dabei ist es im Grunde so einfach. Wenn es mir gelingt, wirklich eine Beziehung aufzubauen – das ist meine Erfahrung –, dann brauche ich ganz wenig Pädagogik. Einfach dadurch, dass ich in Beziehung trete, merke ich, wie es dem anderen geht. Und der andere merkt, wie es mir geht. Oder anders ausgedrückt: Ich brauche dich, um zu merken, dass ich ich bin. Wenn wir das spüren, schaffen wir eine entspannte Umgebung, eine geeignete Lernatmosphäre.

Katharina Saalfrank: Und wenn ich dich nicht habe, dann kann ich mich nicht spiegeln. Auch dafür brauchen wir Beziehung. Wie kommt man denn von dieser Erkenntnis zur Idee des Autonomen Lernens?

Peter Fratton: Einen Grund zum Lernen habe ich erst, wenn ich ein Problem lösen muss. Ein Problem ist in diesem Sinne lebensimmanent. Wir sagen hier bei uns – und das ist eines unserer Axiome: *Lernen ist eine Existenzform.* Das heißt, der Mensch ist ein lernendes Wesen, er kann gar nicht anders. Er lernt immer – vielleicht nicht das, was Eltern oder Lehrer wünschen. Aber wir lernen das meiste, ohne es zu merken. Und wenn wir ein Problem haben, das wir lösen wollen, dann lernen wir besonders intensiv. Etwa 80 Prozent dessen, was wir können, haben wir informell gelernt, also nicht in der Schule. Das ganze Leben besteht daraus, Probleme zu lösen, Strategien zu finden, mit den Dingen umzugehen – das ist Leben.

Und das Schöne ist: Wenn mir etwas gelingt, wenn ich ein Problem gelöst habe – wie ein Rätsel –, dann empfinde ich Freude, Befriedigung, habe Erfolgsgefühle. Auf dieser Basis »geschieht« Lernen, sogar schulisches Lernen.

Katharina Saalfrank: Warum findet das in der schulischen Realität im staatlichen System so nicht statt?

Peter Fratton: Das liegt unter anderem daran, dass in der herkömmlichen staatlichen Lehrerausbildung ein riesiger Wert auf die Fachdidaktik gelegt wird und die Beziehung überhaupt keine Rolle spielt. Sie ist entweder nicht wichtig oder wird vorausgesetzt. Wenn aber in der Lehrerausbildung kein Wert auf Beziehung gelegt wird, wenn die Referendare kaum eine Beziehung zu ihrem Dozenten haben (weil es um die Erreichung von Credits statt um Problemlöseverhalten geht), wie sollen sie dann mit ihren Schülern eine gute Beziehung führen?

Katharina Saalfrank: Ist also Ihrer Erfahrung nach im staatlichen Schulsystem gar keine gute Lehrer-Schüler-Beziehung möglich?

Peter Fratton: Verallgemeinern kann man das ganz sicher nicht: Es gibt in staatlichen wie in privaten Schulen Beziehungslose, und viele andere sind wiederum am Kind und seiner Entwicklung interessiert, egal ob es ein staatlicher oder privater Lernort ist.

260

Wenn ich als Kind oder als Eltern wählen könnte, wo ich hingehe, dann würde ich natürlich auf jeden Fall nach einer Beziehung suchen und schauen, wo ist der Lehrer, bei dem ich spüre, dass der mich mag, dass der Freude hat, hier mit mir zu sitzen, dass er interessiert ist – im Sinne des lateinischen *inter esse*: »dazwischen sein« – an dem, wie ich denke, fühle und wie ich handle. Beim Autonomen Lernen steht deshalb die Lehrer-Schüler-Beziehung im Vordergrund: Wir sind uns nicht gleichgültig. Wir halten es nicht für professionell, sich herauszunehmen, sondern für Verarmung. Der Lehrer wird zum »Lernbegleiter«, der den Schüler im wahrsten Sinne des Wortes auf den Wegen zum Ziel begleitet. Entweder zu den Pflichtzielen, die ein Bildungsplan vorschreibt, oder den Kürzielen, die ich aus mir selbst heraus formulieren darf.

Katharina Saalfrank: Aber für diese Form von Beziehung braucht man Zeit. Und diese Zeit gibt es nicht im deutschen Schulsystem. Wie organisieren Sie es, dass jeder Lehrer Zeit für diese so wichtige Beziehung zu seinen Schülern haben kann?

Peter Fratton: Als wir die erste Schule gegründet haben, sagten wir uns: Wir müssen auf jeden Fall Zeit für Beziehungspflege haben. Das heißt, wer eine 100-Prozent-Stelle hat, der ist auch fünf Tage in der Woche ganztägig im Lernhaus. Zudem haben wir die Zahl der klassischen Unterrichtsstunden halbiert. Statt vier Stunden Biologie, wie es der Lehrplan vorschreibt, machen wir nur zwei. In der restlichen Zeit sind die Lernpartnerinnen und Lernpartner im Lernatelier und arbeiten dort selbstständig und praktisch. Ich als Lernbegleiter habe währenddessen Zeit für das Coaching, also für das Gespräch unter vier Augen, für die Beziehungspflege.

Katharina Saalfrank: Das klingt für mich schlüssig. Aber trotzdem gibt es doch einen Lehrplan. Wie gehen Sie damit um, wenn ein Schüler, trotz guter Beziehung zum Lehrer beziehungsweise Lernbegleiter, keinen Sinn in einer Aufgabe sieht?

Peter Fratton: Natürlich kommt es vor, dass ein Kind zum Beispiel mich als Lernbegleiter für Literatur fragt: »Können Sie mir sagen, weshalb ich den Eingangsmonolog aus ›Faust‹ auswendig lernen soll?« Dann sage ich: »Nein, das kann ich dir sicher nicht sagen. Ich kann sagen, weshalb ich dieses Ziel als Pflichtziel aufgenommen habe; ich kann von meiner eigenen Faszination erzählen. Aber was es dir nützt, musst du selbst herausfinden.« Es gibt nun mal Dinge, die Schüler lernen müssen, um ein bestimmtes Ziel zu erreichen, das Abitur zum Beispiel. Das geht am besten, wenn sie den Weg finden, auf dem es ihnen gelingt, ein fremdes Ziel zu ihrem eigenen zu machen. Wenn sie keinen inhaltlichen Grund finden, dann gibt es auch andere. Der Lernpartner kann zum Beispiel sagen: »Gut, ich nutze es, um mich in Geduld und Konzentration zu üben.«

Katharina Saalfrank: Warum erfinden Sie neue Bezeichnungen für Ihren Schulalltag? Das ist für viele sicherlich gewöhnungsbedürftig. Der Schüler ist der »Lernpartner«, Lehrer heißen bei Ihnen nicht Lehrer, sondern »Lernbegleiter«, und Schule ist nicht Schule, sondern »Haus des Lernens«.

Peter Fratton: Darauf hat mich mal ein Schüler gebracht. Der hat mir gesagt, dass allein das Wort »Lehrer« und das Wort »Schule« bei ihm Unbehagen verursachen, weil sie mit so vielen negativen Erfahrungen verbunden sind. Das gab uns zu denken. Also haben wir die Wörter durch weniger belastete ersetzt. Ich bin der Architekt meiner Wirklichkeit. Und Wörter gehören natürlich prioritär zu dem, was Wirklichkeit erzeugt.

Katharina Saalfrank: Das ist also der Kerngedanke des Autonomen Lernens: die Änderung der Haltung. Weg von den Machtstrukturen: Ich bin der Stärkere, ich weiß alles und ich sage dir, wo es langgeht.

Peter Fratton: Es wäre doch fürchterlich, immer zu wissen, wo es langgeht. Unsicherheit ist etwas durch und durch Lebensfreundliches. Aber alle wollen Sicherheit, und einige tun so, als könnten sie sie geben. Nicht zu wissen, ob etwas gelingt, erzeugt Spannung, Schwingung, fordert heraus, macht uns zu Suchenden und Erfindenden. Alles, was gelingen kann, kann auch misslingen, das liegt in der Natur jeder Sache.

In dem Moment, wo wir als Lernbegleiter glauben, alles zu wissen, hören wir sehr wahrscheinlich auf, verunsichert – oder besser: irritiert – zu sein. Die Verunsicherung, die Irritation, ist ein wichtiger Teil jeder pädagogischen Arbeit. Irritation ist – im Gegensatz zur Verwirrung – der schöne Moment, bevor eine Idee entsteht.

Katharina Saalfrank: Als ich zum ersten Mal in einer Ihrer Schulen war, ist mir sofort die gestaltete Lernumgebung aufgefallen. Welche Rolle spielt sie beim Autonomen Lernen?

Peter Fratton: Das Wohlgefühl ist die Voraussetzung für entspanntes Lernen. Uns ist es ein großes Anliegen, dass die Umgebung so ist, dass die Kinder sich aufgehoben fühlen. Dies wird kaum erreicht, wenn einfach nur irgendwo in einem kahlen Raum Stühle und Tische stehen.

Das Lernatelier ist sozusagen das Wohnzimmer der Lernfamilie. Alle Lernpartner haben einen Schlüssel, damit sie auch am Wochenende oder an den Abenden das Lernatelier nutzen können, selbst wenn kein Lernbegleiter mehr da ist. Wir vertrauen den Kindern und Jugendlichen; und es ist ganz entscheidend für die Umgebung, dass uns die Lernpartner nicht als »Polizisten« erleben, die alles kontrollieren, sondern eben als Begleiter. Auf diese Weise entsteht ein Klima, in dem wir uns alle entspannt fühlen und wo es möglich wird, auch Konflikte auszutragen und zu lösen.

Katharina Saalfrank: Wie sieht ein alltäglicher Schultag bei Ihnen aus? Wie findet Unterricht statt?

Peter Fratton: Am Morgen gibt es den ersten Input. Das ist eine kurze Sequenz, eine Art Lektion von einer halben Stunde Dauer, die im Stehen stattfindet und in der fünf Phasen durchlaufen werden. In der ersten Phase können die Lernpartner überprüfen, ob sie die Lernziele erreicht haben. In der zweiten Phase werden die nächsten Ziele festgelegt. Die dritte Phase ist die Faszinationsphase. Bei uns bedeutet »Faszinationsphase« nicht, dass ich mir überlege, wie könnte ich dich faszinieren oder motivieren, sondern ich erzähle von *meiner eigenen* Faszination im Zusammenhang mit den Lernzielen.

In der vierten Phase, der Anregungsphase, gebe ich den Lernpartnern mindestens drei Möglichkeiten, wie sie ihre Ziele erreichen könnten. Ich stelle also nicht Aufgaben, sondern zeige Wege zum Ziel. Die fünfte Phase schließlich ist die Planungsphase: Wann, mit wem, wo und wie lange möchte ich an diesen Zielen arbeiten? Das wird im Lerntagebuch festgehalten.

Katharina Saalfrank: Dann ist aber erst eine halbe Stunde des Vormittags vorbei. Was geschieht denn mit dem Rest des Schultags? In herkömmlichen Schulen dauert der Unterricht von morgens bis in den frühen Nachmittag.

Peter Fratton: Ja, von einer Lektion zur nächsten. Das kann natürlich kein Mensch aushalten. Man tut einfach so, als ob es aushaltbar wäre. Bei uns gibt es jeden Morgen lediglich zwei dieser dreißigminütigen Inputs. Der Rest des Tages wird von den Lernpartnern für Konsolidierung, eigenes Experimentieren oder persönliches Coaching mit dem Lernbegleiter genutzt. Es ist immer ein Lernbegleiter im Lernatelier. Die Lernpartner strukturieren ihre Zeit selbst und gestalten den Weg zu ihrem persönlichen Lernziel. Am Nachmittag gibt es dann Gruppenarbeit. Da vernetzen sich die Fächer noch mal untereinander, und es wird auch Wissen vermittelt, das über die Fächer hinausgeht.

Katharina Saalfrank: Diese Form des Lernens – sich selbst Ziele zu setzen, Verantwortung zu übernehmen – ist etwas, das den meisten Kindern im staatlichen System noch verwehrt ist. Viele unserer Kinder sind nach Ihren Worten »Lerninvaliden«. Wie werden Kinder dazu?

Peter Fratton: Das liegt aus meiner Sicht an der Form der Schule, wie sie im gängigen Rahmen strukturiert ist. Ein Raum mit dreißig Kindern, vorne der Lehrer, der sagt etwas, nachher müssen alle dasselbe machen, und zur Entspannung gibt es Gruppenarbeit. Alle *gleichaltrigen* Schüler haben beim *gleichen* Lehrer zum *gleichen* Zeitpunkt im *gleichen* Zimmer mit dem *gleichen* Lehrmittel das *gleiche* Ziel *gleich* gut zu erreichen. G-7 nennen wir dieses Prinzip. Das ist eine Überforderung für alle Beteiligten, für die Schüler, aber eben auch für die Lehrer.

Wir haben statt des G-7-Prinzips die V-8-Begleitung, die besagt: »Auf vielfältigen Wegen mit vielfältigen Menschen an vielfältigen Orten zu vielfältigsten Zeiten mit vielfältigen Materialien in vielfältigen Schritten und mit vielfältigen Ideen in vielfältigen Rhythmen zu gemeinsamen Zielen.«

Katharina Saalfrank: Es heißt ja, es gäbe immer mehr verhaltensauffällige Kinder. Meine Erfahrung ist, dass 90 Prozent der Kinder, die als therapiebedürftig gelten, sich ganz normal und gesund verhalten. Und dass sie keine Therapie brauchen, sondern eine stabile, gute persönliche Beziehung. Wie ist da Ihre Erfahrung?

Peter Fratton: Das meine ich auch. Paul Watzlawick hat das mal ganz treffend gesagt: Diese ganzen Schulpsychologen, die werden von den Lehrern gebraucht, nicht aber von den Kindern.

Wir haben hier das Prinzip, dass wir uns als Lernbegleiter in der Beziehung vollumfänglich verantwortlich fühlen. Lieber lassen wir uns beraten, als dass wir die Kinder weitergeben, denn für das Kind entsteht durch die Weitergabe an den »Fachmann« immer auch ein Beziehungsbruch.

Katharina Saalfrank: Was geschieht Ihrer Meinung nach, wenn sich auf Dauer nichts ändert im staatlichen Schulsystem?

Peter Fratton: Ich glaube, dass sich das System ändern muss, weil es eine Not von unten gibt, dass früher oder später niemand mehr den Beruf des Lehrers ergreifen will oder nur noch viel zu wenige oder dass Eltern sich wehren, wenn sich nichts ändert. Zudem sollte es so sein, dass die Eltern die Schule – ob staatlich oder privat – wählen können. Die Ökonomie der Wahlfreiheit schafft eine gute Grundlage.

Katharina Saalfrank: Es wäre ja gut, wenn Eltern sich wehren! Das würde ich mir wünschen! Jetzt die spannende Frage: Sie sind eine private Schule. Wäre Ihr Konzept denn auch im staatlichen System umsetzbar?

Peter Fratton: Sie fragen nach der Finanzierbarkeit? Also zunächst mal: Eine Haltungsänderung zum Kind kostet ja erst mal nichts. Da beginnt es bei jedem selbst.

Ein Rechenbeispiel aus dem Schweizer Kanton Thurgau kann ich aber auch anbieten: Die Kosten für einen Schüler im zehnten Schuljahr einer staatlichen Schule betrugen 2009 umgerechnet 17.880 Euro. Im Haus des Lernens waren es nur 13.660 Euro. Unsere private Schule ist also ca. 4.000 Euro kostengünstiger. Es wäre interessant, auch die Kosten von deutschen Privatschulen und staatlichen Schulen zu vergleichen. Meine Hypothese: Genau wie in der Schweiz arbeiten wir auch in Deutschland kostengünstiger!

Ausblick

Das Familienleben als solches scheint in stetiger Auflösung begriffen. Paare bekommen immer weniger Kinder, Familien brechen auseinander, die Generationen leben fast ausnahmslos streng voneinander getrennt und meist nicht mehr unter einem Dach oder in unmittelbarer Nachbarschaft. Das Leben in der Mehrgenerationen-Großfamilie können sich viele von uns heute nicht mehr vorstellen.

Was bedeutet es, wenn wir nun die letzten traditionellen Strukturen innerhalb von Familien hinterfragen und auch noch die Erziehung abschaffen? Stellen wir damit nicht auch den letzten verbliebenen familiären Zusammenhang, das Eltern-Kind-Verhältnis, zur Disposition?

Ich denke nicht. Ich bin der festen Überzeugung, dass das Ende der Erziehung genau das Gegenteil bewirken kann. Denn die auf den vorangegangenen Seiten beschriebenen neuen Beziehungen zwischen den Familienmitgliedern können eine ganz neue Basis der Eltern-Kind-Beziehung darstellen und damit ein neues Band innerhalb der familiären Strukturen knüpfen. Dies hat nicht nur Einfluss auf die Lebensform Familie, sondern birgt auch Chancen, langfristig unsere Gesellschaft zu verändern.

Bislang wird die Pubertät als eine Phase begriffen, die von Rebellion und Widerstand geprägt ist und automatisch zu Konflikten mit den Erwachsenen führt, weil das Autonomwerden des Jugendlichen als Angriff auf den erzieherischen Machtanspruch der Erwachsenen verstanden wird. In dieser Phase des Aufwachsens kommt es dadurch zumeist zu einem Bruch zwischen den Generationen, denn in einem von Macht geprägten Erziehungsverhältnis müssen Kinder unweigerlich mit ihren Eltern brechen, um ihre schmerzlich vermisste Autonomie ergreifen und den Schritt in die Selbstständigkeit gehen zu können. Sie müssen gehen, um eines der beiden Urbedürfnisse, das die Erziehung beschneidet, endlich befriedigen zu können.

Wie radikal dieser Bruch mit den Eltern ausfällt, hängt davon ab, wie viel Autonomie Eltern ihren Kindern im Sozialisationsprozess zugestanden haben. Und man muss nur einen Blick zurückwerfen, um zu erkennen, dass der Bruch mit den Eltern desto radikaler ist, je strenger, je mehr auf Gehorsam und damit auf Unterdrückung der kindlichen Autonomie gerichtet das Erziehungskonzept der Eltern war. Gerade das Zerwürfnis mit dem Vater war für Söhne noch vor einigen Jahrzehnten beinahe ein Naturgesetz. Ohne sich dem Vater als dem zumeist streng Erziehenden zu entziehen, konnte man kaum eine eigenständige Persönlichkeit werden. Das mag sich heute nicht mehr mit einer vergleichbaren Heftigkeit vollziehen, im Grunde ist es aber das Gleiche geblieben. Manche Brüche sind radikal, andere weicher. In allen Fällen jedoch gehen die Kinder aus dem Haus und kehren nicht zurück. Wenn Kinder also »fertig erzogen« sind, müssen sie ihre Ursprungsfamilien verlassen. Sie müssen sie verlassen, um eigene Autonomie zu erlangen und um selbstständig zu werden.

Ist das wirklich notwendig? Oder anders gefragt: Muss das für immer so sein?

Denn was passiert, wenn wir das Erziehen beenden? Wenn es kein Machtverhältnis gibt? Wenn Kinder von vornherein in der Eltern-Kind-Beziehung Verbundenheit erfahren und zugleich ihr Bedürfnis nach Autonomie ausleben können, im Schutz der elterlichen Geborgenheit? Was, wenn wir Säuglinge von ihrer Geburt an als gleichwürdige Menschen sehen können und so zu (Lebens-)Begleitern unserer Kinder werden? Wenn wir ihnen von Anfang an zugestehen, sich bereits innerhalb der Familie in ihrem Kind- und

Sosein autonom und selbstständig entwickeln zu dürfen? Wenn wir ihnen von Beginn an in einer gleichwertigen Beziehung begegnen und sie sich diese notwendige Autonomie folglich nicht später durch eine Befreiung aus dem Eltern-Kind-Machtverhältnis erkämpfen müssen, was zum Verlassen ihrer Familie, schlimmstenfalls sogar zum totalen Bruch mit ihren Eltern führt?

Dann entsteht eine ganz neue Chance für die Lebensform Familie insgesamt. Denn Kinder müssen sich dann nicht (mehr) aus dem Machtverhältnis zu den Eltern befreien, sondern können frei und autonom entscheiden, ob und wann sie gehen – und sie können auch wieder zurückkommen. Und auch für Eltern würde sich an dieser Stelle der Blick auf ihre Kinder verändern. Sie müssen dann nicht mehr als Erziehungsberechtigte und -verpflichtete die gesamte Verantwortung für das Handeln ihrer Kinder tragen, sondern können ihnen schon früh Verantwortung für ihre eigenen Entscheidungen überlassen. Der dauernde Anspruch, für unsere Kinder entscheiden und sie erziehen zu müssen, ist anstrengend und kraftraubend. Deshalb sind viele Eltern regelrecht froh, wenn ihre Kinder dann »auf eigenen Beinen stehen« und sich entschließen auszuziehen. Endlich sind sie nicht mehr verantwortlich, endlich übernehmen die Kinder die Verantwortung für ihr eigenes Leben, und die Eltern haben das ihre »zurück«. Auch aus der Perspektive der Eltern wäre der schmerzhafte, derzeit aber noch unumgänglich erscheinende Bruch mit den eigenen Kindern nicht mehr nötig.

Früher band vor allem wirtschaftlicher Druck die Familienmitglieder aneinander. Vielleicht könnte heute eine ganz neue Form von Großfamilie entstehen, die auf Freiwilligkeit und tiefer Verbundenheit beruhen würde und in der auch die Autonomie aller Familienmitglieder ihren Raum hätte. Nicht die Erwachsenen in ihrer Rolle als Eltern, sondern die Mutter, der Vater als Menschen, zu denen eine innige Beziehung besteht, können nun Bedeutung erlangen. So kann eine andere Form von Großfamilie entstehen, die nicht – wie meist in der Vergangenheit – als eher funktionaler, zweckmäßiger Verbund gelebt wird, sondern eine zweckfreie und freiwillige Verbindung der Familie über mehrere Generationen hinweg darstellt, in der alle Mitglieder persönlich und auf emotionaler Ebene voneinander profitieren.

Durch das Ende der Erziehung schaffen wir die Voraussetzungen für die Entwicklung einer ganz neuen Familienkultur und eines neuartigen Beziehungsklimas innerhalb unseres gesamten Familienlebens. Vielleicht schaffen wir es, dass Mehrgenerationenhäuser nicht nur ein Experiment sind, das einige wenige Menschen praktizieren (und in der Regel selten mit ihren eigenen Eltern), sondern dass sich eine neue selbstverständliche Form von familiären Beziehungsstrukturen herausbildet und das Leben in der Großfamilie freiwillig und in gegenseitiger Wertschätzung zu einem möglichen Lebensentwurf werden kann – nicht muss, aber kann!

Von ERziehung zu BEziehung: Das wird nicht von heute auf morgen geschehen. Es ist ein grundlegender Bewusstseinswandel, der sich in einem dynamischen Prozess vollzieht und der bei uns selbst und unserer eigenen Familie beginnt.

Dank

Dieses Buch konnte ich nur aufgrund eigener Erfahrungen schreiben, die ich mit vielen Menschen innerhalb vielfältiger Beziehungen machen durfte und bis heute machen kann. So bedanke ich mich zunächst bei meiner Familie: meinen Eltern, die mich als eine meiner ersten Beziehungspartner – und durch unsere besondere Verbindung am Anfang meines Lebens – wesentlich geprägt haben und es heute noch tun. Ebenso wie meine vier jüngeren Geschwister, die für meine Kindheit intensiv prägend waren und bis heute immer wieder wichtige innere Prozesse bei mir auslösen. Danken möchte ich auch meinem Mann, der mich tagtäglich liebend begleitet und auch für meine Arbeit wesentlich ist, weil er immer wieder wertvolle Diskussionen anstößt und keine Auseinandersetzung mit mir scheut, und unseren vier Söhnen, die mich seit 19 Jahren jeden Tag auf wundersame Weise geduldig und liebevoll lehren, was Beziehung heißt.

Ich möchte mich auch bei all den Menschen bedanken, die mir halfen, Zusammenhänge zu verstehen und eigene Erfahrungen machen zu können. Vielen Dank an Katrin Stumptner, die mich auf entscheidenden Wegen begleitet hat, und an Rose Strunk, die tief liegende persönliche wie auch in beruflichen Kontexten wirksame Prozesse und innere Entwicklungen spürbar und sichtbar macht und deshalb eine wichtige „Entwicklungshilfe" für mich ist.

Bedanken möchte ich mich bei Judith Vogel-Weissinger, die mich seit Jahren als Freundin und Kollegin unterstützt und unbedingt an meiner Seite ist, genauso wie Vivienne von Mühlen, die immer wieder wertvolle Fragen aufwirft, diskutiert und mir eine hilfreiche Kraftquelle ist.

Allen Menschen, denen ich im Rahmen meiner beruflichen Tätigkeit begegnen durfte und darf, danke ich für ihr Vertrauen in mich und meine Arbeit.

Dank schulde ich auch all jenen, die an der Entstehung des Buches mitgewirkt haben, das Manuskript oder Teile davon gelesen und durch Diskussionen, Kritik, Ermutigung und Anregungen dazu beigetragen haben, dass dieses Buch so entstanden ist: André Stern für den intensiven Gedankenaustausch und seine Unterstützung. Prof. Dr. Gerald Hüther, der durch unseren konstruktiv-kritischen Dialog zur Klärung einiger für mich offener Fragen beigetragen hat und mit dem Interview in diesem Buch wesentliche Erkenntnisse aus der Hirnforschung im pädagogischen Kontext einordnet. Peter Fratton für seine Gedanken und den inhaltlichen Austausch, der in diesem Buch dazu beiträgt, neue Chancen für das Lehren an Schulen genauer zu betrachten.

Mein ganz besonderer Dank gilt meiner Freundin und Kollegin Savina Tilmann, die mit ihrer Klarheit, fachlichen Kompetenz und inhaltlichen Intensität entscheidend dazu beigetragen hat, dass dieses Buch entstanden ist. Meinem Lektor Lutz Dursthoff danke ich für seine guten Anregungen, seine wichtigen Hinweise zur Straffung des Textes und seine unermüdliche Durchsicht des Manuskripts. Herzlichen Dank!

Literatur/Quellen

Wo wir heute stehen

Kriminalstatistik – Zahl der Tötungsdelikte an Kindern in 2010: https://www.kinderhilfe.de/blog/artikel/kriminalstatistik-zahl-der-toetungsdelikte-an-kindern-in-2010-um-204-gestiegen-klare-signale-fuer-erheblichen-reformbedarf/

In zehn Jahren 1.935 Kinder getötet: http://www3.e110.de/index.cfm?event=page.detail&cid=2&fkcid=1&id=59354

Ohrfeige oder Klaps – Tabu oder nicht so schlimm: http://www.eltern.de/kleinkind/erziehung/ohrfeigen-klaps.html

Italienischer Tourist in Schweden: http://diepresse.com/home/politik/aussenpolitik/689539/Ohrfeige_Italienischer-Politiker-in-Schweden-verhaftet

»Einen Klaps lasse ich mir nicht verbieten«: http://www.berliner-zeitung.de/archiv/debatte-um-schlaege-als-erziehungsins-trument-geht-weiter-eins-hinter-die-loeffel--zwei-drittel-der-berliner-finden-einen--klaps--gut,10810590,10336270.html

»Gäbe es vergleichbare verheerende Zahlen über rassistische, homophobe oder antifeministische Gesinnungen in der Gesellschaft«: https://www.kinderhilfe.de/blog/artikel/deutsche-kinderhilfe-zur-heute-vorgestellten-forsa-studie-zur-gewalt-an-kindern-gewalt-gegen-kinder-vielfach-immernoch-erziehungsmittel-nationaler-aktionsplan-kinderschutz-gefordert/

Rund 50 Prozent der Schulkinder haben bereits eine Therapie gemacht: http://www.swp.de/ulm/nachrichten/vermischtes/Fast-jedes-zweite-deutsche-Kind-in-Therapie;art4304,372315

Keine Studien, welche die Langzeitsicherheit und Wirksamkeit von Methylphenidat schlüssig belegen: http://www.akdae.de/Arzneimitteltherapie/AVP/Archiv/20105.pdf

Medikamente, die Methylphenidat enthalten, seit 2010 nur noch eingeschränkt zugelassen: http://www.rp-online.de/gesundheit/medizin-und-vorsorge/angst-vor-hirn-doping-mit-ritalin-1.2322853

Peter Schönhöfer macht auf Vermarktungsstrategien der Pharmaindustrie aufmerksam: http://www.ads-kritik.de/ADS-Kritik15.htm

Alice Miller, »Am Anfang war Erziehung«, Frankfurt/Main 1983

Dies., »Evas Erwachen. Über die Auflösung emotionaler Blindheit«, Frankfurt/Main 2001

Herbert Renz-Polster, »Kinder verstehen. Born to be wild: Wie die Evolution unsere Kinder prägt«, München 2009

Erziehung – du bist o.k., so wie ich will!

Lloyd deMause, »Hört ihr die Kinder weinen: Eine psychogenetische Geschichte der Kindheit«, Frankfurt/Main 1980

Philippe Ariès, »Geschichte der Kindheit«, München 1998

John Locke, »Some Thoughts Concerning Education«, Mineola (N.Y.) 2007

Jean-Jacques Rousseau, »Emile oder Über die Erziehung«,
Stuttgart 1998

Klaus Hurrelmann, »Mut zur demokratischen Erziehung«, in:

Pädagogik 7 bis 8/94, S. 13

Ders. und Heidrun Bründel, »Einführung in die Kindheits-
forschung«, Weinheim, Basel, Berlin 2003

Remo Largo, »Babyjahre. Entwicklung und Erziehung in den
ersten vier Jahren«, München 2003

Ders., »Kinderjahre. Die Individualität des Kindes als erzieherische Herausforderung«, München 2000

Daniel Stern, »Mutter und Kind – die erste Beziehung«, Stuttgart
2000

Ders., »Die Lebenserfahrung des Säuglings«, Stuttgart 2003

Oerter/Montada (Hrsg.), »Entwicklungspsychologie«, Weinheim,
Basel 2008

Martin Dornes, »Die emotionale Welt des Kindes«, Frankfurt/
Main 2000

Jesper Juul, »Aus Erziehung wird Beziehung: Authentische
Eltern – kompetente Kinder«, Freiburg 2005

Ders., »Dein kompetentes Kind: Auf dem Weg zu einer neuen
Wertgrundlage für die ganze Familie«, Reinbek bei Hamburg
2009

BEziehung statt ERziehung

Annette Kast-Zahn: »Jedes Kind kann Regeln lernen«, Düsseldorf
2005

Die Entstehung von auffälligem Verhalten

Wie kommt es dazu, dass wir ADHS als Krankheit diagnostizieren:
http://www.paedagogisch-therapeutisches-fachzentrum.de/pdf/
Soziales-Klima.pdf

Wie diagnosesicher sind Ärzte beim Erkennen von ADHS:
http://www.heilpraxisnet.de/naturheilpraxis/studie-adhs-wird-oft-falsch-diagnostiziert-900646.php

http://www.faz.net/aktuell/politik/inland/ritalin-gegen-adhs-wo-die-wilden-kerle-wohnten-11645933-b1.html

Interview mit Leon Eisenberg, in: Der Spiegel, 6/2012

Christoph Türcke, »Hyperaktiv! Kritik der Aufmerksamkeits-defizitkultur«, München 2012

Manfred Spitzer, »Digitale Demenz. Wie wir uns und unsere Kinder um den Verstand bringen«, München 2012

Gerald Hüther, »Was wir sind und was wir sein könnten: Ein neurobiologischer Mutmacher«, Frankfurt/Main 2011

Ders. (zusammen mit Uli Hauser), »Jedes Kind ist hoch begabt. Die angeborenen Talente unserer Kinder und was wir uns ihnen machen«, München 2012

Schule als Ort der Begegnung

Experten schätzen, dass zwischen 600.000 und 1,2 Millionen der derzeit zwölf Millionen Schüler an einer ausgeprägten Form von Schulangst leiden: http://www.focus.de/schule/schule/psychologie/schulangst/schulangst_aid_24699.html

40 Prozent der Junglehrer fühlen sich unzureichend auf den Umgang mit Schülern und Eltern vorbereitet: Die tageszeitung, 24.4.2012

»Man muss von einer beginnenden Epidemie sprechen«,
warnt Wolfgang Oelsner: http://www.focus.de/schule/schule/
psychologie/schulangst/schulangst_aid_24699.html

Peter Hübner, Abschiedsvorlesung an der Universität Stuttgart,
19. Juli 2007

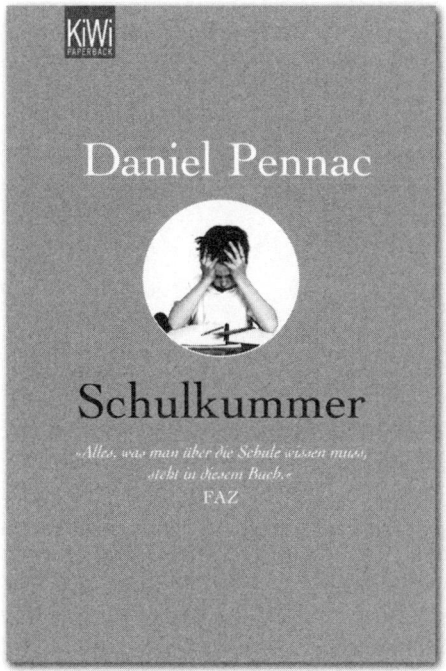

Daniel Pennac. Schulkummer. Deutsch von Eveline Passet.
KiWi 1179

»›Schulkummer‹ ersetzt hundert Erziehungsratgeber. Alles, was man über die Schule wissen muss, steht in diesem Buch. Es ist Ratgeber, autobiographische Skizze und Bekenntnisschrift. Dieses Buch liest man nicht einfach nur gern. Man gewinnt es lieb.« *FAZ*

»Kein trockener Lehrer- oder Elternratgeber, sondern ein poetischer und zutiefst von Herzen kommender Appell zur Errettung verlorener Seelen, nichts weniger.« *WDR 5*

www.kiwi-verlag.de

Axel Hacke/Giovanni di Lorenzo. Wofür stehst Du? Was in
unserem Leben wichtig ist – eine Suche. KiWi 1241

Axel Hacke und Giovanni di Lorenzo haben zusammen ein un-
gewöhnliches Buch geschrieben. Sie stellen die große Frage
nach den Werten, die für sie maßgeblich sind – oder sein sollten.
Statt aber ein Handbuch der Alltagsmoral zu verfassen, haben
sie vor allem in ihren eigenen Biografien nach Antworten
gesucht.

»Ein Buch über die Angst und darüber, wie man ihr standhalten
kann« *Frankfurter Allgemeine Zeitung*

www.kiwi-verlag.de

David Foster Wallace. Das hier ist Wasser / This Is Water.
Anstiftung zum Denken. Zweisprachige Ausgabe (Engl. / Dt.).
Deutsch von Ulrich Blumenbach. KiWi 1272

David Foster Wallace zeigt in dieser berühmt gewordenen Ab-
schlussrede für die Absolventen des Kenyon College von 2005
mit einfachen Worten, was es heißt, Denken zu lernen und
erwachsen zu sein. Mit frappierender Weisheit und entwaffnen-
der Moral.

»Eine empfehlenswerte Ermutigung, über den eigenen Horizont
hinauszudenken« *taz*

www.kiwi-verlag.de

Stefan Kreutzberger / Valentin Thurn. Die Essensvernichter.
Warum die Hälfte aller Lebensmittel im Müll landet und wer
dafür verantwortlich ist. KiWi 1295

Dem Skandal der Lebensmittelvernichtung – der in hohem Maß auch zum Klimawandel beiträgt – ist auf internationaler, aber auch auf individueller Ebene zu begegnen. Das Buch enthält viele Anregungen, wie jeder Einzelne umsteuern kann.

»In den Mund oder auf den Müll – das ist keine Frage von Qualität mehr, sondern von wirtschaftlichen Interessen. Deshalb empfehle ich ›Die Essensvernichter‹ allen aufmerksamen Verbraucherinnen und Verbrauchern als Pflichtlektüre.«
Sarah Wiener, Starköchin

www.kiwi-verlag.de

Silke Burmester. Beruhigt Euch! KiWi 1275

Silke Burmesters unterhaltsames Pamphlet gegen die Hysterie im Alltag soll helfen, das Panik-Karussell anzuhalten. Und sich zu erinnern, worum es eigentlich geht: Liebe, Nahrung, Miteinander. Wem das gelingt, der wird sich getrost wieder beruhigen können.

www.kiwi-verlag.de